DIANSHI MEITI RONGHE CHUANGYILUN

白传之 马池珠 / 著

电视媒体融合
创意论

山东人民出版社·济南

国家一级出版社 全国百佳图书出版单位

图书在版编目（CIP）数据

电视媒体融合创意论/白传之，马池珠著. -- 济南：
山东人民出版社，2020.5
ISBN 978－7－209－12372－3

Ⅰ.①电… Ⅱ.①白… ②马… Ⅲ.①电视－传播媒
介－发展－研究－中国 Ⅳ.①G229.2

中国版本图书馆 CIP 数据核字（2020）第 044390 号

电视媒体融合创意论
DIANSHI MEITI RONGHE CHUANGYILUN
白传之　马池珠　著

主管单位　山东出版传媒股份有限公司
出版发行　山东人民出版社
出 版 人　胡长青
社　　址　济南市英雄山路 165 号
邮　　编　250002
电　　话　总编室（0531）82098914
　　　　　市场部（0531）82098027
网　　址　http：//www. sd－book. com. cn
印　　装　三河市华东印刷有限公司
经　　销　新华书店

规　　格　16 开（170mm×240mm）
印　　张　21.5
字　　数　328 千字
版　　次　2020 年 5 月第 1 版
印　　次　2020 年 5 月第 1 次
ISBN 978－7－209－12372－3
定　　价　68.00 元

如有印装质量问题，请与出版社总编室联系调换。

谨以此书献给中国传媒大学柯惠新教授！

前　言

作为文化事业和文化产业重要组成部分的广电媒体行业，面对观众的不断流失和互联网媒体的强势竞争，不但要打赢"阵地保卫战"，更要打赢"阵地争夺战"，通过内容、渠道、市场和技术等全域元素的融合创新，实现主流媒体的价值重塑和影响力再造，已成为现实的目标和唯一的选项。

互联网媒体运行是基于大数据的用户分析，内容创意、云计算的内容处理和人工智能的分发等先进技术而形成的后发优势，传统媒体若依然漠视这些新技术、新手段与新流程，依然故我地采用简单投票决策、人为拍板程序和"拉郎配"式的简单组合，可以想象，如此的媒体融合会有怎样的结果。在内容依然为王、渠道成为王道的当下，创意早已成为竞争的制高点。对于传统媒体而言，让人人掌握创意方法，让环环体现创新思维，让事事不断超越自我，是再造竞争优势的法宝之一。

林林总总的有关电视媒体创意或创新研究成果，要么专注于节目本身创意，而忽视了传播设计，要么就是空谈频道品牌建设，而忽略"人—媒"互动与渠道融合，等等。显然，在媒体融合时代，竞争已演变为全领域的，创意也必然成为全流程的。本书首次提出的"融合创意"概念，正是基于这样的思考高度和维度所展开的探究。为此，本书实为一本理论创新与实践探索相结合的创新之作，兼具方法研究与实操手册之功能。这既得益于作者的长期观察与理论升华，又根植于丰富多彩的台内、省内和国内外传媒实践，更有电视媒体行业精英的判断与分析作为支撑。

基于问题导向的思路，本书回答了融合创意的基本问题，即"为什么要进行创意?""创意的驱动力是什么?""如何进行创意?""如何检验创意的科学性与可行性?"。通过系统性地论述需求分析、资源整合、产品设计、传播方案与方案评估五位一体的五步创意流程,此前多项成果的局限性与不足得到了弥补。

本书首次把不同的创意方法高度归纳为原创法、模仿法、交叉法、移置法和派生法五种元方法,并以新闻、综艺和电视剧三种主要电视节目类型为案例,总结出新闻创意"时政新闻智库化""民生新闻互动化""重大报道融媒化"等七大显著特征与发展趋势;在深入洞察分析各类综艺节目创意特征的同时,首次提出综艺将围绕科学综艺、教育综艺、体育综艺、文化综艺以及历史综艺五个方向呈现新增长点的观点;在详细分析了故事和人物两大综艺创意元素基础上,从叙事、结构和社会实验角度对综艺节目的创意理论展开探讨;以事实为依据,深入剖析观众观剧心理,高度概括出我国电视剧创意三大类型题材即历史题材、传奇题材、现实题材的特点,提出并论证了家庭生活、阶层情感、谍战精英、战争英雄、争斗心计、欢乐喜剧与名著改编七大基本故事原型,为提高创作效率提供了方法论工具。

本书在融合传播大格局下,首次系统性地总结出如何进行融合传播创意设计策略,并给出了融合传播理念、新传播模式和融合传播平台的融合传播综合架构,指出生产内容、构建关系、融合传播和提供服务在融合传播构架中的有机统一性,举例论证了独特的话语体系、具象的传播目标以及关联的环节设计。这些内容是达成融合传播新境界并有望获得成功的关键。

子曰:"学而不思则罔,思而不学则殆。"作者正是这样一位乐于学习、乐于动手、长于观察、善于思考的人,虽已至不惑之年,却依然保持着旺盛的求索精神。他的办公桌上总是堆满了各种期刊,无论是教育、科技、文化、经济、法律还是技术与艺术各个层面,从宏观著述到微观操作,可谓博览群书。作者对未知总是充满了好奇心,像海绵一样汲取着前人和他人的智慧，既建构着自身的理论思维之塔，又为本台发展提出建设性意见，而且在日常工作中，作为主创，参与短视频、公益电视广告等项目的创意与流程，以验证理论的正确性与实用性。

本书的两位作者，一位长于实践与思考，一位专于理论与应用，两位的长期合作，才有如此高度与宽度相结合的成果。唯愿作者再接再厉，向社会呈现更多的有益成果。

山东省教育厅总督学　邢顺峰
2020 年春　于济南

序 言

这是一本历经五年写就的书！

这是一本扎实的立足于中国电视媒体实践之上的书！

这本书以大量事实和数据分析回答了：

创意的驱动力是什么？电视媒体融合创意是什么？内容与产品创意怎么做？融合传播怎么做？如何评判一份创意案？以及，为什么要这样做？

这本书探讨了看得见、摸得着、用得上的电视媒体融合创意规律。

融合传播时代，在技术的强力驱动下，以互联网为核心的新型媒体和智能媒体正以碾压传统媒体的姿态闯进人们的生活空间，既改变了"人—媒"关系，更重新定义了媒体行业的游戏规则。传统电视媒体的宣传功能、舆论引导功能面临前所未有的挑战。

电视节目创作逐步演变为内容、产品创意与传播方案一体化设计的融合创意。融合创意怎么做？理论依据又是什么？本书首次给出了答案，并超越了过往电视节目创意研究的许多片面性和单一性。

这是一部理论创新与实践探索相结合的著作，既基于作者的长期观察与提升，又植根于丰富的国内传媒实践，更有电视媒体行业精英的判断与分析作为支撑。

本书把电视媒体融合创意的流程科学地划分为需求分析、资源分析、内容创意和传播设计四个有机关联的核心环节。书中首次提出了创意的"四求"框架，即"上级要求""媒体追求""观众欲求"与"市场诉求"。此四股相互影响甚至是博弈的力量构成了创意的驱动力，其重合的面积越大，创意成功的概率越大。这给创意者提供了有效的分析工具和操作的抓手。

书中内容对观众欲求的分析可谓入木三分，从心理、家庭、社会甚至生理多角度进行了剖析，并以事实和数据作为依据，揭示了观众选择性收视的根本动因。正如书中所写：无论是新闻对事实的报道和评论、影视剧中虚构的情节及时空，还是综艺节目真实与虚拟的交织，都在表征、展示或述说人物心中的纠结、无奈以及疏解后的欢畅。在观看、互动过程中，观众的内心也随着节目中的人物一起得到了某种程度上的共鸣、感叹、欢悦和释放。以此角度来看，眼花缭乱的各类电视节目，皆跟解决上述问题密切有关。

从"点子"变成节目和产品，当然需要各种资源作为支撑。本书在分析创意所需的政府资源、渠道资源、市场资源和人才资源的基础上，深度剖析受众不同的消费心理动机，有针对性地归纳出新创意产生的思维活动过程、非逻辑思维的促发过程以及创新元素的统合过程，提出如何充分利用文化差异性和文化折扣进行创意的逻辑与技巧。本书把"政策""内容""渠道""营销"甚至"管理"等作为资源进行分析和利用，融合为创意的构成要素，这与传统的研究路径截然不同，不仅为创意打开了全新的思路，也为研究者另辟蹊径。

只有内容和产品创意，没有传播方案，不是完善的融合创意案。

如何评判一个创意方案是否可行？本书从内容导向性、形式新奇性、项目关联性和传播可行性四个角度给出了判断。融合传播效果该如何判定？从收视率到融合传播指标体系，评判方法改变了，从线上到线下，要进行传播效果的综合评判了。如何取舍才更有针对性？本书都给出了可操作性的建议。

针对新传播生态，本书详细考察了因技术所引发的电视传播渠道大变迁，指出电视覆盖接口的关键性和重要性，并提出聚合电视覆盖运营新策略，以此实现包括有线电视网 DVB、IPTV、OTT 等多种传播渠道下，电视覆盖范围与覆盖人口规模的最优化。这是建立电视内容传播影响力不可缺失的基础建设以及立足媒介市场的牢靠基石。

以电视传播为核心的融合传播，若要通过将观众的注意力转化为政治价值、经济价值等传播价值，就必须获得电视观众对内容和传播价值的肯定，而获得观众肯定的前提条件，便是确保节目无论从什么渠道都尽可能被观众所接触到。电视渠道覆盖，就是要解决：无论是无线电视的电波、微波时代，还是有线电视的电缆、光缆时代，甚至是利用卫星终端传输的集体接收与个体接收的直播星时代，还有正迅猛崛起的互联网 IPTV 和 OTT TV 以及电信运营的 4G、5G 时代，都受到传输技术、接收设备、地理位置、节目内容及受众的主观收视喜好等多种因素的交互影响与制约，电视的内容传播不可能普及到所有的目标受众，必然会存在传输与传播过程中的盲点。因此，电视覆盖运营成为自电视媒体出现以来就密切相关的关键问题，更成为媒体融合创意不可忽视的新传播境界。

好在本书所论并非洋洋洒洒的夸夸其谈，隔靴搔痒，书后附录中的实操案例，将前述的理念与规律加以具体呈现，愈发显得珍贵，唯愿细心的读者加以体会。

这是一本能够有效地指导当下和未来一个时期电视媒体实践的书。

是为序。

喻国明

2019 年 12 月　于北京师范大学

目　录

绪 论

　　电视是什么？电视是媒体？电视是平台？电视是终端？Television 还是客厅中的那台电视机吗？电脑屏和手机屏也是 Television 吗？考察这个英文合成词的原初意义，回答好像是肯定的。接下来要问：观众为什么要看电视？为什么喜欢一个节目而不喜欢另一个节目？如何才能创作出观众喜欢的节目？对这些问题的回答，正是电视人和媒体研究者孜孜以求的共同目标。童清艳认为，媒体创新是生存之本，如果不想被对手击垮，就必须不断地开发出新的媒体产品和服务，并且要时刻抓住新生代瞩目的焦点①。这便是电视媒体融合创意所要探讨的核心问题。

　　怎样才能达到上述期望的目标？显然，这既需要科学的理论做指导，也需要以科学的方法为途径。创意的过程是艺术与科学交融的过程，既有艺术的想象，更有科学的论证。正如法国内科医生阿曼达·陶瑟认为的那样："所有科学都会接触到艺术，所有艺术也都有科学的一面。"② 为此，对媒体人进行创意思维训练是提升创意能力的关键，可借鉴的方法论和实施路径必不可少。

　　在融媒体环境下，电视媒体创新必然涉及方方面面。在媒体实践中，我们可以观察到太多的不够"融合"的现象，如创意、内容、传播等资源的相互割裂而导致"融合"停留在口头中和纸面上。为此，本书在"融合"思维引领下，从节目内容创意和传播创新两个侧面展开探讨，以电视媒体的三大类核心产品（新闻、综艺和电视剧）为主要研究对象，剖析和归纳创意的基本规律、方法和路径，并且在传统媒体、新媒体和社交媒体融合传播格局已渐形成的传

① 童清艳.媒体创意经济［M］.上海:复旦大学出版社,2015:7.
② ROOT-BERNSTEIN R.,ROOT-BERNSTEIN M.创意天才的思维方法［M］.北京:电子工业出版社,2015:11.

播生态环境中，深入探究传播交流创新的新理念、新方案和新评估方式。毕竟，当下的传媒行业已不再表现为单纯的节目创新层面的竞争，而是整体系统和全流程的竞争。

一、媒体创意研究的轨迹

把一个偶发的"点子"变成一个"节目"，中间是科学且复杂的研发过程，包括如何发现和产生"点子"都不仅仅是简单的"突发奇想"。欧美的节目模式研发建立在长期的工业化生产基础之上，如同其他工业产品生产一样，节目生产也有相当严格的流程和标准，各个工种都有精细的分工与安排，而非随意随性地改变；反观国内，即便在一些较大的媒体机构中，从导演、编剧到主持、摄像、剪辑、灯光、音响各环节仍处于"粗放"型管理阶段。由于研发过程的简化，只有原则性和大致的要求，没有形成详细的节目制作手册，更遑论各工种做到什么程度，达到什么标准，因此，全流程管理的不确定性导致了最终产品的水准离预期差距较大，质量难以保证。

多年来，我国电视节目制作领域存在很强的思维惯性，这种惯性大大阻碍了节目创新或创意的实施。正如湖南卫视张祎所总结的那样，"其一是'宣传思维'，根据来自新闻传播理论与国内电视行业垄断的现状，最大的问题是将电视文艺'新闻化'和'纪录化'，不讲传播技巧，不讲人文情怀，不会打动观众内心，自然也就不会吸引观众，更不会使观众产生期待。其二是'街头思维'，如同街头卖艺一般，使用各种简单粗暴的'招数'，甚至'装傻犯贱''男女狗血'等毫无营养和价值的'三俗'桥段"①。其内容必然受到社会各界的质疑。为此，在探讨节目创新方法、模式过程中，媒体必须坚定不移地以马克思主义新闻观为基础，坚持正确政治方向，坚持正确舆论导向，坚持正确新闻志向，坚持正确工作取向②，以《关于繁荣发展社会主义文艺的意见》为行动指南，时时把媒体所承担的社会责任放在第一位，把社会效益放在首位，唯

---

① 张祎. 如何走出"制作高分、传播低能"的误区[J]. 中国广播影视,2016.11 下;8.
② 参见:2016 年 11 月 7 日,习近平总书记会见中华全国新闻工作者协会第九届理事会代表时的讲话。

有如此，才可能研发出健康向上、科学有趣的节目新模式、新样态。所有那些"三俗"节目的出现，无不是与此"四个坚持"背道而驰。

显而易见，创意是一项系统工程，管理科学、系统科学、信息科学、社会政治学、经济学、心理学、伦理学、设计学、艺术学、美学、教育学、传播学以及哲学等都可为其提供理论和方法论方面的借鉴；同时，创意过程基本上不依赖于个人行为，需要团队的协作才能完成。多年来，国内电视媒体人以及学术界在媒体创意领域一直努力地实践着，也试图进行理论的总结和提升，并且出现了大量有价值的研究成果，然而，距离成熟的创意理论和方法论目标尚有很长的路要走。

为此，笔者有必要梳理出媒体创意发展的历程。20世纪90年代初期，个人计算机进入我国教育科研领域，局域网出现，字幕机开始应用于电视节目制作中，这些开启了技术重构内容的新时代。节目的创新和创意也越来越多地打上技术的烙印，正基于此，本书以从1996年至2016年作为文献查询时限，利用文献分析方法来探寻我国电视节目创新创意的发展轨迹。众所周知，中国知网收录了绝大部分业界和学界对于媒体创意规律的探索过程和总结性论文，为此，笔者以"媒体创意""媒体创新""电视节目策划""传播模式创新""融媒体传播"为核心关键词进行查询，统计结果如图0-1所示。

数量（单位：篇）

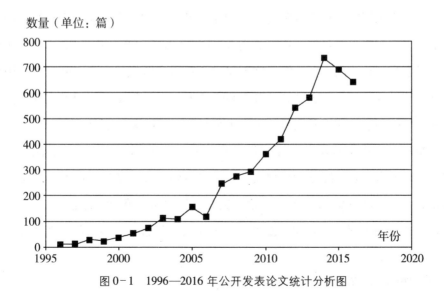

图0-1　1996—2016年公开发表论文统计分析图

1996 年，公开发表的涉及媒体创意议题的论文仅有 13 篇，2016 年时达到了 639 篇之多，其增长趋势之明显足以说明媒体创意实践越来越丰富，也受到越来越多人的关注，研究也更加深入。内容文本分析结果呈现出三个显著的特征：一是从微观向宏观发展，二是从产业向学界推进，三是从实践向理论提升。论题焦点的变化，为本书脉络的梳理和框架的形成提供了扎实的依据，也为研究对象的确立和分析提供了科学论据。

1996—1998 年，多数论题聚焦于电视或平台广告的创意研究。

自 1999 年起，有研究者关注"新闻策划"。事实上，对于"新闻策划"，无论是学界，还是业界，都曾经有过很大的争议。尽管新闻是对新近发生的事实的报道，但其实新闻是一门媒体选择的艺术，对发生的事件报还是不报？选择报道什么？不报道什么？如何报道？什么角度？是否评论？谁来评论？尺度如何把握？如此等等。然而，如今的情况已发生了巨变。当今，网络自媒体异常发达，你不报，有他人报，你这样报道，他人那样报道。新闻不但要策划，而且策划的复杂性和重要性越来越突出，但在当时，有人的确认为：新闻是不能策划的。

2000 年，"媒体创意"实践和概念进入业界的视野。2004 年，研究者还关注到频道品牌的创意，于是，创意研究开始从节目局部向频道整体演进。2004 年，首届中国国际广播影视博览会（以下简称"广博会"）在北京举行，同期还举办了大型影视节目展。广博会首次推出"创新创意制片人 2004"活动①，填补了电视制片业的一项空缺。这不仅成为首届广博会的亮点，而且是中国引入电视节目（栏目）制片人制十年后的首次总结。该活动对于提升电视媒体专业制片人的创意素质以及栏目的制作水平都是一种巨大的推动。

2002 年，中国传媒大学媒体创意本科专业开始招生。此后，浙江传媒学院、北京电影学院也陆续设立相关专业。媒体创意进入学界直接推动了系统性的相关研究。以 2006 年为节点，论文数量出现快速上升就是标志之一。"媒体创意"本身的内涵和外延同时发生了很大变化，开始有更多的研究者关注创意

---

① 2004 年 8 月，笔者参与了此次活动。

经济和创意平台建设等议题。

2009 年，有研究者提出创意法则和方法论研究概念，研究的理论层级进一步提高。譬如，胡文财提出，在广告媒介策划中，环境媒体创意的价值越来越凸显①。环境媒体创意是一种将媒介的物理属性融进广告创意的思维形式，它具有传统媒介策划无法达到的广告效果。要保证环境媒体创意的质量，找到合适的接触环境是关键，促成广告与环境的联动以吸引受众体验是前提，用创新思维突破环境限制是保障。

2014 年，创意成为创新之核心的提法出现。这说明，媒体转型与竞争的态势进一步上升至顶层设计及高端人才层面。譬如，李进提出，传统媒体正处于艰难转型的关键时期，唯有注重创意，才是媒体创新的思路，也唯有如此，媒体才能创新而图存②。互联网促发了继文字发明、古登堡印刷术和电报使用之后的第四次传播革命，也引发了继蒸汽机发明和电力的广泛应用之后的第三次工业革命。处在这样一个伟大的时代，媒体的创意涉及传播的所有环节。对于媒体创意而言，顶层设计非常关键。在媒体平台上，形成创新环境，构建创意常态化机制成为竞争最重要的环节和媒体竞争的制高点。这是因为，在产业要素高度发达的产业经济领域，资金、渠道等常规的要素已出现过剩，为此，创意上升为最稀缺的要素。

在过去的十多年中，学者的理论探索也出现了不少成果，以"媒体""创意""策划"为关键词，通过网络图书销售平台和国家图书馆网站查询，截至2016 年年底，出版的著作有 80 多部，如表 0-2 所示。

表 0-2　　　　　　　2001—2016 年有关电视创意学术著作统计分析表　　　　单位：部

年份	数量	主要内容
2001	2	电视策划与撰稿、网络媒体策划
2002	6	电视节目策划研究、技巧、新论，电视媒体策划
2003	2	电视文艺节目策划与制作、广告媒体策划

① 胡文财.解密环境媒体的创意法则[J].中国广告,2009.4:15.
② 李进.创意:媒体创新之核[J].新闻与写作,2014.8:4.

年份	数量	主要内容
2004	1	中国电视策划与设计
2005	0	
2006	7	电视节目主持人策划、电视节目策划学、电视剧策划艺术论、广告媒体策划、城市电视媒体策划、媒体战略策划
2007	10	电视叙事、电视节目策划、农业电视节目、电视节目策划与创新、电视策划、电视策划教程、媒体策划与影响力、媒体策划与营销
2008	4	电视策划学、媒介市场创意策划、电视栏目解析、策划学概论
2009	11	广播电视节目策划、新媒体节目策划论、电视文艺节目策划、电视策划与写作、影视广告策划与制作、网络媒体策划、媒体策划与营销、广告媒体策划、媒体创意与策划、电视媒体策划新论
2010	4	电视节目策划笔记、电视节目策划与创优、电视新闻策划、现代媒体策划原理与应用
2011	7	电视节目策划实务、主持人节目策划艺术、广播电视节目策划与创新、广告策划、网络营销与策划、媒体创意策划与营销实务、全媒体创意策划攻略
2012	8	电视节目策划学、电视文艺节目策划、电视节目策划、英国电视节目解析、媒体策划学概论、广告媒体策划、媒体企划
2013	7	电视谈话节目策划、电视策划实务、电视栏目策划与编导、广播电视创意与策划、新媒介环境下电视媒体策划、广告媒体策划与设计、新闻内容策划与媒体设计
2014	6	电视节目策划，电视节目创意、策划与制作，电视栏目策划，电视新闻策划，策划学概论新编、故事：材质、结构、风格和银幕剧作的原理
2015	4	电视节目策划教程、视听节目策划、电视节目策划新论、广告策划
2016	4	道路交通安全科普类电视节目策划、电视节目策划、网络大 IP 策划、广告策划

通过研读表 0-2 所列出的著作，并进行文本分析，笔者得出如下结论：

2001 年，"策划"一词开始出现在专著中，但在 2001—2005 年，基本是围绕电视节目、栏目策划而进行的具体方法归纳和梳理分析。

2006 年起，"策划学"开始出现，说明学术界在对学理性的创意研究经过大约五年之后才开始形成相对系统性的研究成果。2007—2009 年成为学术成果集中爆发的年份。

2009 年起，有关"网络媒体"和"新媒体"的策划开始出现。彼时，学术界已敏锐地认识到，新媒体的崛起已改变了原来单纯面向电视频道播出的内容策划方式，渠道成为不可忽视的元素之一。

2010 年起，《中国达人秀》亮相东方卫视，掀起收视热潮。此后，国外的节目模式大量出现在国内电视频道中。有学者开始系统地对国外节目模式进行剖析，对借鉴国外成熟经验及推动自主创新起到一定作用。

2014 年，译自罗伯特·麦基的《故事：材质、结构、风格和银幕剧作的原理》一书为中国读者打开了全新的影视编剧视角。译者认为，该书清晰阐述了故事创作的核心原理，其指导意义不应只被影视圈的人所认知，更应得到小说创作、广告策划、文案撰写人才的充分开发和利用。无论是新闻节目、综艺栏目还是电视剧，故事都是人们所喜欢收看的重要理由之一。为此，讲好故事是策划的重要内容。

上述著作大致探索了各类电视节目的创意元素、方法和过程甚至注意事项，操作性比较强。正囿于此，不足也是明显的：其一，研究者先验性地把节目按既有分类方式和播出现状进行了划分，殊不知，类别创新即为节目创意的重要方式之一。事实上，分类只是学术界为了研究需要贴上的标签而已，新节目常常是无法按照已有规则进行归类的，而媒体界和市场需求主体也不会机械地按照类别描述展开节目创意。其二，多数著作停留在实务层面上，难以触及方法论的层面，尤其是忽视了对需求的科学分析。因为，只有需求才是所有创意直接的和根本的动力，也是创意的起点和落点。诚然，许多著作本身作为一般经验的总结梳理，的确能为研读者提供模仿，却未能揭示规律性来提升研读者"知一反三"的自主创新能力。

从对上述著作的概念分析中我们还可以看出，研究者使用"创意""策划""设计"等术语来表示节目的创新实施过程，个别使用了"企划"，企划的意思是企业战略规划。还有的在书名中把几个概念罗列在一起使用。显然，多数研究者认为这几个概念之间还是有区别的。通过梳理资料，笔者发现，在有的书名中，电视节目策划直接被英译为"TV Program Scheme"。事实上，在英文中，"creation""design""scheme"均可以翻译为"策划"，但有细微的区别，例如：The creation of design scheme is a higher-level creation in the conceptual design（方案的创新是概念设计中较高层次的创新）。事实上，"策划"一词为中国本土用语，不是舶来概念的翻译，它"来自我们电视理论工作者对中国电视工种和电视创作实践的概括和提炼，是对电视创作规律的研究总结"①。

陈勤等人从宏观到微观对创意相关环节给出了定义，"所谓电视创意与策划，就是创意策划者按照电视传媒的运作规律，对电视节目的选题立意、采拍制作、播出销售等生产和运作过程进行总体筹划和论证并形成具有指导性的文案的一种电视行为"②；他们还认为，"电视节目的创意，指的就是在广泛搜集、了解观众收视情况的基础上，梳理揣摩出观众当前或将来的社会收视心理需求，有的放矢地通过组织有关专家学者、同行集思广益，集体创作出对电视节目整体战略的运筹与规划"③。而对于电视节目策划，陈勤等人也给出了定义，就是"策划者遵照电视节目生产和运作规律，对电视节目的选题立意、采拍制作、播出销售等生产和运作过程进行总体筹划和论证，并形成具有指导性的文案的一种电视行为"④。更进一步，"媒体创意，基本内容是指现代传媒面对市场需求与变化，在信息建构与传播以及媒介经营与管理的各个领域、各个层面、各个环节所采取的具有创新性、创造性的策略和构思"⑤。学者杨乘虎也认为，"电视节目创新是指，为了实现更好的传播效果，电视机构对电视节目的生产与传播所实施的创新性实践活动"⑥。针对节目层面的策划，王哲平说，"节目策划就是对节目的整体风格、定位、特定内容及传播形式的构思"⑦。上述定义，不约而同地把传播方案设计归入到媒体创意框架中。

综上所述，本书认为，"创意"的抽象层级最高，即对应"creation"，其

① 项仲平.电视节目策划教程[M].北京:北京大学出版社,2015:2.
② 陈勤等.全媒体创意策划攻略[M].北京:中央编译出版社,2011:125.
③ 陈勤等.全媒体创意策划攻略[M].北京:中央编译出版社,2011:105.
④ 陈勤等.全媒体创意策划攻略[M].北京:中央编译出版社,2011:105.
⑤ 陈勤等.媒体创意与策划(第2版)[M].北京:中国传媒大学出版社,2012:3.
⑥ 杨乘虎.中国电视节目创新研究[M].北京:中国传媒大学出版社,2014:53.
⑦ 王哲平.电视节目策划新论[M].杭州:浙江大学出版社,2015:015.

次为"策划"，对应"scheme"，再次为"design"，对应"设计"。所谓电视媒体融合创意，是指在通过科学方法分析和论证相关群体需求的基础上，有针对性地对节目内容和形态进行设计，并且以合适的传播方式到达目标受众，以满足其收视等需求的过程。本定义的重点放在了过程上，即：创意既进行内容方案的创意也进行传播方案的设计，两者是相辅相成、互为支撑的。

二、媒体创意的理论基础

事实上，无论是哪块屏，也不论传播主渠道是电视还是互联网，唯有正确理解，研究和洞察受众需求，创设与受众旨趣相吻合的节目样态，发掘一切可利用的传播元素，以科学的方法论作指导，加以汇合、整合与融合，不断地创新传播方式，在社会心理需求的变化性和社会政治文化要求的稳定性之间，达到某种平衡的状态，才能满足和引导受众日益高涨的收视需求和各方的期待。为此，对电视媒体而言，内容创意和自主创新是必然的和唯一的选择。

从媒介生态学的角度来看，本书展开的研究归属于媒介"微生态"范畴。按照学者邵培仁的叙述，研究本身"试图探寻和揭示媒介作为一个整体互动的组织，其内部各种生态因子之间的复杂互动的关系和演变机制，以及在这种相互影响、碰撞和磨合的过程中所呈现的系统整体特点和规律性"[①]。"互动"的内涵是什么呢？按照社会学的解释，"互动是指发生在主体间的精神活动，它以语言及其所承载的社会历史文化为中介，以平等交流、沟通和协商为基本形式，以主体间理解和意义建构为目的"[②]。面对面的人际传播最有利于互动，媒体的出现，建构起以媒体为中介物的新型关系空间，也为互动创造了更多技术方式和符号方式，互动成为创意和创新过程中十分重要的环节。为此，探求创意和创新过程的内在运行规律，无论是对媒体传播的内容创设、资源建设、渠道铺设，还是效果预设等，均具有一定的指导意义，对促进人与媒体、人与社会，以及人与人之间的和谐共生共存更有一定的社会价值。

---

① 邵培仁等.媒介生态学[M].北京：中国传媒大学出版社，2008：10.
② 王卓君，余敏江.政府决策与新型智库知识生产的良性互动[J].政治学研究，2016（6）：105.

　　在整个电视媒体传播大系统中，电视节目是具有生命力的子系统，遵循着诞生、成长、成熟、衰退的基本规律。电视节目的创意过程就是其生命酝酿的过程，酝酿过程不充分、不科学，营养不良，其生命就会先天不足，生长就不会健康，生命力也不会旺盛。那些"短命"的节目，要么本身为先天不足的"早产儿"（一些急就章的节目、某些人的"点子"或主观意志的产物等），要么是"出生"时机不对（上线时间不科学、编排不合理等），夭折的可能性自然较大。

　　节目上线意味着"出生"，上线后若没有生长因子（节目元素等）的持续发育，生长资源（微创新、资金、人才、生产管理、营销等）的持续保障，下线的可能性就会增大。为此，上线之前的市场调研、新奇创意和科学论证就成为不可忽视且不可打折扣的过程。按照国际节目模式研发的一般评估，有一个好点子，仅仅是完成了创意的10%。从过往相当长的时期到当下，依然有许多媒体借由少数人的几次所谓"头脑风暴"就算完成了节目的研发，实在是不足取，再也不能继续下去了。

　　若从更加宏观的媒介环境角度分析，知名学者邵培仁总结认为，在媒介生态系统中，媒介与政治、经济、受众等生态因子之间通过不断地进行资金流动、信息传递、注意力的收集和消费而形成了相互制约与调控的统一整体①。电视节目作为系统中的具有"生命"的个体，存在于媒介生态系统中，适者生存，优胜劣汰。所谓适者，必然是具有成长力的因子，是经过系统性、科学性研发的产物，能够长期播出的、成功的节目，也必然是受到广泛关注的节目，是公众的认可给予其生命，并且其生命周期取决于观众的喜好和注意力的持久性。

　　显然，电视节目创意是一项非常复杂的艺术创造过程。那么，创意的本质是什么？陈勤认为，创意的主要理论源自弗洛伊德的潜意识学说，潜意识的涌出，一旦被显意识的秩序所同化，就会丰富显意识世界，这就是创意。② 显然，

　　① 邵培仁等.媒介生态学[M].北京：中国传媒大学出版社，2008：22.
　　② 陈勤.媒体创意与策划[M].北京：中国传媒大学出版社，2012：2.

从此理论角度，电视节目创意萌发并不是来自"超人的狂想"或偶然的灵感，更可能的或可信的是，来自科学的推理与分析。

如何才能激发新的创意？学者杨乘虎在深入探讨此问题时，非常赞同西方的"陌生化理论"，并提出，"以艺术手法创新为起点的陌生化的生命力和价值，贯穿了整个西方艺术史的发展进程，成为推动艺术本体论、认识论以及批判论创新的重要理论……对于创作者而言，陌生化是一种艺术手法的使用，体现创造性；对于作品而言，陌生化是一种艺术效果追求，体现审美化；对于受众而言，是一种审美体验，体现独特性、差异性"[①]。也有研究者指出，在学习和研究创意时，不是一些表层的技巧，"更深的基础要从自己对生命深度的思索开始"[②]。电视作为艺术和技术相结合的产物，向生活要艺术，把生活以艺术化呈现；同时，把艺术借技术呈现，把艺术科学化表现等，都是创意的路径。正如美国学者罗伯特所认为的那样，"不论是科学实验还是艺术创作，都只是提炼抽象化思维成果的一种形式化程序"[③]。西方的模式化节目正是此类思维的结果，模式化节目易理解、好模仿，近些年对中国电视节目创意影响甚大，但也在一定程度上扼杀了创意的灵活性和突破性。

建筑学可以为电视节目创意提供很好的借鉴。我们知道，建筑设计过程遵从由宏观、中观到微观的顺序，包括建筑物与周围环境，与各种外部条件的协调配合，建筑内部各种使用功能和使用空间的合理安排，内部和外观的艺术效果，各个细部的构造方式，建筑与结构、建筑与各种设备等相关技术的综合协调等，还要考虑如何以更少的材料、更少的劳动力、更少的投资及更少的时间来达到上述各种要求，从而使建筑物做到适用、经济、坚固、美观。此外，若是用来销售的建筑，更要考虑建筑使用群体的喜好和价位等。类似于建筑设计所涉及的建筑学、结构学、材料学、声学、光学、电工学等几十个学科专业知识，媒体创意也会涉及艺术学、文化学、社会科学、心理科学、行为科学、美

---

① 杨乘虎.中国电视节目创新研究[M].北京:中国传媒大学出版社,2014:85.
② 张浩,张志宇.文化创意方法和技巧[M].北京:中国经济出版社,2010:10.
③ ROOT-BERNSTEIN R.,ROOT-BERNSTEIN M.创意天才的思维方法[M].王美芳等译.北京:电子工业出版社,2015:85.

学、编剧、导演、摄影摄像、音乐、灯光、音响、服装、道具、剪辑、传播学、市场营销等诸多学科的汇集与融合应用。因此，在当代电视媒体运营过程中，凭某个人的一句话或一个点子就可以做成一档持续成功的节目是不可能实现的。

三、媒体创意的重要性

早在1995年，江泽民同志就在全国科学技术大会上指出："创新是一个民族进步的灵魂，是一个国家兴旺发达的不竭动力。"自此，全民族创新的序幕开启了。党的十八届五中全会又提出了创新、协调、绿色、开放、共享的发展理念。这是中国共产党把握世界发展大势，着眼我国发展全局做出的战略抉择，有学者认为，"在新的发展理念体系中，创新是发展的核心与灵魂，协调是发展的基本方法，绿色是发展的内在要求，开放是发展的时代特征，共享是发展的出发点，也是根本归宿"①。2016年5月，中共中央、国务院印发了《国家创新驱动发展战略纲要》（以下简称纲要），《纲要》指出："创新驱动就是创新成为引领发展的第一动力，科技创新与制度创新、管理创新、商业模式创新、业态创新和文化创新相结合，推动发展方式向依靠持续的知识积累、技术进步和劳动力素质提升转变，促进经济向形态更高级、分工更精细、结构更合理的阶段演进。"综观作为文化事业和产业重要组成部分的广电行业，伴随着人们对精神文化生活要求的不断提升，渠道和内容变得日益丰富起来。在少部分地区和媒体中，"科技创新"和"体制机制创新"两个轮子实现了相互协调、持续发力的"双轮驱动"效能，创造出诸多"现象级"节目。然而，看似繁荣的表面，也显露出创意不足、高水平节目缺乏的现实和窘迫，急功近利式的电视节目模式引进受到广泛批评。有人指出："中国电视节目以版权交易的方式所实现的全球'接轨'，非但没有帮助省级卫视乃至党和国家权力寻找到合适的表达载体，反而最终削足适履般地跌入全球文化垄断的内在逻辑

---

① 黄坤明.深刻认识新发展理念的重大理论意义和实践意义[N].光明日报,2016-7-25(06).

里。"① 某些媒体一掷千金般的巨资豪赌综艺节目，更是受到了有关方面的强烈质疑。如此下去，不但中国的电视媒体市场会受到挤压，更为重要的是，中国文化安全必然会受到威胁。

新时代中国特色社会主义理论与新发展理念为电视媒体创新提供了强大的理论指导和信心。"新发展理念，牢牢聚焦解放和发展生产力这个根本任务，着眼实现我国社会生产力水平总体跃升，把创新作为引领发展的第一动力，摆在国家发展全局的核心位置。"② 2016 年 5 月 17 日，习近平总书记在哲学社会科学座谈会上指出："面对新形势新要求，我国哲学社会科学领域还存在一些亟待解决的问题。比如，哲学社会科学发展战略还不十分明确，学科体系、学术体系、话语体系建设水平总体不高，学术原创能力还不强"，"只有以我国实际为研究起点，提出具有主体性、原创性的理论观点，构建具有自身特质的学科体系、学术体系、话语体系，我国哲学社会科学才能形成自己的特色和优势"。习近平总书记在中国共产党第十九次全国代表大会报告中强调说："实践没有止境，理论创新也没有止境。……我们必须在理论上跟上时代，不断认识规律，不断推进理论创新、实践创新、制度创新、文化创新以及其他各方面创新。"从此出发，电视媒体领域的创新应当成为常态性的工作。事实上，实践层面的创新节奏已经体现在版面调整的频率上。过去电视频道一年一改版，后来一年两改版，直到出现春节或暑期特别版，再后来，伴随着季播节目的兴起，能够执行一年不变的版面几乎不存在了。

有研究者认为："一个国家文化软实力的强大，一个媒体核心竞争力的打造，最终取决于拥有自主知识产权的核心创意，自主创新应该成为我国电视媒体发展的终极目标和努力方向。"③ 没有创造，只能充当他者文化的商贩，最终"在文化领域丧失优秀民族文化的创造力，传播力和影响力"④。如今，社会已形成普遍共识，即科技是人类文明进步的火种，而创新则被认为是支撑民族复

① 吴畅畅.原创与版权交易的二律背反[J].中国广播影视,2017(4 下).
② 黄坤明.深刻认识新发展理念的重大理论意义和实践意义[N].光明日报,2016-7-25(06).
③ 慕玲,靳戈.我国电视节目自主创新的路径与条件[J].中国电视,2016(6).
④ 慕玲,靳戈.我国电视节目自主创新的路径与条件[J].中国电视,2016(6).

兴的脊梁。中华文化源远流长，是文化创新取之不竭的资源，更是电视节目创新的基础。也许很多媒体人在研发节目时，有意无意地绕开了传统文化比如非物质文化遗产，想当然地以为这些都是应该进博物馆的东西，很难在电视上呈现，事实上，只要用心创意，传统文化也可以放射出综艺的精彩光芒。北京卫视季播节目《传承者》的亮相便肯定了这种判断。冷淞总结道："《传承者》这个节目的表现可以证明传统文化与电视的结合是一种双赢的完美组合，传统文化借助于电视节目展示、辩论探讨、点评和比拼等喜闻乐见的形式让传统文化变得新鲜时尚又平易近人，而电视节目也因传统文化的加入变得厚重而有韵味。"① 成功的案例表明，只要创新方向正确，方法得当，论证科学，一切文化资源均可以以适当的方式转化为传播内容，尤其是融媒体传播平台，更加突破了电视媒体原有的内容呈现形式与传播方式。

四、自主创新的必要性

近年来，我国的电视媒体正处于吸收国外成熟节目模式与本土原创并存的动态发展过程中。原创的风头在日益削减国外节目模式的风光，一批致力于原创的媒体和传媒公司也正处于快速成长之中。譬如，恒顿传媒因其研发的两档新节目《来吧，孩子》和《急诊室故事》而声名鹊起，中商产业研究院给出的评价是"得益于节目模式创意、研发、策划、内容制作等各方面优秀专业人才的长期积累和管理层深厚的行业积淀，公司开辟了以模式原创为其核心竞争力的视频节目模式研发加内容制作为一体的新领域"② 。人们有理由对诸如此类的企业报以更高的期待。作为文化资源大国，中国没有任何理由不成为文化输出的强国和大国，传媒行业所缺乏的除了创新机制之外，创新与创意方法论的突破和支持更是短板。创意由少数人的"点子"和意志决定，环节由编导执行，显然难以满足观众和市场的需要了。打个比方，建筑公司是工程实施单位，与之相衔接的建筑设计院则是专门进行建筑设计的，而电视媒体作为生产

---

① 冷淞. 海外模式冲击下的中国原创电视节目供给侧路径解析[J]. 现代传播, 2016(10).
② 林沛. 挂牌新三板的恒顿传媒："不做巨无霸"做什么[J]. 中国广播影视, 2016(10 上).

（创作）和销售（传播）机构，应该有节目研发部门或公司与之配套，节目创意和设计恰恰是当下电视媒体最为薄弱的环节之一。

作为文化产业重要组成部分的广电媒体行业，创新还是其实现"向上竞争"[①] 战略的重要步骤。笔者把广电媒体组织的基本结构看作金字塔，上部塔尖是"人才"，中部塔身是"渠道"，下部塔座是"产品"，来分析一下其参与市场竞争的态势。

随着改革开放的不断深入，市场经济的深层次推进，除了时政新闻以外，广电媒体内容产品早已向社会资本开放。首先，广电媒体行业失去了独家生产的产品垄断性；其次，伴随互联网尤其是移动互联网的崛起，广电节目传输渠道（无线、有线、卫星）也逐渐失去专网传播的垄断性。当下的广电媒体似乎只剩下"人才"了，可是，近几年，广电人才从媒体"出走"也逐渐成为一种潮流。为此，广电媒体若再不强化人才队伍建设，尤其是创意人才建设，实施"向上竞争"战略，重新建立竞争优势，那么，必将失去核心竞争力。广电媒体之"金字塔"沦为"空壳"而倒掉，也并非危言耸听。

创意是广电媒体行业的内在发展逻辑和在全球取得发展优势的必然路径。广电媒体只有不断"向上竞争"，才能赢取高端市场，规避低端产品制造的劣势。近年来，我国部分媒体为国外节目模式付出巨资恰恰是我国的媒体行业还处在低端模仿阶段，尚无研发节目新样态的实力所致。为此，在"网络相约、圈子相交、电视相见、活动相聚"的融媒体传播形态下，努力探索媒体创意普遍规律，熟练掌握创新创意的基本方法，无疑是占领媒体高端市场并取得媒体传播高端优势的有效路径之一。这就要求媒体业界、学术界和政府相关部门做出一致努力。

五、自主创新的可行性

诚然，过去的二十年，正是我国电视媒体数量从少到多，节目形态从单一

---

① 注："向上竞争"本意是经济学界对英国国家创新模式的提炼概括。英国面对制造业市场趋于价格的竞争，没有参与价格战，而是转向通过科技教育、基础研究等优势生产要素的持续投入，努力占领高端制造业、高新技术产业、现代服务业、新兴产业和文化创意产业等知识密集行业，维系了国际竞争优势。参见：常江.《有请主角儿》：创新竞争的底色与亮色[J].中国广播电视学刊,2016(10).

到丰富以致供给出现一定程度过剩的阶段。尤其是自媒体快速的发展和观众旺盛的需求，不断地推动和激发电视媒体创新再创新。当然也不乏急功近利地引进一些节目模式，这对中国媒体创新能力自身而言，大概也是必要的，就国际传媒市场竞争而言，"师夷长技以制夷"，可谓发展历程中必然会经过的阶段。

　　具体到节目创意过程，内容元素的分析与设计当然重要，可是，仅仅在这方面创新却是远远不够的。知名电视制作人龙思薇认为，"节目创新不应理解为狭隘的节目内容要素，节目要付诸市场化，实现商品价值，获得经济效益，必然涉及生产、发行、营销、产业链运营的整个过程"①。一方面，看似特别好的创新节目，不一定会获得理想的收益。若简单归结于节目本身有问题，很可能存在偏差。因为，节目上线播出涉及的环节非常多。如传播设计方案是否匹配？执行过程是否到位？这些都影响到实际的播出效益。另一方面，创意一般的节目，如果在大的平台上播出，因平台的品牌影响大，宣传推介做得精细和到位，传播互动吸引力强，也可能会获得理想的效果。恰如龙思薇所认为的，"在这个完整的产业链过程中，任何一个环节的创新都能代表着节目的生命力"②。正是各个环节创新的叠加，造就了那些所谓的"现象级"节目。近年来，"文化类"节目异军突起，譬如《中国成语大会》《中国诗词大会》《朗读者》等，成为一种新的收视现象和文化现象，尤其是 2017 年 4 月间湖南卫视和芒果 TV 独播的电视剧《人民的名义》，更是让所谓的收视预测模型失效，这说明，某些对观众欲求的研究是不准确的，甚至偏差也是巨大的。

　　为此，研究者有责任对中国媒体实践进行更为深入的剖析、归纳和总结，在科学的方法论指导下，提升理论层面的思考，推进形成中国电视节目创新体系。这是因为，"改革开放三十多年来，中国学术至今没有对世界社会科学做出自己的贡献。中国很多学者用中国的素材来论证西方的命题，都是假命题，没有自己的知识体系"③。此话一语中的，戳中了媒体创新的命门与短板。

　　《礼记·中庸》中有文："凡事预则立，不预则废。言前定则不跲，事前定

① 龙思薇. 中国电视节目创新观察[J]. 媒介, 2013(2).
② 龙思薇. 中国电视节目创新观察[J]. 媒介, 2013(2).
③ 王学典. 本土化是大国学术的必然选择[J]. 济南大学学报(社会科学版), 2007(1).

则不困，行前定则不疚，道前定则不穷。""豫"，亦作"预"。"凡事豫（预）则立，不豫（预）则废"，意指：不论做什么事，事先有准备，就能得到成功，不然就会失败；说话先有准备，就不会辞穷理屈站不住脚；做事先有准备，就不会遇到困难挫折；行事前计划先有定夺，就不会发生错误后悔的事；做人的道理能够事先决定妥当，就不会行不通了。这些句子要说明的就是："策划"有多么重要和必要。

陈勤认为："创意是一种连接，只有把不同的概念、事物连接在一起，才能创造新的概念和事物。"[1] 毫无疑问，以内容创意为核心的过程是一项系统性媒体创新工程，必然有其内在的、可循的规律性。可以肯定的是，媒体的创新过程也是在不断地建立、调整和调适与观众的联结关系，同时，建立合适的共生关系。为此，通过学界与业界的通力合作，在动态的共生实践中深入探究规律性，加以系统性和理论化的总结与归纳，探索中国原创的电视媒体融合创意理论体系，正是本书的出发点。

六、激发媒体创新的动因

媒体为什么要创新？媒体创新的动因既可能来自于内部，也可能来自外部。根本的动因来自外部，直接的动因来自内部。

就外部而言，创新的最根本动因来自观众的内在欲求或者社会公众共同的心理预期。

如果没有观众欲求，创新就失去了初始动机和产品市场。譬如，所有电视节目都在解决什么问题？正如梁漱溟先生所总结的，人类一生要解决三大问题，即人和物之间的关系、人和人之间的关系以及人和自己内心之间的关系。无论是新闻对事实的报道和评论，综艺节目真实与虚拟的交织，还是影视剧中虚构的情节、时空，都在表征、展示或述说人物心中的纠结、无奈以及疏解后的欢畅。观众也随着人物和事件，在观看或互动过程中，得到了某种程度上的共鸣、感叹、欢悦和释放。以此角度来看，眼花缭乱的各类电视节目，皆跟解

---

① 陈勤.媒体创意与策划（第2版）[M].北京:中国传媒大学出版社,2012:20.

决上述问题密切有关。

创新往往是对传统思维的颠覆，改变起因于受众，创新则是对受众新欲求的适应。传统媒体的传播理念，按照喻国明等人的分析，往往是"一个少数人玩的游戏，是一种少数人为大多数人定义世界、展示世界和诠释世界的传统方式"①。这种传统传播理念之所以不再辉煌，其主要原因是"今天的人们不但需要信息，也要表达和交换信息，不但要了解和解释这个世界，也要参与和分享这个世界，不但把传播作为一种自身修炼的'教科书'，更把传播当成一个个体融入这个世界的方式"②。只有对观众的心理和行为深层洞察，才可以发现人们内心存在的期待，有时，观众自身也未必很清晰这种期待，需要媒体人的判断、发现和激发。

再进一步，陈晓春等人的研究认为，影像叙事具有造梦、纪实、教化和娱乐四大功能③。创意各类节目形态，万变不离其宗，无论是虚构的还是非虚构的节目，至少能够实现上述其中一项功能。事实上，好的节目，功能往往不是单一的。创作者的造梦是为了圆观众的寻梦，动机来源于观众，譬如，纪实节目是为观众提供丰富的立体信息，节目中的知识、原理、故事、伦理、评论等是为了实现媒体的教化功能；各类游戏是为了观众放松精神，愉悦感官。为此，给观众造梦的节目基本上是超越现实的，而纪录生活的节目以真人真事为基础，是可以带给观众启迪的。想给观众带来直接的感官乐趣，把现实生活以喜剧化和娱乐化的手法加以夸张、变形、巧合、拼接等都能起到相应的作用。

通过信息来分析生存环境是观众的刚需，对于新闻节目而言，对应这种刚需的创意，却往往是选择的艺术而非创造的艺术。以《央视财经评论》为例④，选题标准包括四项——"有用、有料、有趣、有痒"。"有用"是指观众的欲求永远是第一位的，财经评论的核心就是帮助观众获取利益，选题一定要与观众有关联，接地气；"有料"是指选题确定后的工作就是找到"料"，找到观

① 喻国明等.破解"渠道失灵"的传媒困局："关系法则"详解[J].现代传播,2015(11).
② 喻国明等.破解"渠道失灵"的传媒困局："关系法则"详解[J].现代传播,2015(11).
③ 陈晓春,岳堂.电视剧项目评估的基本原理[J].现代传播,2016(5).
④ 张明.新媒体时代如何做好电视新闻评论节目[J].中国广播电视学刊,2016(7).

众不是很清楚的事实、背景、故事、经历;"有趣"是指讲述方式必须生动活泼,不能摆架子,不能高高在上教育人;"有痒"是指选题不能不痛不痒,要在坚持正确导向的前提下,触及利益,要有痛有痒才行。这四项标准其实也是在满足观众欲求的同时,实现媒体人自身的追求。

就内部而言,组织行为需要改革者的理念先行一步,即首先要确立组织目标。没有组织目标,就不可能形成创新的动机。

组织行为学认为,目标的确立应当是全体组织成员(至少是核心骨干)共同协商而定的,而不是简单地由改革者自上对下灌输,尽管有时也存在这种情况,即强有力的改革者推动组织创新,但是,如果多数的成员不能理解,那么,执行力一定会大打折扣;而若是由组织成员共同参与制订发展愿景和目标,那么,组织成员的行为便是自觉自发的、主动的,在行动上也更有执行力。

有研究者分析近些年的电视作品后发现,"传统美学所起到的作用是对人灵魂的抚慰,它是作者与受众之间共同的精神'图腾'。他们共同将文艺作品视作内心的明灯,照亮生存的期待和希望"①。这意味着作者、作品或内中的人物成为受众心目中的英雄、榜样,能起到某种精神或价值的引领作用。"传统美学影响下的文艺作品都贴近人的心灵,是心灵触动的产物。而如今,'图腾'作用的作品已不再吸引观众,观众逐渐将文艺作品当作情绪宣泄的工具。"② 作者、作品或内中的人物成为受众心目中的偶像甚至消费调侃的对象。然而,在这样的现实面前,专业媒体工作者只能随波逐流了吗?显然不是,更不能。毕竟有灵魂塑造和价值追求的作品才是优秀的,一味地迎合观众只会进入恶性循环的深渊,提升"作品引导"功能才能使创作进入良性发展的轨道。为此,只有组织成员的行为达成高度的一致性,创新的作品方可呈现功能的指向性。

创新不应当是被动的,更应该是一种主动的行为。媒体要在消费者还没有抛弃所提供的产品之前,就应主动寻求改变。因此,"被动适应"和"主动引

---

① 陈响园等."弹幕视频"的去传统美学及其现实逻辑[J].现代传播,2017(3).
② 陈响园等."弹幕视频"的去传统美学及其现实逻辑[J].现代传播,2017(3).

导"表现为两种不同的境界，这取决于团队的工作动力、创意能力、执行能力和协作能力四个主要方面。我国改革开放四十年来的各项伟大创新成就表明，人们对职业的热爱、执着、自豪感和成就感是最大的工作动力，尤其是"中国梦"的提出，对富民和强国宏大目标的追求，更让国人迸发出无穷的创新推动力。

总而言之，本书首次较为系统地提出新媒体环境下电视媒体融合创意的五步法或 NRPCE 方法，即通过需求分析（Needs of Users）、资源整合（Resources Convergence）、产品设计（Products Design）、传播方案（Communication Plan）以及方案评估（Evaluation of Proposal）五个步骤完成创意全流程。这五个部分作为一个有机整体，相互关联，在一定程度上，弥补了以往研究成果中不够系统、不够全面的缺陷。也是笔者通过多年的业界观察，参与多项媒体传播实务过程，并结合多学科理论所做的学术层面与应用方法的总结。

第一章　创意驱动力分析

融合媒体传播包括两个重要环节，即媒体融合创意和融合传播实施，其间会受到多种因素的制约，归纳起来，可以分为"上级要求""媒体追求""观众欲求"和"市场诉求"四个方面。四者之间存在一定的博弈，前两者决定媒体政治属性的强弱，后两者决定经济属性的高低，如图1-1所示。四者相互作用，成为融合创意的四大驱动力。四者作为矢量，只有当方向一致时，重合面积才最大，反之，则会相互抵消作用力。

图1-1　创意需求的四种力量

借鉴学者胡智锋的"三品"① 论述，笔者可以做出进一步阐释，在不同的媒体发展阶段，当上级要求占主导时，节目呈现出明显的政治属性，谓之"宣传品"；当媒体追求占主导时，节目呈现出鲜明的艺术表达属性，谓之"作品"；当市场利益占主导时，节目呈现出直接的经济属性，谓之"产品"；当观众欲求被极大满足时，节目呈现出很强的口碑效应，谓之"爆品"。当然，也可能出现"叫好又叫座""叫好不叫座"或"叫座不叫好"的情况，取决于媒体导向偏向何方，是唯上意还是表本意？是引导还是取悦观众？是驱动还是追随市场？

---

① 2011年7月18日，第二届中国传媒领袖大讲堂在上海交通大学举行。7月20日下午,胡智锋发表了"中国电视内容生产的潮流与趋势"的主题讲演,他认为,中国电视从1958年5月诞生后的50多年间,其节目内容的发展经历了以"宣传品"为主导到以"作品"为主导,再到以"产品"为主导的三个发展阶段,受到与会者热议。

既然节目是上述四种力量相互博弈的结果，那么，分析并确定"四求"则为电视媒体融合创意的起点，当然也是节目回归的终点。伴随着广电行业监管部门对引进节目模式的限制以及国内传媒机构对研发的重视，越来越多新创意迸发出来，但是，成功的概率并不是很高，主要原因是没有找到与时代、社会和公众内心共振的元素，找到这些元素，并进行科学合理的考察与论证，创意的核心也就明确了。

有了核心，就可以规划详细的创意方案。这好比一幢新建大楼有了详尽的图纸。如果图纸对结构、材料、标准等标注不准确、不详细，那么，对于施工方而言是不可想象的。

第一节 上级政策的要求

我国对电视媒体的宏观管理有多个渠道和多种方式，包括各级党委宣传部门、广电行业、教育文化以及网络信息主管部门等。这些部门通过法规、意见、公开通知、非公开通知、会议和不公开会议等方式提出强制性、非强制性、规范性、引导性的要求。有时，党和国家重要领导人也会以谈话的方式提出一些要求，譬如，2016年11月30日，习近平总书记在中国文学艺术联合会第十次全国代表大会、中国作家协会第九次全国代表大会开幕式上的讲话，就对全国文艺创作具有重要的指导性意义。这些要求基本上延续了中国传统文艺观，包括重视文艺对于公众的教化功能，让公众在欣赏作品过程中，借作品人物命运将内心的不良情绪加以宣泄，以成风化人，净化观众心灵。

一、时效较长的鼓励性政策

一般情况下，上级政策可以分为正面引导性和规范禁止性两大类，单就数量而言，多数是禁止性的。下面笔者分别予以分析。

为了直观，这里把国家新闻出版广播电视总局（以下简称"广电总局"）2000年—2016年公开发出的通知进行列表（见表1-1）分析。在某些年份，出于对某些现象的遏制，广电总局有时密集出台一系列禁止性规定，而鼓励性政策多数具有原则性、长期性和连续性的特点。

通常情况下，广电总局会以"意见"等形式发布相对稳定的政策，指明和引导广电行业的发展方向，譬如，2007 年发布的《关于促进广播影视产业发展的意见》（以下简称《意见》），就明确提出了广播影视产业发展的基本原则：

一要坚持正确方向。广播影视产品具有意识形态属性，必须始终坚持为人民服务、为社会主义服务的方向，坚持百花齐放、百家争鸣的方针，弘扬主旋律，提倡多样化，大力发展先进文化，支持健康有益文化，努力改造落后文化，坚决抵制腐朽文化。不管是广播影视的产品生产企业还是服务企业，都要坚持把社会效益放在首位，努力实现社会效益与经济效益的统一。

二要坚持面向市场。面向市场就是要在强化宏观调控的同时，充分发挥市场机制在产业资源配置上的基础性作用，通过市场手段优化资源配置，调整结构布局，调节利益分配，促进产业良性循环发展。面向市场就是面向人民群众，一切要以人民群众即消费者接受不接受、满意不满意为标准，始终把满足消费者的需求，为消费者提供优质的产品和服务作为产业发展的出发点和落脚点。

三要坚持改革创新。广播影视产业要加快发展，必须解放思想，更新观念，进一步深化体制机制的改革创新。要坚决冲破一切妨碍发展的思想观念，坚决改变一切束缚发展的做法和规定，坚决革除一切影响发展的体制弊端。要坚持把改革创新作为产业发展的根本动力和唯一途径，立足于发展来改革创新，以改革创新求发展。

四要坚持国有为主、多种经济成分共同发展。坚持国有为主，充分发挥国有经济在市场的龙头、示范和主导作用，有利于坚持和巩固党在意识形态领域的领导地位，保证广播影视产业始终坚持社会主义先进文化的前进方向，带动和促进整个广播影视产业健康发展。坚持多种经济成分共同发展，有利于充分吸纳和利用社会资源发展广播影视产业，形成多主体公平竞争、开放有序的市场环境，促进市场繁荣和产业壮大。要积极推行广播影视产业领域公有制经济的多种有效实现形式，大力发展和积极引导广播影视产业领域的非公有制经济，凡是法律法规未禁入的领域都要允许非公有资本进入或参与。

《意见》还明确提出了广播影视发展的基本思路和发展的重点领域等。这些纲领性文件，看似没有很强的操作性，却是各级广播影视行业主管部门和广电机构必须认真学习、领会，并长期遵守和不断实施的。

2014 年年初，国家新闻出版广电总局下发《关于积极开办原创文化节目弘扬和传承优秀传统文化的通知》（以下简称《通知》），要求各广电机构特别是电视上星综合频道要深入挖掘传统文化资源，学习借鉴《中国汉字听写大会》等节目的有益经验，积极开办以弘扬和传承优秀传统文化为主旨的原创文化节目。该《通知》可谓拉开了文化类电视节目创作的大幕，中央电视台（以下简称"央视"）的《中国谜语大会》《中国成语大会》《中国诗词大会》等应运而生，及至 2017 年，央视的《朗读者》更是一举成为典范，好评如潮，备受追捧。

2016 年 6 月，国家新闻出版广电总局发布《关于大力推动广播电视节目自主创新工作的通知》（以下简称《通知》），针对加强自主创新、引进模式管理、920 时段编排、相关扶持政策等做了进一步明确。该《通知》要求不断研发生产拥有自主知识产权的优质节目。行业主管部门的要求往往作为媒体动员的力量出现，激发媒体人的创造力和媒体机构资源投入的动机，直接催生一批新节目。这些新节目也更多地植根于中国文化、价值观、社会习俗和传统元素。譬如，湖南卫视《旋风孝子》就是"在对中国的国情、文化、价值观等进行深入研究后，最终选择'孝'字做文章，但节目中的'孝'，并非对中国传统'孝道'的简单呈现，而是作为一种价值观贯穿在节目中，是节目实现'有意思'向'有意义'转变的一个核心"①。再以河南卫视为例，由于频道"坚

---

① 郑向荣.电视真人秀节目的价值导向与娱乐功能的和谐共振[J].中国电视,2016(6).

定了'相信文化的力量',相信只要找对方法,文化节目也可以取得出色的收视和广告业绩。河南卫视以文化为内核,做现代化的节目,用流行、创意、趣味的节目形式承载文化内容,当诗词歌赋、百家姓氏这些传统精髓与音乐选秀的晋级方式、闯关节目的紧张感结合在一起的时候,文化节目将呈现出更持久的生命力和更广泛的社会影响力"①。媒体的坚守,结合行业主管部门的推动,形成一股合力甚至是社会潮流,引发其他媒体和大众的共同关注,在更加广泛的范围内产生积极的社会影响力。

广电行业主管部门一直要求综艺节目既要有意义,又要有意思。从学理角度而言,就是要求节目既要有高度、有价值,同时又要有温度、好看、耐看。譬如,2015 年 5 月,天津卫视《非你莫属》栏目研发出子栏目《非你莫属之老板变形记》,开启了全新的综艺模式。其"娱乐 + 公益"的双目标设计,并不是把"公益"绿色元素当作标签而人为地拔高目标,借此获得价值同情分,而是切实将"公益"作为节目的核心元素贯穿整档节目。节目中的老板们以实际行动,不仅仅向云南的村民捐款捐物,还把当地作为长期帮扶对象,帮助他们改善学校条件,为农民研究致富方案,提供致富资源等。公益节目与公益项目完美对接,社会服务由节目内做到了节目外,彰显了媒体的本质属性和社会责任。

二、奖项与专项资金扶持项目

除了全国统一的政策性要求和鼓励性措施以外,国家新闻出版广电总局(包括各地方主管部门)也通过各类奖项评比、科研课题研究和专项资金扶持三种主要方式激励创新。尽管广电机构主办的各类奖项往往以终结性评价的面目出现,但也在某种程度上确实能起到鼓励和激励的作用。

针对科技创新,国家新闻出版广电总局设立了年度科技创新奖,此奖项已有十年以上的历史;年度广播节目技术质量的"金鹿奖"和电视节目技术质量的"金帆奖",激励技术人员不断开发新技术在节目流程中的应用;年度科研

---

① 赵锐.河南卫视:差异化策略锻造品牌化经营[J].中国广播影视,2014(11 下).

项目有广播影视部级社科研究项目，成功立项的项目都有资金的扶持，鼓励对广播影视创新发展问题开展深入研究。

针对广播电视节目创作，国家新闻出版广电总局设立了中国广播影视大奖的"星光奖"，并专门设立电视剧"飞天奖"、电影"华表奖"、少儿电视节目"金童奖"，并且每年拨出款项用于少儿精品发展专项资金和国产动画发展专项资金项目。

2014年被公认为中国电视节目自主创新的元年。"如果说在此之前的节目创新主要停留在模仿层面，现在，我国电视则开始向自主创新领域发力"①。自这一年开始，大量原创节目不但上线播出，而且取得了始料未及的传播效果，尤其是处于头部的央视和数家卫视，更加表现不俗。这激发了媒体人创新的热情和勇气。2014年前后，"电视节目创新已经不是单一平台的个体行为，而是辐射整个电视领域的集体行为，形成了强势频道交替引领、其他频道迅速跟进的创新节奏；形成了卫星频道龙头带动、地面频道奋起直追的创新氛围"②。"正是通过由点及面、由面及体的节目创新，逐渐建立起了我国电视节目创新的新景观"③。电视，这块主流媒体的大屏自此焕发出新的生机，呈现出新的精彩，也吸引更多年轻观众回流。

针对公益广告传播，早在2008年北京奥运会之前，国家广电总局办公厅就发出了《关于做好全国"迎奥运 讲文明 树新风"公益广告征集比赛入围作品展播工作的通知》。在全国范围内，大量集中创作、征集和播出的优秀公益广告，为营造奥运气氛，提高全民文明程度，起到了明显的作用。为了进一步提高广播电视公益广告的传播力和影响力，近年来，国家新闻出版广电总局每年都开展广播电视公益广告扶持项目评审工作，以此保持公益广告创作的常态化和可持续化。不仅如此，国家新闻出版广电总局联合中央文明办等相关部委出资，鼓励公益广告的创作与播出，譬如，与国家税务总局联合推出税收公益广告征集与评审，此外，还分别与国家禁毒委员会、国家老龄工作委员会、国

① 慕玲，靳戈.我国电视节目自主创新的路径与条件[J].中国电视,2016(6).
② 慕玲，靳戈.我国电视节目自主创新的路径与条件[J].中国电视,2016(6).
③ 慕玲，靳戈.我国电视节目自主创新的路径与条件[J].中国电视,2016(6).

家工商总局、国家知识产权局等部委联合发布公益广告创作扶持项目以及优秀传播机构申报和评审，以鼓励公益广告创作与播出等。这些举措的落地，主观上激发了媒体人的创作热情，提升了其职业自豪感和成就感，客观上提升了主流媒体的价值传播担当精神和社会责任意识，推进了精神文明建设。

三、领导指示和会议主旨扩散

我国的媒体具有很强的党性，其内容的呈现更是党性和人民性的统一。党和国家的意志、人民的诉求，往往通过某种集体仪式体现。有关部门上级领导的直接指示，更能表现为具体的创作要求。

以肇始于1983年的央视春晚为例。经过三十多年的变迁，春晚无可争辩地成为春节文化的组成部分，构建了中国乃至全球华人的新民俗。由于其越来越广泛的影响力，其所承载的主题及所选取的元素必然成为国家主流意识传播的有效载体。春晚成长的过程，受到了党和国家领导人、行业主管部门主要领导人的直接指导，甚至参与创作，同时，他们对节目进行审查把关。卜晨光认为，春晚正是电视媒介创意传播的文化现象[1]。以2016年春晚为例，其主题定位与主流价值取向密切相关，"以高度的仪式感和宏大叙事突出了中国梦的主题主线和思想内涵，'四个全面'战略布局、中国力量、强军肃纪、中国道路、丝路精神、社会主义核心价值观、创新创业等贯穿始终"[2]。春晚的几个小时，构建了中华民族的文化共同体和精神家园，激发了所有华夏儿女的民族自豪感和文化归属感。

2014年，国家新闻出版广电总局领导提出节目创新的"文化 公益 原创"的六字要求，为此，一批新节目应运而生。譬如，天津卫视《囍从天降》[3] 节目，彻底摒弃了国外真人秀的模式，完全是本土原创形态，其特点包括：真实性，打造中国最感人真人秀节目；公益性，自然朴实展现亲情大爱；价值性，别样明星秀折射积极价值观念。用学者郎劲松的总结，即"入主流、有

---

① 卜晨光.三个维度看2016春晚：媒介、传播、文化[J].中国广播电视学刊,2016(4).
② 卜晨光.三个维度看2016春晚：媒介、传播、文化[J].中国广播电视学刊,2016(4).
③ 张颖.《囍从天降》被誉为"中国最感人真人秀"[J].中国广播影视,2015(3上).

情怀、重原创、够极致"。而冷松则认为，此节目具有明星养眼、公益暖心的情感内涵，人物不虚伪，情节不造假，公益不矫情，叙事不拖延，关系不纠结。

再如，2017年4月热播的电视剧《人民的名义》编剧周梅森就曾说过，我还在创作的时候，有关部门领导就让人捎话鼓励我：一定要把我党"壮士断腕、刮骨疗毒"的反腐决心写出来，把党内有些野心家"团团伙伙""帮帮派派"的做派写进去。这也说明我们的党对反腐更有信心了。不出反腐小说，不播反腐剧，腐败就不存在了吗？那是闭目塞听！老百姓还会觉得，怎么面对社会出现的一些问题，你们文艺工作者却像什么都没看到似的"！① 由此可见，在节目创作的关键节点，争取上级有关领导的指示与主动把关，对节目的基调和导向把控十分必要。

2016年10月28日，国家新闻出版广电总局在山西太原主办了"广播电视节目自主创新座谈会"。会上，总局副局长田进指出，广播电视节目创新"必须坚持中国特色社会主义文化发展道路，坚持以坚定的文化自信、文化自觉实现文化自强，大力推动节目自主创新，努力创作生产出思想性、艺术性、观赏性有机统一的优秀节目，自主研发出具有中华文化基因和中国特色、中国风格、中国气派的原创节目模式"②。田进的此番表述为节目创意提出了原则性要求，也指明了发展方向。

会上，田进还提出了研发流程和内容要求，"要把中国精神贯穿进自主创新过程，体现到主题选择、情景设置、规则制定，人际互动等各环节，形神兼备地表达中国人、中华民族的世界图景、思维方式、价值取向和道德观念，潜移默化地展示'中国人的独特精神世界'，传递'百姓日用而不觉的价值观'，让中国精神更广泛更深入地在全社会落地生根"③。与此同时，田进还强调说，"要善于用小成本、大情怀、正能量的节目，在平实真挚中传递出震撼人心的精神力量，实现节目创新的'三个转变'，即从经济驱动到

---

① 周梅森.我认识的高官，一半都进去了[N].北京晨报,2017-03-28（B03）.
② 崔忠芳.广播电视节目自主创新方向：小成本、大情怀、正能量[J].中国广播影视,2016（10下）.
③ 崔忠芳.广播电视节目自主创新方向：小成本、大情怀、正能量[J].中国广播影视,2016（10下）.

创意驱动的转变，从包装炒作到内容制胜的转变，从服务广告客户到服务人民群众的转变，在创新进取中永远坚守文艺为人民服务、为社会主义服务的初心"①。会议精神和有关领导讲话，通过各种媒体传播，媒体人自觉地学习和领会内涵并有的放矢地加以运用，就能在创作中既规避了可能的政治风险，又能提升价值层次。

四、规范性与禁止性的规定

通过对国家有关政策内容进行统计分析，我们可以发现，鼓励性和引导性规定基本上偏重宏观，为一般的原则性要求，而禁止性规定往往偏重微观，在节目许可、内容、类别、主题、数量、人物、语言、格调、广告等方面划出红线或底线，具体、清晰且操作性较强。2000—2016 年间，国家新闻出版广电总局共发出 70 多份通知，如表 1-1 所示。

表 1-1　　　　　　2000 年—2016 年国家广电总局发出通知统计表

年份	数量	主要内容	关键词
2000	1	加强动画片引进与播放管理	动画　30 分钟　60%
2001	0		
2002	1	电视剧《流星花园》禁播	电视剧禁播
2003	0		
2004	1	黄金时间禁播凶杀暴力涉案剧、禁止网络游戏、红色经典不准戏说	电视剧禁播
2005	0		
2006	4	1. 跨省选秀节目必须年满 18 周岁	禁止超女选秀超 18 岁
		2. 停播方言译制境外节目	禁止方言境外节目
		3.《超级女声》主持人不得有倾向性，要张扬主旋律	禁止倾向性超女主持人
		4. 黄金时间禁播境外动画片	禁播动画

---

① 崔忠芳.广播电视节目自主创新方向:小成本、大情怀、正能量[J].中国广播影视,2016(10下).

年份	数量	主要内容	关键词
2007	11	1. 卫视黄金档播出主旋律作品	影视作品主旋律
		2. 港台主持人主持节目不得连续超三期	禁止港台主持人
		3. 国家广电总局批评地方春晚恶搞电影，不准在文艺作品中批评国产电影	不准批评国产电影
		4. 要求《快乐男声》追求公益性、主旋律	禁止歌迷行为
		5. 宁夏、甘肃综合频道禁播商业广告	禁止商业广告
		6. 批评重庆电视台节目《第一次心动》	批评节目
		7. 叫停广东电视台节目《美丽新约》	禁止整容变性节目
		8. 叫停四川成都电台"五性"节目	禁止五性
		9. 叫停湖北、湖南五家电台"五性"节目	禁止五性
		10. 停播电视剧《红问号》	禁止集中展示犯罪案件电视剧
		11. 暂停播出五类电视购物广告	暂停：药品医疗器械 丰胸 减肥 增高广告
2008	4	1. 17—21 时，禁止播出境外动画片	禁止境外动画片
		2. 电视剧避免渲染恐怖、暴力、猎奇等	禁止非主流电视剧
		3. 地方台节目禁用"奥运"字眼	禁止使用"奥运"
		4. 禁止情感类节目低俗化	禁止低俗
2009	8	1. 情感类节目禁止使用"测谎仪"	禁止测谎仪
		2. 未取得许可证的影视剧、动画片等禁止在互联网传播	禁止许可证互联网播出
		3. 严禁炒作名人以及劣迹艺人	禁止劣迹名人
		4. 地方台黄金时段播出国庆献礼片	禁止其他内容
		5. 禁止广电机构的无证互联网视听节目服务	禁止无证视听业务
		6. 关停"BT 中国"等网站	禁止网站无证传播
		7. 《快乐女声》时间控制在两个半月内，禁止短信投票，直播要求不超十次，每期不超 90 分钟	《快乐女声》要求
		8. 叫停港台主持人	禁止港台主持人

续表

年份	数量	主要内容	关键词
2010	6	1. 禁用英文缩略词	禁止缩略词
		2. 除外语频道，禁用英文缩略词	禁止缩略词
		3. 规范婚恋交友节目	严禁伪造嘉宾身份
		4. 加强情感故事节目管理	不得展示丑恶、阴暗
		5. 加强证券节目管理	禁止证券机构合作
		6. 严厉打击互联网侵权盗版	强化打击力度
2011	8	1. 禁止电视剧插播广告	禁止插播广告
		2. 禁止影视剧中的烟草广告	禁止烟草广告
		3. 禁止电视剧片头、片尾插播广告	禁止插播广告
		4. 禁止宫斗戏、涉案戏、穿越剧在上星频道播出	禁止类型电视剧播出
		5. 严禁通过互联网机顶盒提供节目服务	禁止非法业务
		6. 加强上星频道内容管理	强化上星频道新闻属性
		7. 控制七类节目播出	控制播出
		8. 禁止影视剧片头片尾插播广告时政新闻禁止使用企业和商品冠名	禁止商业化
2012	4	1. 不允许网红做嘉宾炫丑	禁止网红
		2. 加强网络剧、微电影管理	加强内容审核
		3. 停播33条资讯服务和短片广告	停播广告
		4. 电视剧创作六项要求	电视剧要求
2013	2	1. 卫视电视剧播出管理总量、题材等明确要求	电视剧播出要求
		2. 卫视内容编排具体要求	内容编排要求
2014	12	1. 播音主持人必须使用标准普通话	禁止方言俚语
		2. 要求7—10月播出"中国梦"相关剧目	禁止其他剧目
		3. 限制卫视多家联播电视剧	要求两家两集
		4. 不许出现我军色诱敌方、以金钱方式获取情报、红色刺杀情节	禁止色诱金诱
		5. 关闭互联网第三方视频渠道	禁止非广电视听业务
		6. 禁止OTT机顶盒提供影视剧、微电影，停止提供节目时移和回看功能	禁止盒子功能

续表

年份	数量	主要内容	关键词
2014	12	7. 要求卫视黄金时段 9—10 月播出爱国主义和反法西斯题材内容	禁止其他内容
		8. 禁止未登记境外剧网络播出	禁止网剧
		9. 禁止劣迹艺人出现在影视作品中，禁止广播电视网络播出	禁止劣迹艺人
		10. 禁止社会公司制作养生类节目，严格养生类节目内容管理	禁止社会制作
		11. 整治网络有害信息	禁止有害信息
		12. 限制引进剧在网络播出	禁止引进剧
2015	6	1. 停播"名酒汇"等 22 条违规广告	禁止广告
		2. 停播"瘦身大赢家"等 31 条广告	禁止广告
		3. 停播"长寿密码"等 31 条广告	禁止广告
		4. 加强广电主持人和嘉宾使用管理	禁止无证上岗
		5. 加强真人秀节目管理	避免过度明星化
		6.《互联网传播管理办法（征求意见稿）》	强化渠道和内容管理
2016	6	1. 对电视剧制播机构建立随机抽查机制	不得修改完整片头片尾
		2. 加强管理网剧和网络自制节目	网剧审查
		3. 电视剧制作通则	早恋、同性恋、轮回转世等内容不得出现在电视剧中
		4.《关于进一步规范电视剧以及相关广告播出管理的通知》	不得以"完整版""未删减版""未删节版""被删片段"宣传，片头、片尾不得插播广告
		5.《关于进一步加强医疗养生类节目和医药广告播出管理的通知》	由电视台策划制作，医疗养生节目备案、变相广告
		6.《关于加强网络视听节目直播服务管理有关问题的通知》	直播资质

注：表 1-1 中所列均为国家广电总局官网公开的通知，少部分在行业内部传达的通知未列其中。

分析上述规范性与禁止性的规定，我们可以看出，主管部门对内容都是从严管理，"露头就打"，自 2000 年以来，呈现出逐年增加之势，至 2007 年达到高峰，包括 2014 年再次密集发出多个通知，几乎每月一份。观察当年的媒体发展状态，2007 年，主管部门主要是加强了对情感类节目的管理，2014 年，主要是规范电视剧播出。这些规范性及禁止性的规定，对净化内容市场，提升主流媒体意识，作用十分明显。

第二节　媒体自身的追求

在我国，媒体作为社会组织，其社会功能既是媒体本质属性的内在规定性，也是通过媒体人的共同努力得以实现的，电视节目作为其输出的产品更是凝聚着媒体人的集体劳动。无论是观众欲求还是上级要求，都要经过媒体人的判断、领会和统合才能实现。事实上，正是由于媒体人在不断地创新过程中，把上级要求跟社会需求有机地结合起来，实现上级要求的高度，观众欲求的温度，才逐渐形成了媒体人追求的深度。

一、媒体的社会功能

媒体的社会功能，似乎是一个老生常谈的话题，然而却时常在业界和学界成为新的关注点，概因媒体本身具有创新特征和动态发展的特性，对其认知常常因媒体内部各层次把关人的偏差而出现问题。媒体作为党和政府设立的公益性事业单位，其社会功能的约定性源自《广播电视管理条例》（以下简称《条例》），《条例》的总则中规定：发展广播电视事业，促进社会主义精神文明和物质文明建设；广播电视事业应当坚持为人民服务、为社会主义服务的方向，坚持正确的舆论导向。这就是电视媒体存在的社会功能和社会价值表现。这些原则性的要求，体现在每一个电视频道的定位和特性当中，通过频道的功能细分，对应社会公众对某些方面具体的欲求。

1. 频道定位呈现内容特色

频道定位有多种方式，既有选择服务群体定位的，如少儿频道、女性频道、垄上频道；也有选择内容定位的，如新闻、综艺、体育频道；还有依据区域定位的，如都市频道、卫星频道，此类频道往往是综合性内容设置。频道的划分，给观众带来内容选择上的便利的同时，也方便聚拢有着相同志向、专长和兴趣的媒体人，形成团队的共同目标。频道定位既来自媒体内部的选择，但也可能来自上级的指令性规定，基本上具有相对稳定的特点，不可能今年这样定位，明年那样定位。频道定位基本上决定了节目的内容特色。

2. 频道调性显现内容风格

当下的我国电视媒体市场，频道总量和节目总量过剩，而优质和精品内容相对不足，电视媒体供给侧的改革与创新已迫在眉睫。每个频道假若依然故我地不思进取，不能树立起"人无我有，人有我精，人精我特"的频道调性，那么，在与新媒体的融合过程中，就很难赢得发展机会。

以教育电视媒体为例，其频道调性可描述为：教育性、公益性和服务性，并已为多数频道所认同。所谓教育性，主要体现在教育价值的内容与服务方面；所谓公益性，主要体现在其内容与服务为公益性的，而非商业性的；所谓服务性，主要体现在为人民，为社会主义服务，而不是为少数人服务，为商业利益服务。频道的调性决定了内容风格应当为教育意义、价值共享、雅俗共赏、老少皆宜、通俗易懂。

3. 市场细分体现运营思路

我国的电视频道信号基本上为三重覆盖，即卫星电视频道、省级有线频道和城市有线频道，部分省市还保留着开路的无线电视频道，满足少数不具备有线电视接收条件用户的需求。实际上，不同的覆盖也就划定了各自的服务对象和市场边界。每一个频道都必须充分了解各自覆盖区域内的公众特征，如文化、习俗、偏好、年龄、收入等，以便有针对性地进行节目创意和服务项目的开发。清晰而明确的市场细分能够让频道运营更有条件做到服务目标专注、培育媒体专长、提升区域竞争力，以及提高产品溢出覆盖区域经营的能力。

然而，笔者通过考察媒体界的各种创新行为发现，多数创新是被动的，且有时表现为创新而创新，随意性也较强，多数缺乏理论性的指导和方法论的指引。导致的结果是，绝大多数的新节目，尤其是投入较大的真人秀节目入不敷出，出现无广告支持的所谓"裸奔"节目。一些项目尽管收获了政界和学界的口碑，但未能如愿得到广告主的青睐，低于预期的收视市场表现也在一定程度上挫伤了媒体创新的积极性。

二、媒体人的职业素养

一般而言，上级要求的高度主要体现在正确的舆论导向、符合法律法规等方面。如何理解媒体人追求的节目深度？这是一个集体共识的达成过程，是媒体人职业素养的具体体现。它是中国文化价值、教育价值、道德价值等经过传统与现代的比较、分析、碰撞后的节目呈现，是隐藏在节目中的"灵魂"。媒体人是生产精神产品、传播精神价值的特殊群体，是通过大众传播渠道和服务平台传知（智）育人、成风化人，并铸就节目"灵魂"的人，为此，每一位媒体人都必须树立正确的价值观、人生观和道德观，以适应融媒体传播时代的受众新要求和市场新变化。

1. 正确的价值观

价值观正成为融媒体时代群体聚类的重要指标之一。在社交媒体的各种"圈子"中，"物以类聚，人以群分"的再部落化，在很大程度上取决于价值观的统一性和吻合度。价值观不合、取向不同是"退群"的主要因素之一。这跟测量电视媒体传播效果沿用的传统社会学指标（如性别、年龄、职业、收入等）呈现出明显的差异。为此，电视节目创意过程中，目标群体的价值观是怎样的？如何以目标群体所能接受的方式演绎价值观？在详加考察分析时，这些问题须给予更高的权重。

以北京卫视播出的新闻纪实节目《生命缘》为例。秦新春等人总结认为："为了让这样一档弘扬主流价值观的节目能够'叫座'，创作团队把传播价值的标准提炼为'四个化'，那就是在节目创作中对价值观以命运化、情感化、故事化、纪实化地呈现，用观众更容易理解、更乐于接受、更直抵人心的方式去传播价值。"① 总之，无论是新闻、综艺还是电视剧，都涉及价值观的提炼和渗透，媒体人正确向上的价值观是作品价值观传播的基础。负责任的媒体人，只有将自身的价值观与内容中的价值观达到有机的统一，才可能实现正确价值观传播的效果。在秦新春看来，《生命缘》这类新闻纪实节目，"是一种节目样态上的至简，却是一种拍摄方法上的至繁；是一种节目体量上的至轻，却是一种生命价值上的至重"②。节目震撼的力量来自医护人员以生命抢救生命的付出，也来自媒体人对节目中所有生命的珍重与职业精神的呈现。节目激发了观众内心最柔弱的情感，也调动起人们对医护职业的尊重和理解。

2. 健康的人生观

媒体人应当是一群有理想和追求的群体。近些年来，由于社会分化，不同职业之间收入差距拉大。媒体行业盈利下滑，加上内部或局部实行的企业化管理，也导致部分年轻的媒体人收入增长缓慢或者偏低，"新闻民工"的思潮已开始腐蚀部分从业人员的人生观。可以观察到，"为绩效而做""应付考核"成为部分媒体人的无奈选择。然而，高尚的职业理想和人生观从不会由收入的多寡而定。为此，强化媒体人的职业自豪感教育、职业荣誉感给予和职业工匠精神培育是保持主流媒体格调的根本，是保证主流媒体根本属性的基础。

邱越③曾坦言自己在北京电视台做《北京青年》时的感受："说实话，那时工作虽然强度大，但还是很有意思的，对我而言也蛮有激情的……因为接触的每一个案子都不一样，像3—10分钟的新闻小专题，不仅有人情味，还有自主发挥的空间，再加上报选题比较自由，所以那个时候是很有创作快感的。"④确立媒体职业的归属感，找到媒体人生的乐趣，都是实现正确人生观的具体体现。湖南电视台资深制作人孔晓一，尽管年龄已过30岁，但她却说："我想尝试一些新鲜事物，也特别喜欢做一些冒险的事情。只有这样，我才会觉得人生

---

① 秦新春等. 北京卫视"920"节目带结构性调整实践[J]. 中国广播电视学刊,2016(1).
② 秦新春等. 北京卫视"920"节目带结构性调整实践[J]. 中国广播电视学刊,2016(1).
③ 杨哲,邱越. 我们的工作,就是别人的生活[J]. 中国广播影视,2016(8 上).
④ 杨哲,邱越. 我们的工作,就是别人的生活[J]. 中国广播影视,2016(8 上).

充满动力。你会发现有趣是比什么都重要的一件事。"① 湖南电视台资深制作人王琴总结道："力所能及地给观众带来欢乐或感动，传递美好的情感，我觉得是一件很令人满足的事情。这可能就是电视的温度和色彩。"② 这些生动鲜活的话语，折射出年轻的媒体人对人生的领悟，以及对传播价值的判断和追求。感动自己，方能感动他人。这些正确的人生观通过产品、服务和互动等方式传递给电视观众，定能传播正能量，消减负能量。

3. 崇高的道德观

道德是社会群体的共识，道德观在一定时期和一定范围内是稳定的，社会的"主流道德观"是保持社会稳定秩序的基础。中国共产党发展了马克思主义道德观，从"八荣八耻"到"社会主义核心价值观"，这些都为树立正确的道德观奠定了思想基础。

北京电视台 2015 年 3—6 月播出的音乐教育节目《音乐大师课》就是一档有高度、有深度，还有温度的案例。这档节目既获得观众"零"差评，又获得广电主管部门的提名表扬。北京电视台副总编辑徐滔这样评价《音乐大师课》："《音乐大师课》是音乐课、是知识课、更是人生课。北京卫视永远做的就是有道德、有筋骨、有温度的节目，这个节目传递出的是所有美好的情愫。"③ 北京电视台的评估表明，"节目播出后，全新的节目模式，充满正能量的表现方式得到了业内好评，也引发了广泛关注。节目开播期间，话题浏览量超过 10 亿人次，评论互动达 57 万条，视频点击量总计超过 4.8 亿次"④。可以说，《音乐大师课》正如一阵清新的春风，吹开了电视荧屏上的浮躁。探索音乐教育模式，树立正确价值观，再一次有力地证明，好的电视节目完全能够做到社会效益和经济效益的有机结合。

我国已进入社会主义新时代，对公民道德观提出了新的更高的要求。习近平总书记在中国共产党第十九次全国代表大会报告中指出："坚持社会主义核

① 林沛,孔晓一.有趣,是比什么都重要的事[J].中国广播影视,2016(8 上).
② 杨余,王琴.任务再难也要扛起来[J].中国广播影视,2016(8 上).
③ 薛少林,姚小莹.打造有情怀的音乐课堂真人秀[J].综艺报,2015(14).
④ 薛少林,姚小莹.打造有情怀的音乐课堂真人秀[J].综艺报,2015(14).

心价值体系。文化自信是一个国家、一个民族发展中更基本、更深沉、更持久的力量。必须坚持马克思主义，牢固树立共产主义远大理想和中国特色社会主义共同理想，培育和践行社会主义核心价值观，不断增强意识形态领域主导权和话语权，推动中华优秀传统文化创造性转化、创新性发展，继承革命文化，发展社会主义先进文化，不忘本来、吸收外来、面向未来，更好构筑中国精神、中国价值、中国力量，为人民提供精神指引。"习总书记还提出："加强思想道德建设。人民有信仰，国家有力量，民族有希望。要提高人民思想觉悟、道德水准、文明素养，提高全社会文明程度。广泛开展理想信念教育，深化中国特色社会主义和中国梦宣传教育，弘扬民族精神和时代精神，加强爱国主义、集体主义、社会主义教育，引导人们树立正确的历史观、民族观、国家观、文化观。深入实施公民道德建设工程，推进社会公德、职业道德、家庭美德、个人品德建设，激励人们向上向善、孝老爱亲，忠于祖国、忠于人民。加强和改进思想政治工作，深化群众性精神文明创建活动。弘扬科学精神，普及科学知识，开展移风易俗、弘扬时代新风行动，抵制腐朽落后文化侵蚀。推进诚信建设和志愿服务制度化，强化社会责任意识、规则意识、奉献意识。"中共十九大报告，字字珠玑，是中华民族的共识，也是对每个公民的要求，为媒体人道德观树立和传播指明了方向，也为创意和创作提出了原则性的要求。

事实上，面对市场诉求，综艺类节目更能体现观众的欲求；新闻节目更能体现上级政策的要求；纪录片更能表达媒体的追求。尽管在某些区域、某些时期或个别节目中出现过价值观、人生观或道德观的偏差，但是，总体而言，我国电视媒体无论是作为社会功能或传播价值的考量，还是媒体人长期形成的自觉追求，在创意设计传播内容过程中，都不会完全迎合市场的需求，为市场所左右，被利润所驱动。这便是媒体人在各方力量博弈中所要把握的媒体生态平衡。

第三节 观众内在的欲求

笔者通过文献分析发现，多数作者是在阐述媒体人自身的意愿或者从既有节目类型出发来创意设计节目，习惯性地忽视观众的欲求或者以传统的受众理论作为指导。这是我国电视节目创意存在的普遍现象，也是造成创意知识匮乏的重要原因之一。著名物理学家爱因斯坦曾说过："提出一个问题，往往比解决一个问题更重要。"在电视媒体领域，对观众的欲求要进行观察、分析和归纳，而厘清欲求的方向和重点是展开产品创意、生产优质节目、提升收视总量的前提条件。正如学者邵培仁所认为的："受众的口味与需求正越来越成为媒介产品生产与制造、营销与传播的主要依据和真正动力。"① 社会学的相关研究也表明，人的需求是多元的，但并不是无规律的。马斯洛认为，人的需求分为五个层次，其中第四层次为"爱与归属感"。什么是归属感？简而言之就是，在与媒体接触中，个体的欲求与他人有相同或相近之处，得到他人和群体的接纳和支持，所获得的满足感和安全感。创意节目若能得到目标群体的认同，目标群体成员就能获得一定程度的归属感，对增强节目黏性十分重要。归根结底，观众内在欲求是创意的源泉和落脚点。

一、精准的观众描述

无论是电视节目还是网络视频创意，基于市场细分理论的观众分析是创意的起点。只有把真正的需求研究透了，才能针对需求"对症下药"，直击其"痛处"和"痒处"。譬如，有研究者对春晚成为新民俗做过深入的研究后发现，"观众一度对春晚的普遍认可背后或是一种原本就存在的节庆需求，而电视艺术正好满足了这种需求"②，这种需求是年味变淡后的回归性选择。人们发现，单纯提高"消费烈度"，花更多的资金在异地过年，在高档酒店吃年夜饭，或者 K 歌等，都无法找回童年时的感觉或民俗原有的传统味道。这些现代意义上的活动都少了家庭成员集体参与的、全身心参与时的传统春节所有民俗活动的"仪式感"。在此意义上，社会对新民俗的重构和深度体验是传统文化重生或转型的重大课题，且不单单是电视媒体的责任。

---

① 邵培仁. 媒介生态学[M]. 北京：中国传媒大学出版社，2008：123.

② 张涛甫. "一条"的中产哲学[J]. 青年记者，2017(1 上).

再如，视频网站"一条"的做法可谓深得市场细分之精髓。对这家创办于2014年9月的互联网新媒体，复旦大学的张涛甫教授给予了很高的评价，称创始人徐沪生"对媒体进化论的领悟，远甚于时下很多媒体精英。尤其是他对新媒体用户的理解，超越于同侪一大截"①，他还深入地分析到："'一条'的受众定位很准，而且他们对中产阶级的趣味把握也很到位，尽可能把水分挤掉，提升内容的品质和浓度，打造杂志化的高品质的中产阶级生活视频。"② 事实上，新媒体"一条"以精致的生活服务类视频作为用户入口，其商业价值的变现却来自电商新品。自2016年5月尝试推出，只用了半个多月，销售额就突破1千万元。"一条"的经验，再一次印证了在媒体创意阶段，精准定位和坚守定位的极端重要性。显然，对目标用户进行场景化的画像是迈向成功的第一步。这就是要准确描述"给谁看""看什么""在哪看""为何看"。

1. 给谁看——群体定位

众所周知，在当下的广电传媒格局中，视频传播供给侧的渠道和内容双过剩，使得观众的选择越来越多，过往以一种或一类内容获取最大注意力公约数的规则面临坍塌，而代之于圈定目标观众进行多元、深层次和持续的注意力及消费力开发。以2016年湖南卫视播出的《夏日甜心》为例③，目标群体定位于4—23岁年龄组。此年龄段观众突出的性格特点为互动参与和表达。为此，节目核心环节设计了移动直播和点击参与，充分发掘与突出了这一群体需求特征，受到该年龄段观众的热烈欢迎甚至是追捧是必然的。

《夏日甜心》节目中的大熊猫设计最为抢眼，大熊猫指向哪个房间，哪个房间的甜心女孩就要开始"直播"表演。现场400名观众可以持续点击手机中的甜甜圈，只要在规定时间内凑齐300万只甜甜圈，房间中的女孩就从直播间走出，来到节目大舞台表演。更为有意思的是，没有被请出直播间的女孩依旧可以通过芒果TV等平台继续直播拉人气，取得一定成绩，还有机会替换掉大舞台上的队员。如此设计，既让演播现场的观众互动参与起到实效，同时，更

① 张涛甫."一条"的中产哲学[J].青年记者,2017(1上).
② 张涛甫."一条"的中产哲学[J].青年记者,2017(1上).
③ 参见:赵国红.《夏日甜心》:电视综艺的突破性"直播"[J].综艺报,2016(16).

把手机移动端的观众热情加以激发，其代入感和参与感得到极大的释放和满足。CSM 提供的收视数据显示，首播收视率全部调查城市为 1.26%，收视份额为 7.84%。2016 年 7 月 30 日当晚，节目占据了热门话题榜总榜、疯狂综艺季榜单、热门话题榜综艺榜等微博重要榜单的第一位。湖南卫视和芒果 TV 双入口的设计为观众参与引流提供了极大的便利性和贴近性，在目标群体所产生的影响力当然也是可期的。

再以青春偶像剧为例。社会的变迁使得 70 后、80 后尤其是 90 后们，缺少了 60 后以前社会阶层的政治崇拜和宏大理想。他们更多的是崇尚视觉表层的欣赏、追逐甚至是模仿，"帅""酷"的偶像人物成为他们心灵的向往和寄托。青春偶像剧中的明星是他们获得心灵释放的"目标物"。有研究者分析认为，"由于偶像的青春面孔拉近了与年轻观众的心。青春化、偶像化给谍战剧带来了前所未有的青春活力和盆满钵满的经济效益，未来谍战剧要想走得更远，不能光有青春偶像的一副'好皮囊'，还要有胸怀家国的一身'真骨血'"①。共同的偶像喜好让年轻人真实或虚拟地聚集在一起，成为数量可观的群体。从价值观引导的角度，赋予偶像人物正确价值观的"化身"不失为提升媒体传播影响力的诀窍之一。这个数量可观的群体更是潜力巨大的消费群体，《天猫 2015 双 11 狂欢夜》正是看准了此商机而引爆的消费热潮，湖南卫视联合天猫打造了属于全球消费者的"双 11 春晚"，2017 年，再次升级为《2017 双 11 天猫狂欢夜》，浙江、深圳和北京三家卫视联播，销售金额达 1682 亿元，现已成为新的媒体"电视＋电商"运营模式现象，引发了众多传播和营销研究者的关注。

2. 看什么——内容对位

事实上，观众不仅喜欢看"正片"，也喜欢看"相关片"和"花絮片"。在电脑端或手机端，甚至有的"花絮"片的点击量远超过"正片"。更进一步，如果把传统的电视栏目看作是"核心产品"的话，其他相关的节目就是"周边产品"。周边产品显然是适应和满足观众多元化需求的新传播内容，更是

---

① 胡智锋等.多屏时代中国电视剧的变局与困局[J].中国广播电视学刊,2017(3).

在适应融合传播之电视、电脑和手机"三屏"贯通的内在需求。人们很难在小小的手机屏长时间追看电视剧，更不舍得花大量时间在电视上观看没有逻辑的"花絮"片段。以体育节目为例，传统的习惯性报道"正面"形象正逐渐被"个性化"的形象所取代。观众对于金牌得主的关注正分流给有显著个人特征的人物。关注度本就很高的人物无意间的一句话，几乎是瞬间会在网络引发广泛传播。这是传统媒体研究者无法想象，传统传播理论所无法解释的。不同的内容与不同的渠道恰当对接才可能获得最佳的传播效果。有研究者①把"周边产品"又细分为如下类别，各类别内容呈现出各异的作用。

微节目。融媒体传播时代，一幅图片、一套表情包，一句好玩的话，都有可能成为所谓"爆款"，这就是微节目。2016 年里约奥运会期间，傅园慧这位"洪荒少女"成为正能量的"网红"。其个人粉丝量从几万猛增至数百万，创造日增百万粉丝的传播"奇迹"；而王建林的一句话"年轻人想成为首富没什么不对，但要先定一个'小目标'，譬如挣它一个亿"，竟然无意中成为流行语，广泛传播。尽管这样的"引爆点"意外产生的巨大传播力根本不是事先策划的结果，但是，却折射出网民或者新一代媒介使用者最真实的需求，击中了其内心深处的"痛点"，才出现如此现象。这非常值得创意研究者们深入探究与分析。

衍生节目。利用核心节目的某一元素如人物、场景、游戏制作相关的节目，可谓之衍生节目。譬如，湖南卫视在播出《快乐女声》的同时，与 PPTV、天娱传媒合作推出了其衍生节目《快女真人秀》，直播女选手们的日常生活，在满足受众'窥视'欲望的同时，使节目的播出热度得到延续，品牌传播得到有效延伸。

伴随节目。随着融合传播的不断深化，在电视频道播出核心节目的同时，在网络平台推出伴随节目甚至是"双核心"节目也出现了。譬如，浙江卫视在播出《中国好声音》期间，与视频网站联合上线了《酷我真声音》和《中国好声音·成长教室》。前者正面回应网络上针对好声音学员的各种质疑，打开

---

① 参见：毛婕. 新媒体背景下电视音乐节目的创新[J]. 中国广播电视学刊,2016(10).

网民问号。后者则呈现四位导师在幕后培训各自学员的场景，以满足受众对节目背后故事的深度关注需求。两者的互搭也有效地突破了播出时空对电视版核心节目的制约。

延续节目。近些年来，季播节目大行其道。然而，在季播节目结束后，热度下降却也成为传播过程的短板。利用季播期间的相关素材或元素，创意较为简单的相关节目继续在原渠道或其他渠道露出，这就是延续节目。显然，季后延续节目的持续露出是核心节目影响力持续的有效方法。譬如，浙江卫视与爱奇艺联合打造的《中国好声音后传》还出现了电视与网络两个版本，打通了两个平台，互相迁移了观众与网民，叠加了传播效应。

3. 为何看——欲求卡位

人们的"欲、求"可以简单地分为两个层次，即出自本能的欲望和精神层面的渴求。"食色，性也。"指的就是第一层次。某些节目的底色正是基于此，如各类美食节目和选秀节目等。"小鲜肉"和"颜值"之类词汇的流行，更是鲜明地呈现出部分年轻群体的喜好与追逐。

观众为什么选择此节目而不选择彼节目？真正的需求是什么？内在的行为驱动力从哪儿来？是什么让他们停止搜索而驻留某节目？这是电视媒体人最想知道答案的问题。传统的受众调查研究一直在试图破解此类问题，新的大数据方法似乎让人们看到了前景。通过对海量行为大数据的采集、分析和判断，挖掘出观众的关注点和场景模式，就可以更加有针对性地创意内容。直到目前，尽管没有一种方法能够十分精确地描述和预测观众的收视选择行为，但是，群体突出的行为表现规律却是可以把握的。譬如，在论及年轻人的需求时，冷淞认为，"相亲、创业、健康问题"是他们真正的和切实的需求，同时，"还要挖掘年轻人的崇拜对象，像高晓松、罗振宇等，这标志着年轻人已经开始崇拜有知识的人，特别是对把知识转化成有指导意义的人"[1]。显然，把受众的欲求具像化不失为一种好的分析方法。

国内知名节目公司唯众传媒总经理杨晖博士认为，"创意的源泉，应该全

---

① 杨余,冷淞.电视节目需要更好地应对"国民审美疲劳指数"[J].中国广播影视,2017(2/3 合刊).

部来自受众的需求。把他们研究透了，所有的答案也就水落石出了"①。简而言之，创意就是节目核心要素的排列组合。因此，分析透受众需求的核心，再与电视表达元素、便利的互动方式，进行巧妙的对接，新节目形态便有可能被设计出来了。正如冷凇所认为的那样，"即时愉悦并传播主流价值的节目是当下应该追求的极致，节目模式不需要很强的逻辑性，环节也应避免太过复杂"②。也有徐帆等人曾归纳现象级节目的基本要素为："一、节目中出现观众从未见过的'重型装置'；二、节目中出现观众从未见过的玩法以及形式；三、节目中出现当下最具共鸣度的社会议题、现象和人物。三者相辅相成，一二为表、为三服务"③。此论断可谓言简意赅，一语中的。

俗话说，"萝卜白菜，各有所爱"。眼花缭乱的各类节目层出不穷，其诉求点和功能相去甚远。支撑电视收视大盘的三大类节目包括新闻、综艺和电视剧，其内容和形态也是千差万别。大众文化研究早已表明，任何一种节目题材若不能与所处的时代发生联系，就不会引发关注，至少不会引发广泛关注。譬如，直播考古，很难成为大众热议的话题，即使是可能引发改写某些历史的大发现，除了在其本行业，想成为高收视的社会热点也几乎不可能。

以综艺节目创意为例。有研究者把东方卫视的《舞林大会》与美国版《与星共舞》（Dancing with the Stars）做了对比分析后发现，《舞林大会》没有明确观众到底想看什么，并且认为，"节目的核心其实根本不是'星'的问题，而是'舞'的问题，观众最想看的仍然是精彩的'舞'"。该节目所呈现的"舞"不但早已过气，关键问题是，舞者的身体条件早已不适合激情的舞蹈。④ 当然，也许这只是内容分析发现的不足之一。节目收视不理想可能还存在其他原因，因而，建立科学的模型进行创意评估十分必要。再如，在总结《我想和你唱》节目的创意时，王琴认为，"现在大家的压力非常大，打开电视机就是想放松，

① 杨哲,杨晖.唯众十年艰辛原创路,制度保障才是最大靠山[J].中国广播影视,2016(9上).
② 杨余,冷凇.电视节目需要更好地应对"国民审美疲劳指数"[J].中国广播影视,2017(2/3合刊).
③ 徐帆,蔡晓咏.下一个"现象级节目"所要具备的要素[J].综艺报,2016(16).
④ 杨淑芳.回归价值本位:电视节目的欣赏选择创作逻辑——以才艺秀为例[J].中国电视,2016
(7).

而音乐是那么美好，能够传递给大家美好的情感，开心且能有共鸣，这个节目就达到我们想传达的目的了"①。显然，音乐是最契合观众欲求的创意元素之一，众多音乐类节目的兴起足以证明了这一点。

再以电视剧创意为例。一般情况下，观众"在观看影视剧时以获得消遣为基本目的，收获心灵上的启发与感悟则是更高层面的追求"②。有研究者以电视剧《伪装者》为例剖析了各类人群为何喜欢谍战剧，并认为，"老年人看谍战剧能够勾连起对历史的回忆，青年人在剧中能够看到紧张刺激的悬疑情节和爱情故事，职场人士能够从中发现办公室哲学和人际关系的玄妙，普通观众则能够从中看到幽默元素的展现"③。事实上，此类电视剧也把观众拉回到一种难得历险和想象的场景中。这种场景紧张、有趣，甚至是一种带有年代痕迹的唯美，"在当代生活压力日趋增大的情形下，远离当今生活和时代的紧张叙事，也给当代人提供了一个宣泄情绪的出口"④。所以说，创意者只有恰到好处地拿捏观众细腻的情感归属，才能跟他们的心灵产生共鸣、共振，从而实现作品理念、艺术价值和社会价值的传递。

4. 在哪看——渠道就位

"在哪看"的深层含义是指视频消费场景。电视媒体的传播优势就是在客厅场景中呈现，其内容若能适合家庭成员一起观看，无疑是具有针对性的讨巧对位的做法。从某种意义上说，合家欢呈现的是家庭的仪式感，即陪伴家人一起度过时光的亲情融合与愉悦。社会学的研究发现，我国许多70后和80后家长选择暂时放弃事业和应酬，而选择陪伴孩子一起看节目，其内心不想错过分享和陪伴成长的重要时期，这已成为一种社会潮流。

以深圳卫视《年代秀》为例。节目创设了合家欢式的场景，使得"电视机前的家庭成员都能在《年代秀》中找到适合自己的参与方式……爷爷奶奶能够通过回忆经典歌曲看到年轻的自己，爸爸妈妈能够通过答题'教训'不听话的

① 杨余,王琴.任务再难也要扛起来[J].中国广播影视,2016(8 上).
② 赵芝眉.中国影视剧的美学建构——从《琅琊榜》说起[J].当代电视,2017(4).
③ 吴昊.新世纪谍战剧叙事发生及美学嬗变研究[J].中国电视,2016(10).
④ 吴昊.新世纪谍战剧叙事发生及美学嬗变研究[J].中国电视,2016(10).

孩子，年轻人则可以边打开手机玩《年代秀—绝密题库》H5 小游戏'听妈妈讲那过去的故事'"①。此类走心的创意设计，让观众在心领神会的笑声中获得透心的愉悦感，其互动的渠道也成为内容的有机组织部分。

河南电视台《金色好声音》的节目结构创意可谓别出心裁。"90 后爱心帮帮团"选择"50 后选手"的方式让"梦想之球"设计成为悬念和节点，更成为代际沟通的桥梁和纽带。节目在吸引中老年人的同时，更容易吸引年轻人。有研究者认为，"代际差别让他们关注的不仅是节目，更是情感和关爱以及代际鸿沟对家庭、社会、生活等截然不同的观念、态度和看法"②。数据表明，中老年人仍是电视收视的最主要群体，无论是绝对比例还是忠诚度都占有重要市场地位。从社会效益来分析，包括河南电视台《金色好声音》、深圳卫视《年代秀》在内的一批中老年节目，"为老年人提供了与家庭成员接触、交流和沟通的契机，其给老年观众带来的情感愉悦，远远大于他们的独自收看和节目本身"③。社会学的研究结论击中了受众的"痒处"，也点醒了迷茫的媒体创意人。

当下的传播场景正在发生巨大的迁移，也就是出现了所谓的"客厅争夺战"。移动终端和电脑端在快速地"蚕食"着客厅的地盘。值得关注的是，对于电视媒体而言，一味地打阵地战显然是不够的。收视渠道的转移因人们的媒介消费习惯所致，是不可逆的历史潮流。尤其是手机作为第一媒体渠道的优势越来越明显。譬如，2017 年 3 月 2 日，中央人民广播电台推出基于朋友圈场景的视频 H5 作品《主播朋友圈都有啥?》，以主播抠像视频结合虚拟朋友圈的形式，对《中国之声》两会特色节目进行预热，当时浏览量近 120 万次，远超出创作者的预期。为此，针对不同渠道消费场景特点，创意和生产丰富多彩的内容和形态，进行广域式覆盖当为融合传播的要义。

正如美国研究者沃尔夫所预测的那样，消费者的性别、年龄、喜好各不相同，媒体企业不能给每个人一样的东西。走向个性化的媒体娱乐经济将全面考

① 何佳子.情怀能打通市场、抓住观众吗?《年代秀》给出了答案[J].中国广播影视,2016(8 上).
② 吴昊.新世纪谍战剧叙事发生及美学嬗变研究[J].中国电视,2016(10).
③ 吴昊.新世纪谍战剧叙事发生及美学嬗变研究[J].中国电视,2016(10).

验媒体企业了解消费者的能力①。这意味着，消费场景正在发生巨大的变化，"点对面"的大众传播模式将面临颠覆性的冲击。媒体内容转变与服务模式转型已成为市场竞争的关键与核心。

在融媒体传播时代，观众早已不是被动的受众，而是期望成为参与内容创造的主角甚至是主体，"网红"的出现即是为此类需求提供了平台的结果，这是传统电视媒体所没有做到的。新传播形态对电视媒体传播的负面影响显而易见。为此，在融合创意过程中，如何让观众深度参与已成为电视媒体人不得不认真对待的问题。

媒体人不妨借鉴美国学者 C. K. 普拉哈拉德②（C. K. Prahalad）的《协同创意建构》中的四项建议，即对话、通路、降低风险和透明度，以寻求相应的对策。尽管此研究针对的是企业和消费者，但在把节目视为产品和服务的媒体行业，却也不无启发。下面逐一进行分析。

对话（Dialogue）。确保价值链的每一步不仅停留在鼓励分享，更重要的是加强、加深企业与消费者的理解，它同样给消费者提供更多的机会，为协同创意的过程注入自身的价值观。

作为媒体创意工作者，在电视节目融合创意和融合传播实施过程中，必须放低姿态，为观众提供一切可能的、便利的参与节目创意的机会，并将他们的真实想法和感受做详细的记录，渗透进节目具体环节策划和传播方案之中，让观众的意愿科学合理地加以体现。近年来，上海文广集团、北京广播电视台和江苏广电集团设立了"受众测试中心"这样的机构，目的就是在节目创意过程中，尽可能吸取观众的意见，同时，观察观众对新节目的真实反应，以调整和完善方案。

通路（Access）。简而言之，打破消费者只能通过拥有产品才能体验品牌的唯一途径。除了拥有产品，还可以通过多种渠道接触消费者，以实现价值的分享。

① 童清艳. 媒体创意经济［M］. 上海：复旦大学出版社，2015：007.
② 转自：陈刚等. 创意传播管理——数字时代的营销革命［M］. 北京：机械工业出版社，2012：48.

近年来，越来越多的媒体开门办台，把观众请进演播室、聚在广场和社区。他们不仅参与节目制作，成为节目元素，而且参与网络渠道的话题分享与传播，同时体验、购买提供的各种媒体产品和服务。

降低风险（Risk Reduction）。即假设消费者与企业协同创意价值，消费者必然要求获得更多的企业信息，这会带来商品和服务的风险，但企业必须承担并管理这些风险。

媒体开门办台，让更多的普通观众走上华丽演播室和舞台，甚至参观、使用和体验媒体内部的各种设施，参与节目创意、制作、传播等环节。譬如，日本 NHK 总部、英国 BBC 电视中心等媒体均通过售票方式向公众开放部分区域供参观和体验，后台的操作流程暴露于观众面前。这在增加媒体透明度的同时，无疑增加了媒体内部管理的风险。同时，在消除观众神秘感和神圣感的同时，也增加了传播过程控制的风险和效果风险，但这种风险是可以通过法律、自律、细节管理等进行有效的控制。

透明度（Transparency）。信息的透明度是企业和消费者个人之间创造信任的必要条件。

对于电视媒体而言，"我播你看"的传统传播方式早已不太受欢迎，甚至观众对"你点我播"都不感兴趣了。互联网的广泛应用，让普通民众有了更大的传播权。这迫使传统媒体机构提高运作透明度，请民众更广泛参与全过程，增强双方信任感，提升媒体公信力。尤其是近几年，电视媒体的经营出现了一定困难，违法广告屡禁不止。这在一定程度上也削弱了媒体公信力，甚至波及了政府形象。为此，在新的传播市场环境中，重塑或再造电视媒体公信力应当从提升观众主体性入手，"让观众成为节目的主体，观众就会更多地对电视媒体投射'自己人'的情感，'自己人'效应的激活，可以进一步将观众'卷入'到媒体的传播活动当中，从而放大传播的效果，扩大传播的影响力"。[①] 当观众与媒体达到共生时，媒体本身便成为有源之水。

为此，当电视频道面临传统阵地保卫战和新媒体阵地争夺战两场战役时，

---

① 袁靖华.电视节目模式创意［M］.北京:中国广播电视出版社,2013:89.

一切都要从观众开始着手，从精细的需求剖析开始。

二、观众选择性收视的动因

在物质产品过剩时代，注意力是诱发消费的动因和源头。具体到媒体行业也不例外，选择性收视的入口既为注意力。无论是收视率的比拼还是消费力的争夺，关键要做的是争取注意力，这是两者的入口。人们的选择是先入眼，后入心，没有入眼，遑论入心。能在观众遥控器停留的 7 秒钟内有效截流视觉，考验媒体的并不仅是这几秒钟，而是"荧屏 7 秒钟，幕后数月功"。

1. 注意力的捕获

人们观看电视节目是一项非常复杂的心理参与过程，并且易受到外界干扰。在客厅场景中，任何外在因素包括来电话、来客访、喝水、上卫生间、孩子哭闹、聊天、边看边上网等都能随时中断或游离收视行为。有人认为，看电视大多已成为伴随性的行为，也不无道理。这说明，电视节目要深度吸引注意力并不容易。

表 1-2 不同节目类别注意力功能程度表

功能与程度 \ 节目类别	新闻	综艺	电视剧
情绪	2.0	4.2	4.2
故事	2.2	3.0	4.6
悬念	1.8	2.9	4.2
新知	4.2	2.5	2.4
平均	2.55	3.15	3.85

注：问卷调查表中设定的强弱程度分值为 1—5 之间的任意数。

资深媒体人赵蕾[1]认为，电视节目提供至少四种功能中的一种才可能吸引到注意力，这就是情绪、悬念、故事和新知。为此，本研究针对大学生群体进

---

[1] 摘自：2016 年 9 月 11 日,北京天脉聚源公司赵蕾女士在山东教育电视台所做的报告。

行了有针对性的小样本抽样问卷调查①，统计分析结果见表1-2。表1-2显示了此四种功能在新闻、综艺和电视剧三大类节目中吸引注意力的强弱程度。

本次调查还可得出如下判断：一般性新闻主要是消除观众的信息不确定性，提供新知的能力远超过其他两类，而其他三项功能的吸引力显然较弱。近几年来，媒体人致力于新闻的故事化表达，甚至采取"标题党"的技巧无不是在提高其吸引注意力的能力。在我国，综艺类近乎等同于娱乐内容，在调动情绪和悬念方面已有很多探索，但是，能够有效提供新知的综艺类型中的教艺类（edutainment）、体艺类（sportainment）、信艺类（infotainment）和科艺类（scitainment）节目则乏善可陈（有关此四类节目的创意剖析，在第三章中有详细阐述）。电视剧有三项功能最能够引发注意力，但其提供新知的能力显然要差一些。近几年，出现在荧幕上的行业剧，如《心术》《外科风云》等不但可以给观众提供行业知识，而且对减少医患矛盾也是有利的。但是，由于专业医学工作者少有参与创作过程，剧中对医学相关知识和操作等非专业的展示也引发了医学界的批评，这方面还需要向国外同行借鉴。

实践表明，注意力的捕获分为三个阶段：导流期、保流期和引流期。

导流期。此阶段作为注意力的入口，是提升注意力的关键环节。在传播领域，"酒香不怕巷子深"的时代已成过往，再好的节目也需要科学、合理、有效的宣推。譬如，近年来的一些大电影，其宣推活动经费甚至占到总预算的30%—40%。电视媒体因拥有常设的自有频道，在宣推经费项目上占不到如此高的比例，融合传播方案作为融合创意方案的标配，也应当成为同时进行设计的流程环节，而不是先有节目，再考虑传播方案。一般而言，导流主要在渠道方面下功夫。包括社区活动地推、频道活动预热（如开播仪式、倒计时、相关栏目露出等）、其他融合渠道，如"两微一端"（微博、微信、客户端）以及户外媒体联合预告、播出、活动等（有关内容第四章会详细探讨）。

保流期。节目正式上线后，拼的就是内容本身的吸引力和黏性了，一般会

---

① 2017年5月,本次随机小样本调查分别在山东师范大学和东北师范大学进行,以在校本科生为主要对象,各调查了30人,对结果进行处理。在统计中还发现,两地学生的倾向性差异不明显。

发生三种情况，收视稳定、收视下滑或收视提升。收视稳定意味着节目本身黏性足够，没有新观众流入，也意味着导流环节成效不足或者节目本身没有让搜索到的观众驻留，而收视下滑则意味着导流来的观众因节目本身黏性不足而流失。

为了促进收视提升，必须做到持续导流，更为重要的是，节目创意环节要重视悬念和观众互动的设计。多年来的实践表明，观众注意力保持时间为7—8分钟甚至更短，为此，合理设计悬念的时间间隔和观众互动间隔可以有效防止观众流失，包括浅层互动的短信发送、热线电话、摇电视等方式。深层互动的对话沟通如上门访问、现场交流、参与现场各类活动等。

收视心理学的平衡原理认为，人们的心理有从不平衡到平衡的动态趋势。当平衡和稳态出现后，人们会主动寻找新的刺激和快乐，进入新的不平衡态。这种"松弛—紧张—松弛"节奏即观众视听心理运动的平衡过程。为此，科学合理地把握节目创意结构，适时制造和强化兴奋点，从而延长注意力，这是具有一定心理依据的。

引流期。能保持较长生命力的节目往往是在播出下线后，节目中的品牌、服务等内化为观众生活习惯的一部分。这要求搭建承载引流的平台。譬如，湖南卫视的《爸爸去哪儿》开发了同名图书和手游，在播出季结束后有效地把粉丝引流到需要花费较长时间的阅读和游戏行为当中。可期待的是，由此两种行为所产生的感想、体验、做法等也将会被粉丝发布在微博、微信等社交媒体上，触发更多人的关注和多级传播。为此，找到能够让人分享的话题是引流的关键所在。创意人要注重观察目标群体的各种流行文化、流行语言，结合自身所要表达和传播的理念，进行独创性的传播"元设计"，使得引流效果更长远、更广泛。

2. 内在心理契合

观众收视心理是一个动态变化和反复的过程，具体表现为"喜新厌旧"。因此，创意即不断地追踪观众心理变化的过程。做观众喜欢的节目是媒体人共同的愿望，也是各家媒体创意团队功力比拼的核心层面，这就是研发技术。研发技术的最重要一环是洞察目标群体的内在心理需要。节目诉求点与目标观众心理契合度越高，越能吸引观众收看和参与。2017 年第一季度，文化综艺节目如《见字如面》和《朗读者》的火爆霸屏让传统的真人秀节目操作团队惊叹不已。究其原因，看似在相对简单的朗读形式下，两档节目实则蕴含着时代背景、故事逻辑和情感宣泄的内核因素。观众获得的是深度的代入感和共鸣感，高语境节目及细腻的内在表达方式撞开了观众的心理阈值。

上述两档节目的出现，是继《百家讲坛》之后，文化类节目的再次热播，又一次证明了中国传统文化的独特魅力。当观众被一个时期密集播出的真人秀节目"大餐"充塞之后，自然会出现收视疲劳。文化类节目如同一股清流般直抵人心，观众可以"体味到诗词之美，书信之隽永，也被一个个真实的中国故事所打动"①。当其内在元素一旦与中国人骨子里的文化情愫发生碰撞时，必然激发起内心最深处的情感波澜，掀起一波又一波文化再体味的高潮，也使得传统文化资源不断得以发掘和传播。

让节目元素与目标群体的希冀相吻合，甚至是与其梦想追求的东西相结合，不失为让年轻人心灵颤动的触发器。以《奔跑吧兄弟》为例。在韩版节目中，其目标群体主要为年轻一代。然而，中国团队并不满足于较为单一的群体层次，提出了更高的要求，要尽可能扩大观众面。事实上，中国版本做到了。总制片人俞杭英曾撰文总结到："收视热潮的背后，是节目组对收视人群大量的调查和分析。70 后观影经历比较丰富，《奔跑吧兄弟》的绝大多数主题都有剧情化的设定，非常吸引这些对大片和剧情颇为熟悉的人群。80 后关注的是内容上的创新，他们喜欢优质游戏内容，所以节目会寻找能引起这个人群共鸣的内容，比如引发集体回忆的圣斗士特辑，并设置一些烧脑游戏环节。"② 正是对目标群体精准心理期待和媒体生活阅历的把握，《奔跑吧兄弟》在电视荧屏上起到了影院般共同的"观荧"经历。这种经历又通过社交网络平台分享、交流，产生更多的共鸣。不仅如此，调查数据显示，《奔跑吧兄弟》对 90 后以至00 后也有很强的吸引力，而且年龄越小，忠诚度越高。俞杭英总结认为，当下

---

① 林沛.一季度卫视综艺观察[J].中国广播影视,2017(4 下).
② 俞杭英.《奔跑吧兄弟》:做出中国味道[J].中国广播电视学刊,2015(8).

人气最高的明星的参与，加上节目中设置了许多单纯美好的东西是成功的关键①。带上梦想看节目，让心灵和思绪随着故事和情节一起颤动，正是观众痴迷的内驱力。

以 2016 年北京卫视春晚为例，元素的选择与艺术化的演绎成就了晚会独特的京味和气度。北京人共同熟悉的人文符号和大事件预期成为晚会的重要元素，譬如燕京八绝和将要在北京和张家口举行的冬奥会等。卜晨光总结认为："观众们可以感受到北京这座城市既是传统的又是国际的，既有悠久历史又有现代文明的发展。本地观众看了自豪，外埠观众看着会对北京有更深层次的了解。老北京人可以找到属于自己的文化回忆。北京的外来人也可以感受到这座城市的包容和未来。"② 这些既陌生又熟悉的元素，在春节这个全体中国人心理投射高度一致的时间节点上，交汇成巨大的收视期待和情感释放，从而形成观众的内心的共鸣，心灵也得到了抚慰。

又如，2016 年央视春晚节目中，百姓生活元素的观照获得了极大的彰显与夸张。本是生活司空见惯的现象和细节，被创作者挖掘出深层的社会意义，如网购差评、微信转账、小区停车、公园相亲团、公益助学等等。可以说，每年的春晚是全体中国人自己生活阅历的再现，更是集体诉求的艺术升华与呈现。"百姓看春晚，其实有时就是在看自己，节目中有没有自己生活的影子直接决定着其产生共鸣并进而共情的程度和效果。"③ 此判断可谓一语中的。作为新民俗的央视春晚，不仅接地气，更是通过一些节目的创意，把春节传统民俗中理应为人与祖先、人与神灵对话的心理渴求，虚拟化地形成中华民族情感共同体，并将这种社会心理投射至家国一体的情怀与感悟中，把对来年平安健康的心愿投射至国家富强和民族振兴的自豪和期盼中。在四个多小时的构建共同体验过程中，人们通过回顾一年来生活的酸甜苦辣，激发出对来年生活的美好期盼与向往。

再如，安徽卫视《我们的法则》，节目组安排了七位明星到国外丛林中体

---

① 参见:俞杭英.《奔跑吧兄弟》:做出中国味道[J].中国广播电视学刊,2015(8).
② 卜晨光."三个维度"看 2016 春晚:媒介、传播、文化[J].中国广播电视学刊,2016(4).
③ 卜晨光."三个维度"看 2016 春晚:媒介、传播、文化[J].中国广播电视学刊,2016(4).

验生活。明星们对新环境体验的新奇感自不必说，也能借此带给观众期待感，但是，场景似乎离中国观众的日常生活还是远了一些。创意团队想了很多点子，最后找到了拉近与观众心理距离的好办法，即"以中国古籍《山海经》为故事线索，七位明星进入原始丛林生存的同时，通过每个人的见闻，书写一本《新山海经》……明星们在丛林荒野中求生，也在中国以外的土地上发现了与之对应的动植物，而且与书中描述基本吻合，从而完成属于丛林家族的《新山海经》"①。目标的设定与完成催人奋发，克服各种障碍，努力向前。"观众看了后内心会是愉悦的。同时，这样的设定，使远在海外的生存纪录类节目与中国的传统文化产生联系，观众在收看节目的过程中会获得一些认同感。"② 观众内心的认同，无疑能增强节目的代入感，提高节目黏性，牵着观众的眼和心投入其探索过程，并与明星一起体验和分享惊险、挫折、失败和成功的内心深层次体验。

3. 满足感的提升

人们通过来自家庭、工作、生活、社会等渠道的物质和精神要素来满足各种各样的身心愿望。媒体作为其中的渠道之一，至少能够在欲望满足、社交满足和精神满足三个层面发挥作用。

欲望满足。社会科学研究发现，当下的年轻人越来越想表达自己，这跟中国传统社会中人们的内敛和谦虚特征形成鲜明的反差。浙江卫视知名制片人周冬梅认为："一是因为社会开放程度越来越高，二是因为 80 后、90 后和 00 后是在比较宽容的环境里面成长起来的。他们的表达能力越来越好，越来越敢于张扬自己的个性，愿意亮出观点"③。为此，节目若能够满足其表达欲望就有潜在的观众和市场。譬如，中央电视台《开讲啦》节目邀请"中国青年心中的榜样"作为演讲嘉宾，分享他们对于生活和生命的感悟。这是既能结合青年们的表达欲望，又能引发观点碰撞的有益尝试。

有研究者认为，近几年素人真人秀节目火爆的原因有两个，"首先在于其

---

① 秦霍然.安徽卫视创新综艺新模式 极端环境下探索"我们的法则"[J].综艺报,2016(16).
② 秦霍然.安徽卫视创新综艺新模式 极端环境下探索"我们的法则"[J].综艺报,2016(16).
③ 杨余:从文艺女青年到"跑男大管家"，她有怎样的人生心得? 来自"广电独家"微信公众号.

'真'。聚光灯下表演的不再是明星，而是普通大众。真人秀真实地记录了他们的日常生活状态，这填补了观众内在的心理需求，拉近了节目与观众之间的距离。其次在于'秀'。真人秀以激烈竞赛角逐的形式、喜剧冲突和悬念刺激了观众的欲望。一场'秀'下来，丑小鸭变天鹅，给观众编织了一个'真实的梦境'。因此，真人秀成了很多人圆梦的舞台，热度一直有增无减"[①]。巴赫金的加冕理论再一次得到证实。

社交满足。人作为群居性动物，独立的个体几乎是无法生存的。同时，每个人也需要与社会其他成员建立联系，才能获得生存所必需的各种物质和精神生活资源。作为生活的一部分，与其他成员相互交往是本能动机，交往过程即建立联系的过程。相互交往分成直接交往和间接交往（通过某种媒介物），在互联网时代，间接交往越来越便利。媒体，作为人们建立联系的中介物之一，通过内容的建构与传播帮助人们建立联系。这已成为未来电视媒体内容功能的发展方向。正如陈力丹所认为的："自工业革命以来，我们经历了和正在经历着传播的三个发展阶段：前 web：机器网络；web1.0 内容网络；web2.0 关系网络……"[②] 通过内容与目标群体建立关系正成为内容和传播行为愈加重要的功能。曹霞也认为："互联网培育了新的内容消费形式、情境和时空，内容产品吸引力的重要法则就是在内容和形式这两要素之外加入关系要素"[③]，并以此提出观点，"关系产品：互联网时代电视内容转型之道"[④]。当然，从另一方面来分析，长时间处于虚拟的电子空间而缺乏与人的真实社会交往，其产生的副作用也是显而易见的，尤其是对青少年群体更甚，这也需电视媒体人给予足够的重视。

从更加宽泛的角度，以节目为核心，可与观众产生更加密切的关系。譬如，观众参与内容生产与传播（UGC & Pro-sumer）以及参与购买。事实上，购物本身也是在建立某种社交关系的过程。

---

① 张静等. 我国非物质文化遗产的创新传播方式[J]. 中国电视, 2016(6).
② 陈力丹. 互联网重构了我们的社会生活[J]. 新闻界, 2017(1).
③ 曹霞. 关系产品：互联网时代电视内容转型之道[J]. 青年记者, 2017(4 下).
④ 曹霞. 关系产品：互联网时代电视内容转型之道[J]. 青年记者, 2017(4 下).

精神满足。合一集团总裁杨伟东认为："内容的三个核心能力无非是3C。好的内容（Content）是吸引用户的根本。好的发行是能够有效到达用户（Consumer）的路径和保证。好的商业模式和变现（Commercial）是保证内容能够健康循环非常重要的手段。"① 精神满足是一个看起来比较抽象的概念，也有高低之分。人们的视觉注意力为何逐步从电视端转向移动端和电脑端？这与网络媒体能够深度洞察与适应年轻一代的精神满足有关。

近几年，"网感"是媒体融合过程中出现的新词和高频词，主要是指网络综艺节目的整体气质。如何理解"网感"？腾讯视频节目出品中心总监邱越认为："这指的是节目与用户心理产生真正的共鸣，说得通俗一点，就是让网友觉得你懂他。比如，有些时候，用户会夸后期做得好，那是因为后期制作时添加的吐槽、花字包装其实都是暗合用户心理需求的。"② 事实上，"网感"正是80后和90后甚至是00后一代视频消费者们对节目的评判标准的通俗表达。譬如，乐视体育内容中心副总编辑卢山描述道，"年轻人群对奥运的口味已不再是赛事和金牌，体育内容是用来消费的，娱乐化内容最有可能被引爆关注"③。由此可见，传统电视媒体过往对"金牌""集体荣誉""排行榜""拼搏"等价值观正日益被"个性""过程""表达""激情"等元素所取代。如何把"国家荣誉""社会主义核心价值观"的传播与年轻一代媒介使用者的接受心理、接受习惯有机结合，成为电视媒体创意人探索的新课题。

4. 内心矛盾疏解

自改革开放以来，中国社会进入了快速转型发展时期。中国共产党第十九次全国代表大会报告指出：我国社会主要矛盾已呈现为人民日益增长的美好生活需要和不平衡不充分的发展之间的矛盾。在这个主要矛盾之下，其他新的社会矛盾不断出现甚至在某些时期会激化。激化的矛盾往往成为各界关注的焦点，也容易引发广泛的讨论。现阶段中，群体矛盾、选择矛盾和情感矛盾常为媒体所关注，若疏解时机、尺度、表现形式恰当，就能引发受众广泛共鸣。

① 杨哲.合一集团致力于打造影像乌托邦[J].中国广播影视,2016(10上).
② 杨哲,邱越.我们的工作,就是别人的生活[J].中国广播影视,2016(8上).
③ 杨余.直播时代的第一个奥运年,乐视体育"放大招"[J].中国广播影视,2016(8上).

群体矛盾。譬如，近年来医患关系升温就是典型的社会群体矛盾。如何通过电视媒体加以疏解？当然有很多种方式，如新闻报道、现场辩论等。2014 年 12 月 26 日，东方卫视《急诊室故事》① 运用真人秀形式，创造性地使用多台固定摄像机，几乎无死角地对某医院急诊室进行 24 小时监控式拍摄，把真实发生的一切予以记录，感人的细节呈现让所有的摆拍式纪录片和专题片顿感苍白。细节的说服力胜过了说理、辩护甚至对白衣天使的颂扬之词。"当事人大多对'白衣天使'全心信任，却也有崩溃下的吵闹纠缠；殴打医生护士的画面在镜头下再现，让观众感叹本是救人的双手，却要用来阻挡恶意的攻击；……摄像机的忠实，才能告诉我们一位语气冰冷的坐诊医生会在手术台上为患者的断掌再生，不吃不喝盯着显微镜连续操作十几个小时……"② 这些客观的记录，带入感极强，不由得观众不去思考：医患关系为什么会出现矛盾？出现矛盾又该如何化解？观众自己就能给出答案了。

生活永远比艺术更精彩。在急诊室这个特定的时空中，病人与家属之间，陌生的患者及家属之间的人际关系也如同舞台上的小品般被鲜活地放大和展示。《急诊室故事》中的细节记录几乎是每天发生的平常事，却能激发出观众的强烈情愫。病人和家属"在面临病痛和生离死别之时，这一层面的关系，是最能够直接反映人们情感的切入口。通过一个个具体事例，我们从中看到了爱的力量、长情的相伴、无法掩饰的愧疚、无助无奈甚至淡然与漠视"③。至亲之间、亲戚之间以及亲友之间该是怎样的关系？患难之处见真情，传统家庭亲人的相互陪伴、相互守候让人不禁潸然泪下，为之动容。观众的深度心理参与情感共鸣，使得节目张力跨出急诊室、超出屏幕，引发社会的讨论。

急诊室又是一个陌生人相遇的地方，是社会关系建立的缩影。尽管不像其他真人秀节目那样，在角色之间被人为地设定某些关系规则，但是在医院这个特定的环境中，自发地形成规则自然不可避免。这就是道德、传统、伦理、观念所发生碰撞和相互作用的时空。"节目中所呈现的陌生人之间的关系，多是

---

① 高昊,张浙.医疗真人秀节目的社会功能探析[J].中国电视,2016(6).
② 高昊,张浙.医疗真人秀节目的社会功能探析[J].中国电视,2016(6).
③ 高昊,张浙.医疗真人秀节目的社会功能探析[J].中国电视,2016(6).

互相帮助、互相鼓励的状态。通过纪实性的真实表达，更能让人看到社会的正能量和人间真情，更让观众感受到真实的社会状态。"① 在这里，医患之间的感情交流，病患亲属之间的真情相融，病友之间的温情相济，得以凝聚和升华。所有情感元素的表达与传递，目的是引导受众正确面对这些关系，最终实现群体的和谐。

选择矛盾。以电视剧《小别离》② 为例。这部针对低龄留学生现象的电视剧，演绎了升学、留学和青春期躁动的故事。尽管切口很小，但却直击了传统文化面对全球化所带来的正面冲击给家庭带来的两难选择的问题，并真实形象地把我国基础教育的现状与景象加以形象地展示与剖析。中国与世界一样正变得越来越国际化、多元化。现代教育的代沟与国际化环境让每个家长必须面对，无法回避。家长与孩子必须共同成长，才可能给孩子一个宽松、自由成才的基础与环境。《小别离》正视社会热点，艺术化地表现生活的质感。剧中各种各样的挑战与矛盾激烈呈现而又不失明快，引发观众共鸣与思考是其成功的主要原因之一。

情感矛盾。几乎所有的电视剧都会有情感矛盾的设计。以《炮神》为例，这部剧做到了"取《亮剑》之魂，仿《人间正道是沧桑》之情"③，尤其是情感设计十分突出。清华大学新闻与传播学院尹鸿教授分析认为："剧作在写传奇故事的时候，不光是写情节，在情节当中更重要的还是表达人物情绪和情感，有民族情、兄妹情、夫妻情、师生情，所有戏剧冲突当中都包含情感冲突，人物关系和人物命运能够让观众牵肠挂肚。"④ 有了能够让观众记挂心间的情感线索，自然地便会吸引观众一集一集追看下去。

观众选择性收视之分析是一项复杂的课题。有研究者发现："文化产品的消费选择与受众的习惯积累与一定的社会环境条件密切相关，是内在因素和外在环境共同形成的。电视节目的需求同样遵循这样的规律，超前不行，滞后也

---

① 高昊,张浙.医疗真人秀节目的社会功能探析[J].中国电视,2016(6).
② 参见:本刊记者."小别离"与大情怀[J].中国电视,2016(12):11-14.
③ 参见:本刊记者.以独特视角再现战争年代[J].中国电视,2016(12):15-17.
④ 参见:本刊记者.以独特视角再现战争年代[J].中国电视,2016(12):15-17.

不行……从社会心理学上讲，人们的消费选择反映了那个时代消费者的内在需求和社会条件。"① 为此，精准把握社会发展阶段的特征，准确地洞察政治、经济、文化等领域的群体思潮，剖析观众选择动机，与电视艺术和技术创作条件精准对接，是获得收视市场成功的第一步。为此，如果说优秀电视节目的出现是一种历史的选择，也是成立的。

三、观众媒体消费形态

显而易见，电视媒体正从提供纯粹的精神消费向着提供精神消费和物质消费并重的方向发展。融媒体平台更是把文化消费中的精神参与过程及物质消费过程娱乐化、情感化和体验化，并呈现彼此交汇的态势。

表 1-3　　　　　　　　　不同年龄段群体的媒体消费形态偏好

年龄段	景观消费	情景消费	情感消费	主要节目形态
幼年	+	-	-	故事　动画　游戏
少年	+	-	-	动画　游戏　真人秀
青年	+	+	+	综艺　真人秀　演唱会　娱乐新闻　影视剧
中年	-	+	+	生活服务　真人秀　纪录片　电影　电视剧
老年	-	-	+	生活服务　纪录片　电影　电视剧

注："＋"代表相应的偏好较强，"－"代表相应的偏好较弱。

有研究者②总结认为，在消费文化横行的当下，其传播过程迎合了人们三种消费需求：景观消费、情景消费和情感消费。借用此分析框架，笔者认为，观众的媒体接触过程可以划分为景观占有、触觉占用和情感融通三种基本消费心理。三种心理还呈现出由低级向高级的递进特征，而且不同年龄段也呈现出各自的偏好强弱程度，如表 1-3 所示。此表还列举了不同媒体消费需求所对应

① 杨淑芳. 回归价值本位:电视节目的欣赏选择创作逻辑——以才艺秀为例[J]. 中国电视,2016(7).

② 王佳. 消费文化视角下的明星真人秀热播现象探析[J]. 中国广播电视学刊,2016(3).

的节目形态。

1. 景观占有的欲望

所谓景观占有，是指消费过程以视听觉的接触、注意力投入、影像浏览欣赏和沉浸为主的心理过程。譬如，综艺类节目中，把明星符号化以填充屏幕。明星身体的各个部位都成为被"消费"的对象，并充当人们茶余饭后的谈资。将明星生活形象扁平化迎合了大众的窥私欲。窥私欲是一种与生俱来的本能，明星光环背后的一切总能引发一些人的强烈知晓欲望。为此，让明星回归"常人"，做"常人的事"（编剧和导演主导下的平常事），恰好满足了人们的好奇心。譬如，在日常生活的交往中，有人不知或少知了某些有关明星的最新话题，则被贴上"out"（落后）的标签。

2. 触觉占用的体验

所谓触觉占用，是指消费过程除了景观占有以外，围绕核心产品开发的衍生品或复制品的销售，以及游览相关故事、情景发生地等"据为己有"或身心体验过程。触觉占用当然还包括节目中的人物与观众接触交往，如粉丝见面会、互动、签名、合影活动，粉丝团甚至还会干预偶像的生活与情感等。上述过程不仅调用了身体的全部器官参与，而且吸引消费者投入更多的时间和资金，使得文化产品更深地介入观众个人或家庭生活场景。

3. 情感融通的交织

美国学者沃尔特·李普曼（Walter Lippmann，1889—1974）认为，由大众传播活动形成的信息环境，并不是客观环境的镜子式再现，而是大众传播媒介通过对新闻和信息的选择、加工和报道，重新加以结构化后向人们所展示的环境，即"拟态环境"（Pseudo Environment）①。拟态环境正是由大量的情感商品构成的消费环境。在这个环境中，情感消费成为比景观占有和触觉占用更高级的消费形态。随着人们对精神生活追求的逐步升级，观看明星符号化的外表以及获知其背后的故事已不能满足人们更深层次的内在欲求。为此，了解和占有明星的情感化为内在的认同、模仿、共鸣成为自然和必然的过程。媒介技术的

① 李普曼.公共舆论[M].阎克文,江红,译.上海:上海人民出版社,2006.

进步使得观众可有效参与甚至左右节目进程，更加让明星与观众的情感交织在一起，为此，明星情感商品化满足了观众个人情感的欲求。譬如，正是出于对粉丝这种情感势力的"惧怕"，一些明星隐婚甚至不敢结婚以至失去常人的生活状态亦在所难免。

"媒介情感"是联结节目中人物与观众之间的重要纽带，也是提升观众对节目忠诚度的重要因素之一。许多真人秀节目，"可以让广大观众在基于身份的相似性、纪实的真实性上触发情感认同，对现实情感的缺失具有补偿作用，可以促进观众自我情感的完善和社会情感的规范"①。事实上，即便像2017年中央电视台播出的《朗读者》此类看起来"高冷范"的节目，也因为情感的设计而走红。总导演刘欣、田梅坦陈其成功的秘诀就是"以文字为介质，以情感为窗口"，"把文字和人背后的故事串联起来，那些原本看上去深奥的文字自然就有了柔软的质地"②。文字之所以能够打动人，本身也是由于原作者倾注了饱满的情感。当人们再度阅读，尤其是当艺术家、演员等以别样的情愫朗读时，便很自然地唤起了凝结和沉睡在文字中的情感，再度激荡和触动人们内心深处最柔弱的部分。杨乘虎教授的研究也发现，"情感慰藉、情感怀旧、情感宣泄、情感娱乐、情感消费等需求都反映出情感在社会普遍心理中的位置越来越突出、越显要"③。为此，媒体在创意过程中，须为观众的情感准确切脉，才能开出非同一般的良方。

4. 参与创造的满足

上述三个层面的阐述基本上是基于传播者视角以及城市消费群体视角来分析消费过程的。事实上，当下的中国，随着物质生活水平的不断提升，无论是城市还是乡村，均存在着巨大的文化创造和文化参与热情，如遍地开花的广场舞等。任何媒体都不能忽视这种参与创造的欲望与潮流，应自觉地加以对接与引导，这也不失为借力打力的"关键一招"。

---

① 彭一邡.真人秀节目的情感美学探究[J].中国电视,2016(6).
② 本刊记者.《朗读者》总导演讲述"朗读者"熬制秘诀[J].中国广播影视,2017(3 下).
③ 杨乘虎.中国电视节目创新研究[M].北京:中国传媒大学出版社,2014:168.

这里，以引发国家层面重视的浙江丽水"村晚"① 文化创造现象为例加以说明。自 1980 年起，浙江丽水市的乡村就有自办春晚的文化活动现象，比始于 1983 年的中央电视台春晚还早 3 年。丽水的"乡村春晚"是在春节期间发动村民自办、自编、自导、自演的联欢晚会和乡村民俗活动，激发乡村群众"自主创办"，不但满足了群众文化多元需求，培育了乡村民俗旅游产业，而且成为促进乡村和谐发展的创新载体。

2015 年 7 月，"乡村春晚"项目获得全国第三批公共文化服务体系示范项目资格，其中"月山春晚"曾获全国群众文化最高奖——"群星奖"，报道《中国式过年之文化样本——月山村春晚》入选浙江省高中语文教材。2016 年 2 月 26 日，中央电视台新闻频道对丽水的"乡村春晚"进行了时长 2 分 30 秒的报道。中央电视台的报道更让乡村春晚走向全国和全球。"在今天，丽水乡村春晚通过现代传播媒介，全世界都看到了中国基层老百姓的乡情、乡韵、乡愁与乡乐"，央视的报道中进行了如是归纳。

截至 2016 年年底，丽水市已创成"乡村春晚"示范县 6 个，示范县自办村晚行政村覆盖率达 40%。"乡村春晚"在浙江全省所有的乡村文化礼堂广泛推广并实现覆盖。据统计，2016 年的丽水乡村春晚共举办 772 台，100 多万群众和 20 多万游客参与，全球 21 个国家直播互动，产业拉动 10 多亿元。百姓参与创造的文化产品在实现了自我参与、自我满足之时，也满足了其他社会各类群体的参与欲望和观看欲望。

丽水的文化传播实践生动地说明了：以城市精英为代表的节目创意者，不应以传播者的优势地位而自居，秉持传播中心主义和技术中心主义而恃才傲物；相反，应当尊重所有基层广大人民群众内生性的创造需求，只有这种创造需求才是有生命力的，是代表"生态社会主义"② 文化发展方向传播力量的。在这样的文化传播过程中，参与创造即进行消费，"乡村春晚"实践进一步证

① 参见:浙江在线.看乡村春晚游年味丽水 过年丽水走起来[EB/OL].浙江在线,2015-02-04. http://gotrip.zjol.com.cn/system/2015/02/04/020498112.shtml.

② 龚伟亮.在城乡关系视野中建立中国传播学术主体性——以《重构中国传播学》为例[J].青年记者,2017(4 下).

实，人们对美好精神生活的向往是文化创造的不竭动力。

四、观众欲求的判断

如何发现欲求？换言之，节目创意源自何处？这看起来似乎并不难，难的是如何精准辨析与确定。社会科学、行为科学和心理学等领域的研究成果，常常成为节目创意人员关注的起源。譬如，英国知名季播节目 *The X Factor*（湖南卫视引进后命名为《中国最强音》）是英国独立电视台第一台（ITV1）的歌手选拔节目。该节目来源于一项社会研究成果①，即"儿童最喜欢的是感觉自己长成大人了"。为此，在节目投票环节中，设计儿童亲自投票，并跟父母拥有一样的权力，判断比自己年纪大的人唱得好不好。这极大地迎合了孩子们的心理诉求，当然节目获得了家庭观众的喜爱。

研究发现，当一个社会经济增速放缓时，人们往往回归家庭，一家人在一起的时间明显增多，这使得美食节目更受欢迎。曾荣认为："对电视节目趋势的认识，是植根于扎实的社会研究基础之上的，因为对节目内容的消费是有规律的。"② 中国正处于社会转型的关键期，经济正从高速增长转向高质量发展，人们的心理节奏也会跟着趋于放缓和稳定，需求自然也会发生变化。

王哲平认为，一般的受众心理通常遵从四项原则：一是好奇心，二是快乐，三是交流对话，四是相关自身。③ 在创意过程中，每一个元素的设计、运用均要考虑是否能够满足上述至少一项心理过程，否则，便没有什么理由能够吸引到观众的注意力。大量媒体实践已证实了上述原则的重要性。事实上，心理过程中的情感偏好、主动表达、公益愿望等成为社会群体显在的倾向性选择，这也是社会发展到一定阶段的产物。

1. 群体的情感偏好

人，作为群居性动物，无论是真实的家庭关系和工作关系，还是虚拟的网络空间关系等，在相当程度上，常常以情感作为维系的纽带。在电视内容与产品创

① 林沛.欧美真人秀:另一种范本的启示[J].中国广播影视,2015(10上).
② 林沛.欧美真人秀:另一种范本的启示[J].中国广播影视,2015(10上).
③ 王哲平.电视节目策划新论[M].杭州:浙江大学出版社,2015:005.

意中，情感当然会作为重要元素加以呈现、铺陈。不同年龄段群体有着各异的情感诉求，表1-4归纳了各群体对情感节目的偏好强弱。亲情节目在儿童参与的真人秀以及在跨代之间均可表现。友情节目可以在少年和青年群体创意。爱情节目在青年和中年之间均可开发。亲情和友情节目在中年和老年群体中也可展现。

表1-4　　　　　　　　**不同年龄段群体对情感节目的偏好**

年龄段	亲情	友情	爱情	主要节目形态
幼年	+	-	-	故事　动画　游戏
少年	+	-	-	动画　游戏　真人秀
青年	+	+	+	综艺　真人秀　演唱会　娱乐新闻　影视剧
中年	+	+	+	生活服务　真人秀　纪录片　电影　电视剧
老年	+	+	-	生活服务　纪录片　电影　电视剧

注："+"号表示较强，"-"号表示较弱。

表1-5则从"爱心""孝心"和"恒心"三个角度对主要节目形态中的侧重进行了归纳，并且，"爱心""孝心"和"恒心"也往往呈现于"亲情""友情"和"爱情"之中。在节目的人物、事件与故事徐徐展开中，社会主流价值元素与人文关怀，不断进取的生活与工作态度，人生价值和人格魅力均能让人产生同情心、责任感和正义感，激发向上的精神力量，传播正能量。

表1-5　　　　　　　　**情感节目在不同年龄段的侧重**

年龄段	爱心	孝心	恒心	主要节目形态
幼年	+	-	-	故事　动画　游戏
少年	+	+	+	动画　游戏　真人秀
青年	+	+	+	综艺　真人秀　演唱会　娱乐新闻　电影　电视剧
中年	+	+	-	生活服务　真人秀　纪录片　电影　电视剧
老年	+	-	-	生活服务　纪录片　电影　电视剧

注："+"号表示较强，"-"号表示较弱。

　　笔者对业界的观察发现：2015 年，江西卫视播出了《带着爸妈去旅行》；2016 年，湖南卫视播出了《旋风孝子》和《妈妈的牵挂》两档以亲情和孝心为主要元素的节目，均受到广泛欢迎。但是，幼年、少年和青年向长辈表达爱心和孝心的节目却不多见。众所周知，我国已进入老年社会，面对庞大的老年群体及丰富的中华孝道文化资源，仅仅几档季播性节目显然难以满足公众的欲求。在社会主义新时代，80 后和 90 后们努力创业、敢于拼搏与奋斗，对社会家庭有责任，对国家未来有担当，而表现他们恒心和决心的节目是少之又少。此类创意方向却是弘扬和传承中华民族传统美德，塑造新时代精神的需要，所在领域更是亟待开发的媒体文化资源处女地。

　　2. 彰显的主动表达

　　含蓄表达曾经是中华民族人际交往的重要特征。然而自媒体为每个人提供了前所未有的便利。张扬个性、主动表达和参与传播正越来越多地改变着传统人际交往的状态。正如苏晓琼所认为的："从社会心理需求上看，全球电视市场进入了一个'秀自己'的时代，历史上从来没有一个历史时期像现在这样，追求个性与'存在感'到了巨细靡遗的地步。"[1] 此种社会集体诉求与技术进步带来的便利有着直接的关系，自媒体的发展更加激发了受众参与传播的热情、勇气和能力，尤其是超越时空的人际关联，过去只能通过电视这道大屏才能"接触"的人物，现在通过微信、微博、公众号等社交工具就可建立起"直接"的联络通道。

　　苏晓琼进一步分析："电视观众已经不满足于通过别人进行沟通交流，特别是与'明星'们的交流，而希望建立直接的联系，甚至让自己就成为所谓的'明星'。'娱乐秀'更成为几乎是唯一的表现自我的渠道，这就诞生了平民化的真人秀一类的节目。"[2] 显然，素人真人秀节目的勃兴，既让观众有了"秀一把"的机会，也有了与明星共时空的可能性。尽管少数观众的参与仅仅是代表，但这种代表能够一下子拉近电视观众或网友与明星的距离感，满足其窥视

① 苏晓琼.谈电视综艺节目的平民化趋势[J].当代电视,2016(6).
② 苏晓琼.谈电视综艺节目的平民化趋势[J].当代电视,2016(6).

的心理和心理意愿投射的欲望。同时，看似"平等"的交流，让素人更加感觉到与明星一同进入"平等"的游戏状态，心理原有的落差陡然"消失"，从而获得极大的满足感。观众也被代入内中、享在其中。

自《超级女声》开始，我国的电视观众已经不满足于当一个旁观者，而是强烈地想成为参与者。苏晓琼指出，"真人秀的兴起不仅仅表现在作为大型节目的电视台里，也表现在作为'微型'节目的自媒体网络传播中，它们集中表达的是一种在现实社会生活中尚未成功实现的诉求"①。以湖北电视台真人秀节目《一起出发》为例，这个节目就是让"已经具备知名度的参与者和打算通过节目提高知名度的演艺新人一起旅行、穿越、竞技、闯关。节目中既有风光，又有历险。观众很容易在观看的过程中将自己代入他们的任务中去，仿佛自己也是其中的一员。在这个节目中，游戏是否真的好玩已经退居其次，参与并'友好'地与'明星朋友'共同经历成为吸引观众的主要因素"②。当然，创意方案要合理引导观众的表达性冲动，通过开展参与性活动，设计便利性互动，还能激发观众产生消费性行动，从而在收获社会效益的同时，获取经济效益。

按照郑维东的方法，观众参与性节目大致可以分为三种类型：其一，才艺节目（Talent Show）。譬如 2005 年的《超级女声》（湖南卫视）、《中国达人秀》（东方卫视）、《出彩中国人》（中央电视台）、《中国好声音》（浙江卫视）、《我是歌手》（湖南卫视）、《顶级厨师》（东方卫视）。其二，游戏节目（Game Show）。譬如《奔跑吧》、《来吧冠军》（浙江卫视）等。其三，生活节目（Life Show）③。譬如《生存大挑战》（广东卫视）、《爸爸去哪儿》（湖南卫视）、《爸爸回来了》（浙江卫视）、《带着爸妈去旅行》（江西卫视）、《暖暖的新家》（北京卫视）等。这些层出不穷的新节目，在丰富电视荧屏的过程中，也为公众提供了越来越多的参与和表达平台。

3. 公益愿望的实现

公益事业的发达，是社会文明程度的重要标志之一。以公益为主要诉求的

---

① 苏晓琼. 谈电视综艺节目的平民化趋势[J]. 当代电视,2016(6).
② 苏晓琼. 谈电视综艺节目的平民化趋势[J]. 当代电视,2016(6).
③ 引自:郑维东主题报告"供给引导需求 变化厘定标尺",2016 年 6 月 15 日,乌鲁木齐。

节目已有很多成功的案例。譬如，李群认为中国教育电视台《职来职往》节目，"抓住民生热点，面向普通观众，引导正确择业观，对缓解大学生就业供需矛盾、引导人们树立正确的求职取向，富有现实指导意义，取得了良好的口碑和广泛的影响。……多次获得中宣部、国家人力资源和社会保障部、国家广电总局、教育部的表扬和肯定"①。这样的节目，取得了"社会价值与产业价值的统一"②，实现了"教育功能与公益性质的双结合"③。再如，浙江卫视《中国梦想秀》、贵州卫视《中国农民工》、天津卫视《非你莫属》等大型栏目，山东教育电视台《幸福速递》栏目等，其落脚点都是爱心或公益事业，都是以平台为资源向公众提供公益服务的④。早在 2011 年，中央电视台《梦想合唱团》就以公益为目标，把集体荣誉与个人梦想高度统一。明星回家组建合唱团，为家乡赢取公益梦想，即家乡图书馆。作为集体的梦想，这档节目体现了公益性。个人为了自己的梦想而努力奋斗，同时又体现了励志的精神。

社会公众的诉求还可以通过公益主题的设置，巧妙地转化为节目高度，以达到上级对媒体更高的社会责任要求。浙江卫视《奔跑吧兄弟》通过"让爱益起跑——公益跑鞋计划"的实施，为云南、四川、贵州、湖北和广西壮族自治区等省、自治区筹集运动设施善款。"娱乐与公益的有机结合，让综艺节目摆脱过往电视圈'娱乐至上'的浮躁和浅薄，拓展丰富了节目的内涵和外延，进一步提升了正能量的凝聚共振效能。"⑤ 厚重的公益主题配搭轻松的节目形式，实现了深度娱乐的目标，丰富了娱乐节目的内涵。

对于观众的欲求，节目创意者既不能主观臆断，更不能错位对接。在实践层面，因忽视观众欲求，导致收视不理想的案例并不鲜见。曲春景等人在细致对比分析湖南卫视《一年级》的"小学季"和"大学季"后发现，由于"大

① 李群.论中国教育电视制播分离的主要对策"——由《职来职往》引发的思考[J].现代传播,2012(8).

② 李群.论中国教育电视制播分离的主要对策"——由《职来职往》引发的思考[J].现代传播,2012(8).

③ 李群.论中国教育电视制播分离的主要对策"——由《职来职往》引发的思考[J].现代传播,2012(8).

④ 白传之,刘中枢.中国教育电视媒体发展论[M].北京:中国广播电视出版社,2013:146.

⑤ 参见:许继锋.奔跑吧兄弟:超越电视文本的现象价值[J].中国广播电视学刊,2015(8).

学季"没有延续"小学季"中科学合理的观众欲求原理，直接导致"大学季"既没有收获可观的收视率，也没有引发社会热议。① 研究指出，"小学季"在于"成长"母题对孩子心灵层面的关注所引发的观众共鸣是其成功的重要因素，"学校作为孩子个体成长最早接触的公共话语环境，在与老师、同学等各种关系的生成、碰撞与交流中，这些曾经无法无天的'小太阳'完成了从本能冲动、率性自由向有序规范的转化，表现出他们积极参与自我塑造、不断向理性靠拢、成为更好'自己'的心灵轨迹"②。正是这个细腻的过程让广大的年轻家长们、祖辈们、教育者们乃至社会工作者共同参与进由个体成长关注到社会话题建构的过程，"正因此，观众与对象之间才形成了无法剥离的切身感和信任感，并由此成就了这档节目最基本的收视保证"；反观《一年级》"大学季"中，"编导对观众的期待心理缺乏充分尊重，使节目丧失了普通学生与观众、家长之间天然的内在联系"，并"把正常的学校生活变为'秀'场的游戏规则"。"节目中向观众展示的规则，却不大符合当下中国艺术类大学的现实状况。这种层层筛选、淘汰的规则，是选秀类节目的衍生品，……由此引发的各种情节难免失真和不可思议"③。与此同时，节目中还充斥了湖南卫视其他节目和活动的人物和元素，直接导致观众与节目的心理疏离。这是造成《一年级》"小学季"和"大学季"收视效果前后巨大反差的重要原因。

正反两面的实践案例表明，精细准确的观众欲求分析与诊断是如此重要和关键，值得媒体决策人切实端正对待和判断观众心理的态度，提升洞察和预测观众行为的能力。

五、观众欲求的分析方法

通常情况下，媒体人怎样确定目标群体和他们的喜好呢？多数人是凭借过往印象或者经验，当然，这些经验可能来自自身的偏好或者是身边人的习惯，也就是简单的观察法所得来的判断。譬如，冷淞非常通俗地解析了观众欲求的

---

① 曲春景,刘瑞晶.编导对节目初衷的尊重与偏离[J].中国电视,2016(6).

② 曲春景,刘瑞晶.编导对节目初衷的尊重与偏离[J].中国电视,2016(6).

③ 曲春景,刘瑞晶.编导对节目初衷的尊重与偏离[J].中国电视,2016(6).

具体表现，他认为，"在多屏时代，人们的'跨屏欲望'已经显现，商品想买、悲情想帮、明星想见、技艺想学、美食想尝、美人想聊、美景想寻，伴随着收视过程，观众的互动和参与欲望十分强烈，而网络恰恰为观众提供了实现这些愿望的便利"①。也许是这种观察法来得容易，对于众多文史或艺术学科背景的媒体人而言，本就没有使用甚至见识过更加复杂的方法。显然，精确的测量结果无从谈起。然而，传媒科学发展至今日，随着融媒体、全球化传播时代的到来，媒体创意更加需要扎实的文理背景、深厚的艺术素养与严密的数学逻辑思维相结合的人才。为此，关键的媒体创意人都应当熟悉乃至熟练掌握如下主要的研究方法。

1. 实验研究方法

所谓实验研究方法，就是研究者根据研究目标提出研究假设，根据实验对象设计实验方案，控制某些自变量、干扰变量，使用科学仪器设备观察实验对象所可能发生的因变量的变化，从而对研究假设做出科学的判断。实验可在专门的实验室进行，也可以在自然的生活环境中进行。如果实验过程和结果为可重复的，研究者就能从中发现研究对象的行为规律。笔者早在20世纪90年代就设计了《不同媒体条件下学习记忆效果的研究》，并取得了一手的科学实验数据，其结论对电视节目和广告字幕设计有一定的借鉴和指导意义。

在我国高校的传媒相关专业中，用以媒体教学的实验室已建有不少，但真正严密的科学实验成果却并不多见。笔者梳理近年来发表的学术论文，就能看出这一点，观察发现，个中原因比较复杂。众多媒体人对于"数字""数据"颇不敏感，甚至无法理解，这与我国传媒、影视教育学科课程设置有关，与长期以来的中学教育文理分科密切相关，更与多年以来，传媒相关专业归属于艺术学科有关。

大致上，电视媒体内容与产品生产过程可以分为"创意""创作"和"制作"三个阶段，但创意阶段需要文、史、哲、理、工、艺等多学科知识的融合。近年来，我国的高校中也出现了协同创新中心之类的机构，致力于跨学科

---

① 冷淞.海外模式冲击下的中国原创电视节目供给侧路径解析[J].现代传播,2016(10).

的理论与项目研究。这是一个良好的开端，说明学术界对创新和创意有了更深一步的认知，并付诸了行动。这必将推动传媒科学与艺术的研究方向从凭借经验转向依据科学，从思辨判断转向逻辑推理。在这方面，可以借鉴麻省理工学院媒体实验室（The MIT Media Lab）的做法。该实验室成立于 1980 年，是一家致力于科技、媒体、科学、艺术和设计融合的跨学科研究机构。该机构与同济大学设计创意学院正展开密切合作，建立城市科学实验室，以致力于智慧城市建设的研究。① 此类基础性研究，融信息科学、大数据、通讯、人工智能等尖端技术以及前沿艺术于一体，必将在人类行为研究方面，拓展出崭新的领域，而经过科学实验取得的跨学科研究成果的出现，将对构建中国特色媒体科学与艺术研究方法体系起到更为有力的支撑作用。

上海文广集团（SMG）受众数据测评分析平台②建设是走在全国前列的实验研究基地，现已发展成为综合性受众大数据测评分析平台。该平台以心理学前意识、意识、潜意识等相关理论作为科学分析的理论基础，建立了电子问卷、拨盘、脑电、声音识别、表情识别、眼动仪等方式构成的信息采集系统，如图 1-2 所示。该平台创立了完善的自有算法进行数据综合分析，可通过可视化的软件呈现分析结果。

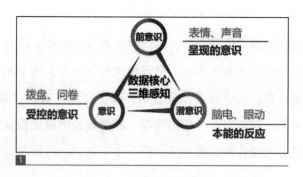

图 1-2 三维感知模型

① City Science Lab Shanghai［EB/OL］.（2017-08-14）. https://www. media. mit. edu/projects/city-science-lab-shanghai/overview/.

② 陆趣等. SMG 受众数据测评分析平台的建设与技术创新［EB/OL］.（2017-04-14）. http://www. cctvpro. com. cn/2017/08/14/ARTI1502693633869452. shtml. 2017 年 6 月，笔者访问了上海文广集团数据测评分析平台，相关内容由平台负责人提供。

该平台不仅能够为 SMG 内部提供研究支持，而且能够向社会提供测量服务，为内容创意和制作方提供真实、可信、全面、科学的内容测评结论，为相关创意团队和制作方创制出更符合受众喜好的内容提供可靠的帮助。

2. 调查统计方法

调查统计方法是基于人口统计学原理进行调查时使用的方法。电视收视调查即采用调查统计方法。现阶段，国内比较大的电视媒体市场调查公司包括中国广视索福瑞媒介研究有限责任公司（以下简称"广视索福瑞"）、北京美兰德信息咨询有限公司（以下简称"美兰德"）等都提供电视收视、跨屏收视以及卫星频道覆盖等相关的数据。以广视索福瑞公司为例，出于统计学原理和成本综合考量，其全国收视调查网采用了测量仪和日记卡两种方法来采集家庭电视用户行为信息。

调查统计方法并不是对全体用户进行调查，而是抽取部分样本进行，以样本代表总体。抽样是收视率调查的基础环节，对样本是否具有代表性，能否保证收视率数据的准确性具有十分重要的意义。譬如，收视率调查一般采用多阶段、PPS、整群抽样等抽样方法来抽取样本、建立固定样组。所谓固定样组连续数据是指针对同一样组的人群在不同的时间而获得的数据，固定样组可以更好地避免抽样误差对数据的影响，而获知人们行为、态度等的实际变化。[①] 显然，抽样调查兼顾了精确性和低成本两种要求。

节目上线前的观众收视取向研究，可以使用问卷调查方式进行，并经过回收数据统计处理，得出判断结论。譬如，就每年的高考而言，高三考生的家长不仅对高招政策、高校专业有关信息的需求是刚性的，而且对高三复习方法、身心健康知识等也有需求。然而，到底这些信息要细致到什么程度？怎样获得和理解这些信息？他们喜欢什么样的渠道获得这些信息？如何确认学生的专业兴趣、能力和态度？家庭应当如何进行填报志愿的决策？诸如此类的问题都可以通过抽样调查获得准确的判断。这些数据对节目内容、主题、样态、结构、节奏、进程、嘉宾等元素的确定都能起到决定性的作用。

---

① 收视率调查.［EB/OL］.（2017-04-14）. http://www.csm.com.cn/cpfw/ds/ssl.html.

实际上，问卷调查也有一定的局限性，如问题设计不能过多，填写问卷时间不宜超过30分钟，获得的数据也可能不真实。为此，调查者要结合下面两种方法，将所获得的资料进行统一处理，才能得到比较准确、符合实际的收视取向数据。这两种方法分别是：

①焦点小组法（Focus Group）。这种方法一般采用小型座谈会的形式，在目标群体中挑选一组具有同质性的小组（一般为10人左右），由一位经过训练的主持人或者创意小组成员，以一种无结构、自然的形式与小组成员交谈，从而获得对有关收视问题的深入了解。

②深度访问法（Deep Interview）。这种方法是一种无结构的、直接的、个人的访问，最好由节目创意小组成员担任访谈人。访谈人深入地对目标群体代表进行访谈，从而细致地了解其对节目元素的选择动机、态度和感情等。

综合运用上述几种方法，就能更好地了解用户的真正需求，有针对性地进行节目创意。显然，这比新闻采访式的随机调查、街头拦访更加可靠与准确。

3. 数据挖掘方法

通俗而言，数据挖掘（Data Mining）是一门通过对海量数据进行分析发现行为关系或相关价值的技术。信息时代，人们在各种网络平台留下海量行为信息，聚合为大数据，从中可以发现更多价值。

何谓大数据（Big Data）？一般地，大数据是指体量特别大、数据类别特别多的数据集，且无法用传统数据库工具（如关系型数据库）对其进行抓取、管理和处理，而须由一系列新型的数据管理分析方法（如数据挖掘和数据可视化技术）对其进行相应地处理。

近几年，美剧《纸牌屋》（House of Cards）被国内业界和学术界奉为大数据挖掘应用的经典案例，业内普遍认为，其对观众的精准把握是由大数据提供了最大的支持。然而，在2016年7月上海电视节期间，应邀担任海外电视剧单元评委的《纸牌屋》编剧约翰·曼凯维奇（John Mankiewicz）对此却一再否认。他认为，"电视剧为了使观众观剧有趣味性，确实会有一些设置，但是数据上没有严格的控制，并不会参考你刚刚所提出的数据调查的结果"①。究竟大数据在电视剧创作过程中的哪些方面起作用，能起到多大的作用，至今没有成熟的数学模型，对其认知仍是见仁见智。然而，在其他一些节目的选题环节，能够帮助媒体人做出更加精准的决策却是实实在在的。譬如，网络综艺节目《奇葩说》，"节目组通过网络数据平台，在民生、情感、创业等领域选取网友关注最多的问题发动网友参与调查投票，最后，节目组会选取网友参与度最高的题目作为节目选题"②。近几年，广视索福瑞和美兰德两家公司都在利用大数据推出新的数据产品业务。

对媒体用户进行画像是典型的数据商业应用，也是各家电视媒体所注重的。央视市场研究与广视索福瑞把用户消费行为数据与收视数据进行结合，就能更加清晰地描绘出个体用户的相关行为，从而调整节目相关元素的组合以及"人—媒"互动的方式。

2015年央视市场研究（CTR）公开发布的调查结果发现：千禧人（00后）青少年在App应用的时间主要花费在五个方面，即社交（22.5%）、文体娱乐（16.8%）、通讯聊天（16.7%）、实用工具（15.5%）和电商（6.9%），占到总时间的77%。其他则包括视频、游戏、金融保险和软件服务，占到总时间的23%。③ 为此，节目创意者既要考虑到目标群体的娱乐行为特征，又要对其社交和消费行为给予充分注意和深度分析。

不仅如此，千禧人观看视频的渠道偏好也有着鲜明的特征。2015年央视市场研究（CTR）公开的数据表明：每人每天平均观看视频达8次，使用PC端为6次，而移动App为2次，显然PC端是千禧人的主要视频观看渠道。④ 而今，5G移动通讯网的大提速，将对上述行为格局产生重大影响，更是创意人

---

① 纸牌屋不是大数据算出来的［EB/OL］. http://news.163.com/16/0611/01/BP89VTFF00014AED.html.

② 黄佩,陈甜甜.电视平台:媒介融合的一种构想［J］.中国电视,2016(6).

③ 摘自:金兴."千禧人"的数字移动生活.央视市场研究（CTR）第十二届"洞察中国2015"高峰论坛报告PPT.北京.2015-04-27.笔者出席了本论坛.

④ 摘自:金兴."千禧人"的数字移动生活.央视市场研究（CTR）第十二届"洞察中国2015"高峰论坛报告PPT.北京.2015-04-27.笔者出席了本论坛.

要提前考虑的。

美兰德公司提供的影视公众人物综合数据库，为电视剧制作团队如何组合演员提供了参考，如图1-3所示。但在应用时需要做具体分析，譬如，这些数据的具体表现可能会因地域和群体有所差异。

美兰德影视公众人物1-10月综艺人气王TOP10

1-10月艺人人气TOP10	
1 鹿晗	91.3
2 范冰冰	83.7
3 薛之谦	81.3
4 Angelababy	80.4
5 TFBOYS	80.3
6 吴亦凡	79.8
7 周杰伦	78.8
8 张艺兴	78.4
9 黄晓明	77.1
10 宋茜	76.6

女王 婚恋 范爷 高颜值

男神 公布恋情 高颜值 粉丝力

段子手 搞笑 很有才 热爱音乐

2017年1—10月，鹿晗在《奔跑吧兄弟》节目上的热度不减，还出演了第一部玄幻电视剧《择天记》，其在微博上公布自己的恋情，更是吸引了全网的关注。范冰冰、薛之谦等艺人亦在综艺节目中频频亮相，成为话题人物。

图1-3 影视公众人物综合指数

知名学者胡正荣认为，"只有掌握好、分析好、使用好用户数据，挖掘数据背后的价值，才能真正充分满足用户的需求，使价值在用户使用阶段产生变现的可能性。未来媒体应当意识到，用户数据是比内容更为重要的资源"[①]。对于媒体人而言，他们在过往的收视数据应用中，往往看重数据的表现，而忽视了或者无法准确得出数据产生的原因。为此，了解用户偏好，掌握用户数据才能既明确数据产生的原因，同时，又能为下一步行动提供帮助。

然而，研究发现，大数据也可能正在引导内容生产走向另一个极端，即内容品质的低下。有业内研究者理性地指出，"操盘者顺应年轻受众的喜好，利用其粉丝心态，在资本和互联网助推之下，砸重金，隆重包装、炒作，硬是把

① 胡正荣.智能化:未来媒体的发展方向[J].现代传播,2017(6).

它炒成一个大热门，加上小鲜肉，播完就完"①，而不是"留下一个时代的历史、记忆、世态民情以及艺术创作惊人的开拓性和想象力，让我们大饱眼福、震撼，并为之感动……的良心之作、大师之作"②。大数据不是万能的，也不是收视的唯一保障，也有业内人士指出，"纯粹的数据有参考性，但没有决定性，文化行业很多是靠灵感和人本身来决定的"③。这样的结论提醒人们，创意——只有人本身才是主导性的，数据永远是辅助性的。

毋庸讳言，几乎所有节目研发者都会面临一个问题，即在分析和确立观众欲求过程中，不可避免地会在"迎合"与"引领"中摇摆，甚至难以取舍，因为这两种逻辑代表着媒体不同的价值观甚至立场。于是，他们"臆测观众普遍道德文化素养偏低，刻意迎合，导致了低俗问题；臆测观众的审美定势，导致了跟风问题；臆测大众的心理倾向，导致了导向偏差问题……"④ 事实上，电视媒体的"三俗"现象便是迎合的产物之一，是电视媒体过度商业化的表现。

电视媒体作为党和政府的喉舌以及广大人民利益的代言人，一味满足于观众感官的享乐，显然与媒体的本质属性相去甚远。做"引领"性媒体是必然的选择，媒体人要站在比观众更高的境界，既洞察观众的所思所想，更应看到世界、国家和人生大格局的深远未来。做引领者并不是空唱高调、高谈阔论，而是文化自信、文明自信和制度自信的自然流露与艺术表达。电视媒体创意者必须身体力行，研修中华优秀传统文化精髓、中国革命文化内涵和社会主义先进文化的灵魂，把这些精神营养自觉地渗透于身，坚信不疑，而不是将信将疑。只有这样，创意的内容才有"骨架"，价值才立得住，导向和引领的作用才能发挥出来，做有思想的媒体才不是一句空话。

---

① 徐华.当我们谈论电视剧时,我们在谈论什么[J].综艺报,2016(14).
② 徐华.当我们谈论电视剧时,我们在谈论什么[J].综艺报,2016(14).
③ 徐帆.什么是真正意义上的内容开发[J].中国广播影视,2016(12下).
④ 中国电视艺委会.浅论"迎合"与"引领"[J].中国电视,2016(12).

第四节　市场营销的诉求

自从电视媒体能够产生商业利益，具有了经济属性之后，媒体自身出于竞争的需要，便有了市场营销活动，跟媒体合作的企业也借助媒体进行相关的市场营销活动。电视媒体不但把注意力售卖给广告主等企业，而且还为企业其他方面的诉求提供帮助。媒体为企业提供的服务主要包括公众形象传播、产品和服务促销以及活动引流入口。在创意阶段，媒体人需通过沟通，充分了解企业的需求，以便选择最适当的方式融进内容、渠道与活动当中。

一、提升公众形象传播

借助电视媒体进行形象传播的企业也被称为"品牌类客户"。此类企业往往规模比较大，在其本行业中占有较大的市场份额，其产品和服务比较规范和稳定。"品牌类客户"进行形象传播的主要目标是提升用户对品牌内涵的认知度和企业良好的社会感知形象，增强其用户的黏性和归属感。近年来，品牌类客户也在更多地注重考量市场营销的效果[①]，尤其是在后来竞争者不断进入市场的情况下，多年来少有变化的形象传播对营销的效果已不明显。为此，无论是媒体还是企业都在寻求形象传播的新方式和新境界。譬如，中央电视台自身品牌的定位语就在发生着不断地变化，从"心有多大舞台就有多大""见证品牌的力量"再到"国家品牌计划"，这些品牌定位语都试图给"品牌类客户"提供媒体平台的"含金量"。为此，媒体机构（包括4A广告公司）在进行品牌形象传播创意过程中以及在与企业客户的沟通过程中，必须充分考虑企业的真正需求，结合公众的欲求变化，找到媒体调性与企业形象的最佳结合点。

---

① 引自：上海剧星传播董事长兼总裁查道存先生在2017年6月美兰德视频生态数据创新峰会的发言。

二、产品和服务的促销

借助电视媒体平台，促进企业产品的市场销售量和服务延伸空间，具有此类需求的企业也被称为"效果类客户"。此类企业的诉求比"品牌类客户"更为直接，看重的往往是在全国或者某一区域市场的产品销售量或服务占有率。由于全国市场消费者的差异性，此类客户往往选择非全国性电视媒体来投放广告，以使诉求点具有更强的市场细分针对性和可控性。譬如，企业主可能选择省级有线频道或者城市频道；有时候，较大的企业主也可能采取"形象传播"与"产品和服务促销"双管齐下的策略，即依托全国性强势媒体主打形象，借助地方媒体促进销售。

市场观察也发现，注重"品效合一"的企业主多起来了①，传统的"形象"与"效果"两分法正在融合，这对媒体进行融合创意提出了新挑战，当然也是新机遇。如何让传播方案实现"品效合一"？面对融合传播新格局，统合营销与两面兼顾也许是不二的选择。

三、线上线下互为引流

近年来，伴随着互联网营销模式的迭代发展，无论是媒体自身还是企业主，都在探索线上与线下结合（O2O，Online to Offline）的运营新模式。无论是在线上还是线下，互动成为必不可少的环节，包括与观众互动，与消费者互动，彼此进行情感沟通，进而达成情感营销。提升体验感和亲和力正是媒体和企业共同的愿望。通过举办各种线上和线下的活动，观众能够被引流到节目中，导流到电视屏幕前；联合企业举办活动，带给消费者的现场体验又可以通过口碑和自媒体渠道建立新的传播节点；而观众和消费者的真实评价更能引发公众或其他消费者的同感和共鸣，形成两级传播和多级传播。

尽管在市场利益方面，媒体与企业主的诉求是一致的，但是，毕竟媒体不

---

① 引自：上海剧星传播董事长兼总裁查道存先生在 2017 年 6 月美兰德视频生态数据创新峰会的发言。

是一般的企业，而是带有政治属性的事业机构，做好党和政府的喉舌，维护公共利益才是其生存的根本逻辑。为此，与企业主的合作应当是有原则和底线的。有业内人士把以市场为导向的节目生产程序总结为：商业模式——经营方式——生产组织——节目定制四个环节①。不难看出，若电视媒体沿此路径走下去，一是公共服务的社会功能必然被弱化，二是节目甚至平台可能沦为商品和服务销售的载体，实为一条充满危险的路径。这绝不是危言耸听，值得媒体机构决策层给予足够的警觉和重视。

第五节　社会变迁促发新需要

科学技术进步对经济社会的影响越来越突出，在社会变迁中的作用也越来越大。中国经济社会发展日新月异，信息与传播技术的快速进步与迭代，引发了一轮又一轮的媒体变革。平面媒体、电子媒体、互联网媒体的分水岭早已被技术进步模糊了边界，而彼此融合在一起，形成了"你中有我，我中有你，你就是我，我就是你"的传播新格局。这不但改变了媒体本身，而且改变了公众与媒体的关系，更促使媒体探究影响社会变迁的深层次原因，不断发现、适应和引导公众新需要。

一、科学技术哲学的思考

人类对自然世界的探索过程就是一部科技进步发展史，起先认为世界是由物质构成的，而后增加了能量，再后来又增加了信息；信息本身是对物质和能量的表征；三者既有客观的自然存在，也有人造的社会存在。在哲学层面上，当下的人类依然把物质、能量和信息作为构成世界的三要素。可以预见的是，伴随着人类对信息的处理和应用，信息的高级发展阶段必然走向智能。为此，智能有望成为构成世界的第四要素。

---

① 杨静.地方电视媒体融合发展之路[J].中国广播影视,2016(12下).

表 1-6　　　　　　　　　世界构成元素与人类应用方式变迁

	物质		能量		信息	
生产	个性的	手工制作	自然的	人力/水力	个体化	结绳记事
	标准的	工业生产	工业的	热电	工业化	印刷产业
	特制的	3D 打印	工业的	核电（太阳能）	电子化	电子出版
存储	家庭的	粮仓	电化学	电池	物理化	甲骨文
	集体的	仓库	势能	水库	模拟化	印刷术
	个体的	超市	电磁	电容器	数字化	数字存储
移动	个体的	脚力	自然的	水/煤	专门化	邮政
	集体的	畜力	人工的	机械运输	网络化	快递
	个性的	物流	管路的	电网	集成化	互联网

　　人类开发和利用物质、能量和信息的大致路径是："个体"→"集体"→再回到"个体"。表 1-6 列举了此类规律性，即物质、能量和信息在生产、存储和移动三种应用过程中，从个体到集体再到个体的变迁特征。具体到传播发展史，我们也可以发现，用以记录信息的媒介，也遵循这个路径。传统媒体先是从"个体"使用的媒介演进而来的，然后变成了集体利用方式，即专门的媒体组织。此时，集体利用方式强调媒介使用者的共性利益，注重对多数人的传播，忽视了个性需求。信息时代和即将到来的智能时代，尤其是网络虚拟空间的扩张，已呈现社会重新部落化和个性需求凸显的传播新格局。

　　传统媒体若不能顺应这一趋势，被公众忽视和被新信息产业淘汰将是必然的结局。譬如，在信息传播方面，技术进步正让过程变为"零时差"。电视媒体的新闻制播若依然故我地存在内部运行"时差"，将可能失去传播价值；传播空间若固守既定的行政区域，也将可能失去成长土壤。实践再一次证明了马克思所言科技进步"用时间消灭空间"之论断的前瞻性。科技进步重新定义了"大众传播"，也为媒体机构的发展引领了方向。

二、社会发展呈现新需要

　　人民日益增长的美好生活需要和不平衡不充分的发展之间的矛盾已成为

中国社会主要矛盾。美好生活需要是多元的，既有物质层面的，更有精神层面的，既表现为社会组织的，也表现为社会个体的。各方需要已成为电视媒体节目创新和服务创新的推动力。媒体创新过程中，"政府的意识形态因素""电视机构的广告利益需求""电视受众的收视偏好"以及"社会环境的阶段特征与时代风尚等"① 这些主要因素形成的合力，将构成创新的主旋律和创新基调。

对于电视媒体传播而言，社会需要主要是指观众的集体意识和群体心理，也指公众关心的生活状况或突出的某一社会现象。在当下中国经济正处于由高速增长向中高速发展的社会转型期，人们的工作压力普遍增大，心理落差也变大，大家需要以某种方式加以疏解。譬如，浙江卫视的《奔跑吧兄弟》，正是与"人们渴求健康、快乐生活的需求相契合。在观看节目的过程中，观众不仅在欢乐中释放压力、摆脱烦恼，同时也被唤醒运动健身的热情，在全社会营造了一种轻松欢乐的心理氛围，有效引导了阳光向上、健康生活的社会心态和价值理念的形成"②。当代的电视剧创作更是如此。董颖在分析电视剧创新时总结认为，"从20世纪90年代的下岗工人开始，农民工、留守儿童、蚁族、蜗居、剩女、独生子女等话题开始受到社会的广泛关注，电视剧工作者也紧跟步伐，对社会热点话题进行创造性再现"③。为此，各类电视节目开始对社会某种需要进行正面或侧面的反映或呼应。

刘绩宏等人总结认为，每一个成功的真人秀节目都对应着一个当下社会的典型现实和突出问题。在电视媒体的关照、呈现，甚至是强化之下，人们对社会现实的理解、洞察和思考加深了。表1-7列举了真人秀节目对应关照的社会现实问题。事实上，电视节目只有根植于社会的土壤中，才能引发受众的关注、参与，才可能获得更长远的生命力。

---

① 杨乘虎.中国电视节目创新研究[M].北京:中国传媒大学出版社,2014:144.
② 参见:许继锋.《奔跑吧兄弟》:超越电视文本的现象价值[J].中国广播电视学刊,2015(8).
③ 董颖.从《孩子回国了》看"话题先行"电视剧的创新[J].当代电视,2016(6).

表 1-7　　　　　　　　　　　电视节目内容与社会现实对应表①

节目名称	相应的社会现实和问题
新闻联播	变化的国内社会和国际社会环境
南京零距离	社会民生
非诚勿扰	谈婚论嫁
传奇故事	情感流露与沟通
变形记	城乡教育资源与教育条件的差距
中国好歌曲	歌曲创新力的下降，创作型音乐人的匮乏
中国汉字听写大会	电子打字时代，汉字书写习惯的衰落
急诊室的故事	医患关系紧张，百姓对健康的担忧和关注
爸爸去哪儿	隔代亲情的疏离
星光大道	个体向上流动
出彩中国人	个体才艺展示

　　社会需求是复杂多元的，个体对节目需求更不是单一的，当然也不会像马斯洛需求阶梯中描述的那样层次分明地存在。人们对欣赏和参与节目的体验是复合性的。在严肃节目减少、娱乐节目剧增的当下，如何做到"寓教于乐"的确考验着媒体人的创意能力。有研究者明确提出，"应给予受众更加复合化的观感体验。分解目标受众的需求层次和效果目标，不只是单纯地追求一'乐'"②。媒体如果只追求娱乐，只会推动其自身的内涵越来越浅层化、表面化，而成为"无知"的媒体，甚至在"愚乐"大众中，迷失自我，失去媒体洞察社会、关照民生、推动进步的社会责任。刘绩宏认为，在娱乐的形式下，"具化这'乐'背后根植的复杂需求和多元的路径，并由此协调效果取向，能够增加有益知识的获得、问题的解决、正向价值观的强化等更加多元积极的体验和收获，以及调动更丰富的心理，引导更高层次的精神参与，追求更深层次的获益性，从而融合出复杂的娱乐效果"③。为此，可以说，电视节目融合创意

---

① 刘绩宏等.差异竞争与融合全新[J].中国广播电视学刊,2016(1).
② 刘绩宏等.差异竞争与融合全新[J].中国广播电视学刊,2016(1).
③ 刘绩宏等.差异竞争与融合创新[J].中国广播电视学刊,2016(1).

既是遵从由浅入深满足新需要的推进过程，也是由表及里渗透媒体追求的引导过程。媒体与受众双向的矛盾互动，推动媒体不断向前发展。

三、媒体融合满足新需要

从电视媒体生态角度来看，电视媒体人也许想不到小小的智能手机会成为自身最有力的竞争者。技术的推动首先表现为终端的变迁，其次表现为渠道的分化，最后影响到内容的创意和生产，即终端影响渠道，渠道影响内容，内容构建生态。

作为主流媒体的电视媒体，进入融媒体时代后，正在进行着如火如荼的变革，媒体融合也出现了各种模式、业态，呈现出各异的特征。有研究者将媒体融合归纳为五种形式：（1）媒体科技融合；（2）媒体所有权合并；（3）媒体战术性联合；（4）媒体组织机构融合；（5）信息采集融合。① 当然，这种划分仅仅是为了研究的方便而已，在实践中，往往是多种融合相互关联在一起的，无论何种融合方式，内容的创意与融合传播依然是其中最为重要的环节。

媒体融合已成为电视媒体无可置疑的归宿。复合性的传播平台对内容创意提出了新的要求，传播方案也不能只针对电视频道而设计了。媒体"融合"的目标是什么？显然，电视媒体与互联网等融合的目标是为了自身更好地发展。那么，"发展"意味着什么呢？有研究者提出了如下考量角度②：

第一，社会公信力的提升。渠道是用来追逐使用群体的，针对不同渠道的使用者，媒体需要不断地向社会提供正能量、维护社会的普遍价值、锻造自身的品牌和品格，进而维护和提升媒体的社会公信力。

第二，传播影响力的扩大。这可使媒体拥有更庞大的潜在基础受众群，在内容上更能吸引潜在人群的注意力。显然，渠道的多元化，导致传播的时空呈现离散化、碎片化特征，媒体融合在追逐更大的"群体"需要的同时，也能满足更多"个体"的需要。

---

① 参见：王朋进. 电视业媒介融合的再思考——理念、实践与未来[J]. 中国电视,2016(7).
② 参见：王朋进. 电视业媒介融合的再思考——理念、实践与未来[J]. 中国电视,2016(7).

第三，赢利能力的提高。针对性更强的内容创意以及个性化的线下服务，可以更加契合媒体用户和合作客户的需要，推进注意力更加有效地转化为经济效益，优化和提升扩大再生产的条件。

笔者通过观察还发现，电视媒体的融合发展在满足新需要的同时，伴随着产业化、规模化和资本化的进程，其创意和生产过程以市场需求为重心的逻辑越来越被强化。然而，中国的媒体毕竟不是完全意义上的商业企业，其政治属性决定了社会效益永远是第一位的，经济效益必须服从社会效益，这是不容挑战的底线。为此，媒体创意的根本驱动力绝不是对经济效益指标的竞逐，而应当是对社会效益总量的贡献。

第二章　创意资源的整合

在媒体融合背景下，电视媒体遇到了前所未有的生存与发展挑战，从媒介生态学的角度来分析，这是由于本生态位上的资源出现了匮乏。一般地，资源出现匮乏有两种情况：一是资源本身过度消耗，难以再生；二是资源被其他媒介占用而减少。电视媒体所面临的主要为后一种情况，即原有的注意力资源被网络等其他渠道严重分流。为此，包括电视媒体在内的传统媒体都在互联网化，各媒体在原有的生态位上向其他生态位或空白生态位拓展空间，以获取更多的资源。电视媒体获取资源的能力包括：技术水平、艺术水准和营销能力三大核心，这也是每家媒体机构的整体实力所在。如何打破自身的局限性来提升实力？北京卫视是这样做的："第一，突破电视语汇界限，让主流价值引领时代潮流；第二，突破品牌思维界限，让常态栏目呈现新常态；第三，突破综艺理念界限，让精英综艺服务大众文化。"① 如何实现这些突破？创意资源的整合是关键。为了研究的方便，笔者把相关资源简单分为六大类：人才资源、内容资源、渠道资源、市场资源、技术资源、政府资源。这六大类资源并没有先后顺序，而且，不同的媒体组织对资源的开发利用重点也有所差异。

第一节　创意能动性的激发

电视节目的创意与生产均需在一定的内外部资源基础上才能进行，不切实

---

① 崔忠芳.广播电视节目自主创新方向：小成本、大情怀、正能量[J].中国广播影视,2016(10 下).

际的节目创意或设计只能是空中楼阁。实践表明，在进行需求的调研与分析过程中，资源的分析与整合就已经开始，甚至是伴随着的。东方卫视中心总监李勇曾说过，一个节目、一个项目的成功，"其实是赢在系统，而不是靠一时的灵光乍现。我们电视制作行业很容易相信灵光乍现，不相信程序化、工业化"①。这是导致许多项目失败的重要原因之一。他还指出，"综艺节目本身是感性的艺术创作，但是电视工业在操作过程中必须按照一定的方法论和价值观来系统化推进，而不是简单说实施一个有趣的理念"②。一家媒体机构假若不能获取和优化组合各种资源，构建起自身的产业生态，产生现象级节目几乎是不可想象的，更遑论可持续性的发展。陈勤也认为，外部环境对创意实施有影响，并提出"尽可能地利用环境中的有利条件，并加以影响，使其朝有利于自己的方向发展"③。从系统论角度来看，电视媒体是社会中的子系统，必须与社会各方面形成物质、信息交换，才能保持系统的活力，其中，媒体创意人居于交换的支配地位。

一、创意人的创新主体作用

毫无疑问，就创意本身而言，人是最为重要的元素。人不但是创意过程的主体，还是其他创意资源开发利用的主体。电视媒体行业本质上竞争的是创意，核心是优秀创意人才的争夺。石长顺等人认为："一个优秀的电视策划人需要智慧的综合头脑，既要熟悉社会需求，发掘下一个创新点、引爆点，又要熟悉电视业务，整合创作团队，引领制播方向，还要有经济头脑、艺术头脑、人文情怀等。"④ 事实上，纵观近年来的媒体实践，一线卫视莫不是坚持了以创意人才为核心、以专业人才为中坚、以市场营销人才为先锋，从而不断地推出创新性节目产品，保持了电视品质持续增长的。⑤ 那么，媒体人为什么要不断

---

① 本刊记者.对话李勇:电视媒体需要一次"核聚变"[J].综艺报,2016(21).
② 本刊记者.对话李勇:电视媒体需要一次"核聚变"[J].综艺报,2016(21).
③ 陈勤.媒体创意与策划(第2版)[M].北京:中国传媒大学出版社,2012:15.
④ 石长顺等.品质化生产与竞争:电视媒体的"新常态"[J].视听界,2015(3).
⑤ 石长顺等.品质化生产与竞争:电视媒体的"新常态"[J].视听界,2015(3).

创新？创意的动机又来自哪里？创意型人才需有怎样的能力？

2013年，德国发布的实施工业4.0战略建议报告，揭开了全球产业升级的序幕。这场产业升级的本质具有三个重要特征：一是制造业的数字化和智能化；二是大规模个性化、定制化需求将推动生产模式由生产驱动转向消费驱动；三是劳动力需求结构的深刻变革，从事生产的低端劳动力大幅减少，创新型、复合型和技能型高端人才需求的快速增长①。针对产业升级，我国也制订了"中国制造2025"行动纲领，并以"创新驱动、质量为先、绿色发展、结构优化、人才为本"作为基本方针。具体到作为文化事业和产业组成部分的广电行业、互联网媒体所引发的媒介融合，以及大数据和云计算技术的应用，催生了数据新闻、机器新闻等新产品和新形态，这对内容创意人才、资源整合人才的渴求与争夺更加激烈。

广电媒体作为新闻传播机构，是由多工种配合才能完成产品生产与传播的跨文化组合体。然而，广电媒体内容的产出与物质产品生产又有着本质的不同。为了降低成本，获取最大利益，物质产品的生产必然要走向集约化和规模化；然而，广电媒体的产品——节目，却必须要具有独特性，而不能是集约化和流水线式的生产。为此，"创意"在节目生产环节中至关重要。新栏目、新节目的构思与创意都是智力的结晶和广电人才本身文化水平、价值水准的集中体现，也可以说是他们在不断地跨越与攀登一个又一个创造的高峰，是自我进行的一次次的挑战。这是广电人的职业追求与目标，在这种追求中，个人精神和职业素养也在不断得到升华。

显然，创意型人才是人力资源中能力和素质较高的智慧密集型劳动者，创新和创意能力是创意型人才的核心能力。研究者向勇分析认为，创意能力可细分为如下几方面：一是发现创意的眼光和不断创意的能力，二是审美辨别力和创意价值鉴别力，三是冒险创新精神和创意控制力，四是文化政策运用力和文化资源人脉力。② 创意能力既可以培养成习惯，也可以在良好的创意工作氛围中被激发。

① 陈潭，刘成.迈向工业4.0时代的教育变革[J].南京社会科学,2016(9).
② 转引自：童清艳.媒体创意经济[M].上海：复旦大学出版社,2015：165.

创意在节目方案和传播方案确定之前均可以天马行空，进行无数次修正、推翻等。但是，再完美的创意方案，再细密的商业计划，再周到的流程方案，都必须100%执行才能落到实处，执行环节之间的折扣形成的结果是相"×"而不是相"+"，导致创意项目失败的案例亦不鲜见。为此，配套的细密执行方案不可或缺，国外节目模式的节目宝典就属此类。创意之初的所谓"点子"往往来自个体的超常思维，而完美的创意方案基本上是集体智慧的结晶。媒体创意人才必须具备团队协作的意识和能力，任何完整的节目都需要不同角色的密切而默契的分工合作才能完成，孤军奋战的独立创作时代早已结束。

二、创意人的系统性思维

知名媒介生态研究者邵培仁早就指出："媒介产品的生产与制造是建立在策划与创意基础上的，没有策划与创意的生产与制造大多是拍脑袋生产出来的东西，发现不了媒介市场需求和空余生态位，极易造成媒介资源的浪费和市场机会的丧失。"[①] 这说明，创意和创意人才是整合资源的关键所在，那些"只见树木，不见森林"的创意，"只顾埋头制作，不管如何传播""只顾盲目营销，不问内容对位"等的做法都是有局限的思维，也注定难以成功。

创意资源整合过程是一项包括资源需求分析、评估、获取、时空组合等环节的系统性对接过程，需要高超的创新思维人才和科学有序的操作流程。学者童清艳发现，"这个世界从来不缺少资源，缺少的是对资源优化调度配置、整合的能力"[②]。为此，在媒体内部，逐渐抛弃让项目团队无所不包的分工方式，采取规模化、专业化运营，取长补短，让劣势转化为优势，让优势发挥到极致，人尽其才，物尽其用，以系统性思维统合资源，以系统性操作配置资源，方能达到整合所带来的创新与高效。

媒体机构的管理者应当营造让每个人能够实现事业追求和职业出彩的环境，从而给人以奋斗的目标和动力。事实上，现有广电媒体管理体制下和运营

① 邵培仁.媒介管理学[M].北京:高等教育出版社,2002:39-40.
② 童清艳.媒体创意经济[M].上海:复旦大学出版社,2015:167.

机制中，许多行政职务设置的内涵与媒体职业的追求常常是相悖的。名记者、名主持、名摄像、名编辑、名策划、名导演、名制片人、名总监、名台长等都是职业的目标，是高端人才的标志，这些不是通过职务提升就能达到的，职务提升代替不了其职业的追求和成就感。如同大学的"校长"不仅代表一种职务，为校长者，首先应是某学科领域的专家，而且应是一所学校学术精神和团队精神的代表人物。在媒体中，名总监和名台长相比其他职位更加重要，他们应通晓艺术创作规律，明晰技术应用流程，掌握管理科学原理。作为高素质的职业经理人，应当是复合型高端人才。"强将手下无弱兵"，在他们的带领和培育下，更多的名记者、名编导等高端人才才能不断成长起来。

资深媒体人白岩松在其《白说》一书中总结道："传媒原本应该具有五种功能：解闷、解惑、解气、解密、解决。解闷需要娱乐，解惑需要知识，解气需要分寸，解密需要勤奋和时代进步，解决需要影响力和耐心。如果传媒只剩下解闷，时间长了，观众就该去解手了。"相对应地，媒体想要完成上述功能，必须具备相应的资源——要给观众解闷，综艺娱乐节目必须好看，这就需要综艺创意和制作人才；要给观众解惑，包括国家政策方针、地方民生服务等，新闻服务类节目就要有政策解读能力、相关权威资源以及各行业联动能力；要让百姓解气，故事或评论型节目观点要到位，评论员就要能说、会说、说到点上；要给观众解密，媒体人就更加需要专业知识和解读、分析专业知识的能力；要帮助观众解决实际问题，媒体就需要有服务意识和到位的服务措施。为此，作为综合服务型平台，媒体必须具备各种社会资源整合能力。

三、营造人才辈出的环境

近几年来，研发环节越来越得到广电媒体的重视，直接的标志是各家纷纷成立"研究发展部""研究发展中心"等研究、评估新节目的机构，内部操作由模式引进向自主研发快速推进。其主要标志包括三个方面：其一，政府部门的直接推动。2014年初，国家新闻出版广电总局下发《关于积极开办原创文化节目 弘扬和传承优秀传统文化的通知》之后，以中央电视台为龙头，相关新节目播发呈现出勃勃生机，如《中国汉字听写大会》《中国成语大会》《中国

谜语大会》《中国诗词大会》《成语英雄》《汉字英雄》等节目相继出现。这些
节目无不是从五千年的中华优秀文化宝库中提炼、抽取出具有核心价值的元
素，通过科学分析确定目标观众喜好，并经过艺术性的结构环节设计等主要程
序后形成节目框架和流程，从而为中国特色人文类电视节目奠定基本研发方向
和衍化基础。其二，制播分离的再度激发。在中国，电视播出机构与社会制作
公司的分分合合已经有很长时间了。从《中国达人秀》的火爆开场开始，国外
模式节目便在中国大行其道，也让一批新型节目制作公司声名鹊起，如上海灿
星文化传播有限公司（简称：灿星制作）；北京世熙传媒文化有限公司（简称：
世熙传媒）；上海千足文化传播有限公司（简称：千足传媒）；北京能量影视传
播股份有限公司（简称：能量传播）；上海唯众传媒股份有限公司（简称：唯
众传媒）；广东蓝色火焰文化传媒有限公司（简称：蓝色火焰）；中传视界
（杭州）文化传媒有限公司（简称：中传视界）等。社会制作公司以其资本的
灵活投入、资源的充分利用、高效的团队运作为电视创意人提供了良好的成长
环境，一批原创节目由此诞生。其三，商业化元素的深度介入。2014年8月，
上海东方卫视联合蓝色火焰研发出《女神的新衣》明星跨界时尚真人秀节目，
开启了商业元素从隐性潜入（赞助、冠名、置入、贴片等）到显性介入的新纪
元，直至2015年，湖南卫视与天猫合作推出的"双十一"晚会创造出销售额
神话。显然，"双十一"已成为中国电子商务行业的年度盛事，并且逐渐影响
到国际电子商务行业。国外商家和消费者也跟着中国的电子商务逐渐加入"双
十一"购物节中来。由此发端，中国人创造的"双十一"，越来越呈现出更广
泛的品牌价值、贸易价值和文化影响力。

通过分析上述媒体创新发展的推动力，我们发现，它们莫不源自人才的力
量和作用。创意的核心要素是人，是知识型员工（knowledge worker）。知识型
员工是指那些掌握和运用知识或信息、具有创新思维和能力的人，其基本特点
是"创新能力强、自主性强、优越感强、成就性强、复杂性高、流动性大"[1]。
美国著名管理大师彼得·德鲁克（Peter F. Drucker）认为："知识型员工不能被

---

① 王哲平.电视为何爆发离职潮？电视人跳槽现象分析.微信公众号：视听界,2015-04-21.

有效管理，除非他们比组织内的任何其他人更知道他们的特殊性，否则他们根本没用。"为此，这类人具有明显的需要被激励的四项特征，即注重个人发展（personal growth），看重工作的自主性（operational autonomy），在意明显的工作成绩（task achievement），需有匹配的薪资报酬（money）和相应的研发资金支持，否则，真正有能力的创意人才就会被埋没，甚至积极性会受到挫伤。

多年以来，主观与客观方面的多种原因，造成广电行业人才相对封闭的局面。低端人才的流动性还稍微大一些，中、高端人才流动性就小多了，不但与其他横向系统的人才流动较少，本行业纵向的人才流动也比较少。如果把培养广电人才的院校算在内，则更加形成一种封闭的人才"微循环"。在这样的"一潭死水"中，低端人才一旦进入中端人才行列之后，难以向上"攀升"，要么渐渐沦为"庸才"，要么流失，导致高端人才产生的"土壤稀薄"，高端人才出现机会大大减少。由于创新的机制难以在此系统中建立，广电产品与传播的低水平重复在所难免。这种低端人才趋于饱和、中端人才相对紧张、高端人才凤毛麟角的局面，很大程度上影响甚至阻碍了行业的整体创新。

为此，要造就适应广电媒体大发展要求的高端人才，尤其是管理经营方面的领军帅才，必须突破广电行业圈子的禁锢。正如童清艳对百度掌门人李彦宏的描述："在他的身上，中国传统文化美德犹存，稳健谦和的性格、儒贾侠商的继承与发扬、负责知足的态度，引领着他一步步走向成功。一个理工背景出身，对中国传统文化有着广博兴趣，稳健、务实、腼腆的创业者，在所谓'无商不奸'的今天，仍坚持着信义与利益并存、取财与分享同在的为商风格。"①为造就这样的将帅之才，可从如下四个方面选才和育才②：

第一，跨学科的知识结构。创意型人才须有跨学科的知识结构背景，具有持续创意能力的人才往往并不是某一领域的技能型人才、操作型人才，而是兼通文理、横跨传统与现代、东西方文化融汇的通才。

第二，跨行业的职业背景。在我国，广播、电视、报纸、杂志、音像、网络

---

① 童清艳.媒体创意经济[M].上海：复旦大学出版社，2015：178.
② 参见：白传之.透视广电高端管理人才荒[J].中国广播影视，2005(3上).

等分属于不同的行业系统。然而,"条条"式的划分,导致传媒产业产品和传播链条人为的被割裂,这也是传媒产业向做强做大迈进的障碍之一,但是,这种格局终将被打破。高端人才培养应当未雨绸缪,应多多提供跨行业、跨领域的锻炼机会,从而让他们具备多媒体产品生产、传播、营销和管理能力。

第三,跨文化的思维模式。全球经济一体化,传播也将进一步成为全球传播。"全球化思维,本土化操作"不再是一句口号。任何传媒的产品从创意开始就要考虑跨文化传播与营销的问题,即便不是对外传播与销售的产品,也要给予充分重视。这是因为,国际间的交流早已突破了国界,国际的竞争也已在国内展开,跨文化思维将成为一种常态,也许"只有世界的,才是民族的"。这句话的意思是,本土传媒产品如果不进入国际传播主流系统,将可能被"边缘化",失去话语权,民族的传媒文化资源将可能成为别人的产品。

第四,跨人际的沟通技巧。真正的传媒集团经营必然是跨行业、多媒体的,这是一个开放的系统,而不是一个封闭的系统。传媒高端人才必须具备与各行业人员沟通的能力,直至国际沟通能力,因为,分工协作与团队精神是现代化大生产系统重要的要求之一。没有良好的人际沟通,媒体人难以进行跨界的协作。

第二节 内容资源的转化

内容资源既是一种客观显在,又是一种待发现的潜在;既存在于媒体机构与外部机构达成的各种合作中,也存在于媒体人与社会各界的交往沟通过程中。尤其是节目的制片、导演等关键角色,其内容资源的占有量和协调动员能力十分重要。崔保国等人把内容资源分为具体的八类,包括科学文学、音乐美术、戏剧表演、动漫游戏、新闻报道、影像设计、影视综艺和体育教育[①]。归纳上述各类,我们可以把内容资源大体分为两部分进行判断,一类是有社会传

---

① 崔保国,何丹嵋.世界传播体系重构下的中国传媒发展战略机遇[J].传媒,2017(12).

播价值的内容，另一类是具有潜在吸引力的内容。这些资源有没有传播价值，能不能成为内容资源，就在于创意人的发现和转化能力。

一、有社会传播价值的内容

从内容生产角度分析，电视媒体作为文化的传播者，本土文化是节目创意的基础性资源。中华民族有五千年的文明史，文化资源浩如烟海，取之不尽，用之不竭。学者杨乘虎认为："文化资源由两方面内容构成：一是具象化的各种传统文化形态和文化产品，二是非具象的精神层面的传统文化心理和审美定式。"[①] 综观近年来若干亮相荧屏的知名人文类节目，都是来自对传统文化的深入理解和分析，如《中国汉字听写大会》《中国成语大会》《汉字英雄》等。周欣欣认为，这些节目"获得成功的根本在于从传统文化中提炼和寻找出真正具有核心价值的元素，并通过价值凝练形成新的潮流，进而为人文类电视节目的本土原创树立根基"[②]。当然，如果仅仅如同学术界那样，把传统文化通过现代的解读、阐释，攫取其中的章节、经典加以传播，这不是高明的创意，更不是电视传播的专长和优势。

那么，如何利用传统文化资源？有研究者指出："对于这些宝贵的文化素材，敏锐的电视媒体人要对内容和形式进行'精雕细琢'的大胆创新，使传统文化在新形式、新包装下与观众形成互动，激发观众内心深处的文化认同感。"[③] 为什么传统文化要素能够引发认同，唤起情感？这是因为，"传统文化由一定时间和地域内的文明传播和演化而来，最终凝聚成具有本民族特色和风貌的文化，维系着一个民族的生存和发展，是一种精神产物"[④]。在此意义上，文化是此民族区别于他民族的标志，更是文化立国、价值传播的内在要义。譬如，2016 年 2 月，中央电视台播出了《中国诗词大会》，节目结构的设计独具匠心，其"以一敌百"和"击败体"的内循环赛制，强化了节目的戏剧性、

---

① 杨乘虎.中国电视节目创新研究[M].北京:中国传媒大学出版社,2014:180.
② 周欣欣.创造"中国模式"——模式节目在中国的发展变迁路径[J].收视中国,2016(10).
③ 周欣欣.创造"中国模式"——模式节目在中国的发展变迁路径[J].收视中国,2016(10).
④ 吴然,廖祥忠.从《琅琊榜》谈中国影视剧的美学构建[J].中国电视,2016(7).

期待感和悬念感，提升节目对观众的吸引力自不待言。为此，在节目创意过程中，既要考虑对传统文化熟悉的贴近感、熟悉感和亲切感，以期观众产生认同感，又要考虑新奇性、奇观性、稀缺性，以期观众产生新鲜感，从而让观众保持持续性的兴趣。

有些时候，对资源的占有往往成为节目创意的源头之一。中央电视台知名制片人于蕾认为："真正好的创意都是从生活中提炼出来的，必须要利用某种潜在的社会资源，在全世界范围内都如此。"① 她还举例说，《国家宝藏》节目的创意便是由博物馆资源带来的启发，"每周去博物馆是西方家庭文化生活的一部分。当全世界的孩子都在博物馆长大，我们孩子在做什么？中国有4500多家博物馆，我们完全有能力用一种最具趣味性的综艺形态，让人们看到中国人生活的精致和中华文化的精彩，以及中华文化是以一种怎样叹为观止的形态在我们两千年来的生活中代代相传的"②。《国家宝藏》在中央电视台的播出，显然做到了当初的设计。观众爱看，还能建立和找回民族自信，体现了社会价值，把有意思和有意义有机地融合为一体。

中华优秀传统文化与民族文化，既是创作的资源，同时也是联结观众内心世界的纽带，是引发情感共鸣的基础。正如电视剧《琅琊榜》的导演孔笙所坦言的那样，此剧"更多传递的是中国优秀传统文化的骨肉亲情、兄弟之情、赤胆忠心、匡扶正义、诚信友善等"③。这些深厚的传统文化积淀已成为中国人的文化基因和行为习惯，不仅通过家庭传承、教育传递，而且通过媒体传播。这是由于，"传统是能够给予我们'根本方向感'的东西，汉字、成语、诗词、古典戏曲等是中国传统文化的载体或表现形式，自古以来就在传播推广中建构着中国人的身份认同和文化认同"④。在世界上，一个失去文化的民族是没有存在价值的，更是没有生存空间的。

针对社会传播价值，有研究者得出结论："优秀的传统文化、民族文化是

---

① 杨哲,于蕾.我们一直是自己的粉丝[J].中国广播影视,2016(8上).
② 杨哲,于蕾.我们一直是自己的粉丝[J].中国广播影视,2016(8上).
③ 吴然,廖祥忠.从《琅琊榜》谈中国影视剧的美学构建[J].中国电视,2016(7).
④ 张爱凤.2013—2014国内原创电视文化节目建构的多元认同[J].现代传播,2014(8).

电视节目创作的重要资源，利用其来丰富电视娱乐节目的思想文化内涵和社会意义，是电视节目原创的重要发展路径。"① 优秀传统文化的传承一直是我国广电媒体的重要责任，面对新的传播渠道、新的接受环境和心理，传统文化的现代化表达成为社会科学工作者研究的课题，当然也是广电媒体创新的主题。媒体创意人把处于生活或工作体验过程中的，甚至是日用而不知的资源赋予生动、有趣和形象的电视形态加以呈现，赋予创意的魅力和价值加以传播，这是令人兴奋甚至着迷的艺术创造与奉献。

二、有潜在吸引力的内容

究竟什么样的内容可以进入创意流程呢？美国研究者乔纳·伯杰在其《疯传》一书中总结了容易激发或诱发人们传播的几类内容资源特征，即"STEPPS 内容疯传"原则②。这个原则揭示了融合传播时代所具有的不同于大众媒体传播时代的显著特征，同时，也是职业传媒人需深度思考且适度把握的规则，具体内容包括：

社交货币（Social Currency）。货币大概是人人都喜欢的东西，能被人们在社交媒体喜欢的内容，自然可称之为"社交货币"。创造和发现这些内容可以有效地帮助传播者获得赞美与喜欢。人们都有这样的经历：喜欢把有趣的和好玩的东西发在微信圈或转发给朋友。社会心理学中认为，这是出于被别人赞美或炫耀的内在动机。通常情况下，对事物新奇且与众不同的观点、神秘且可能引发争议的事件、重要事件中难以获知的细节等，更容易引发人们的关注或欣赏。另外，制造或标榜产品以及服务的稀缺性和专属性，让占有者感受到归属感甚至是专属感，可激发向朋友炫耀的动机。

诱因（Triggers）。人们的行为常常会由某种外在因素的激发，这就是诱因。找到这种诱因，并使诱因与日常生活行为产生内在的、持续性的联结，使得联结直接与产品或服务相关联，并让产品或服务经常被提到且容易看到或接触

---

① 郑向荣.电视真人秀节目的价值导向与娱乐功能的和谐共振[J].中国电视,2016(6).
② 参见:伯杰.疯传[M].刘生敏、廖建桥,译.北京:电子工业出版社,2014.

到，就能使得传播产生持续性和广泛性。譬如，"渴了、累了，喝红牛"，反复的广告宣推，把人们身体的自然反应与产品功能产生了联结。

情绪（Emotion）。人类有群居的自然本能，更有共享和分享的自然渴求。对于那些能够引发强烈共鸣的情绪或高唤醒的事情（如让一个人生气或开心的话），人们的内心强烈希望和别人产生情感上的共同经历即情绪共鸣，导致冲动性分享行为发生的可能性就会大大增加，从而使更大范围的传播行为发生。譬如，第一时间经历到常人难得一见的场景、美景、特殊事件、比赛结果等。

公用性（Public）。内容要为潜在的传播者提供某种象征性物品或意象，帮助人们产生从众心理或群体归属感，以诱发更多人加入。社会心理学早已证明，人们都有从众心理，愿意模仿或加入多数人的集体行为或行动，这是安全性或流行性需求的自然结果，也是决策成本较低的选择。创意要通过设计某些能够流行的产品或被模仿的行为，借以实现其公共属性或公用性，更可以让使用者本身成为新的传播源，达到多级交叉融合传播的效果。

实用价值（Practical Value）。能够帮助人们省钱、省时间、省力气等的信息或知识，就具有实用价值。了解实用价值是人们日常生活的基本需求，譬如，开车如何省油的攻略、自驾游攻略等。此类信息既是公众所求的，也是拥有者喜欢分享给他人的。这些都是在彼此之间容易获得的有价值的信息。社交媒体圈子中存在巨量的此类知识和信息。创意若能给媒介使用者提供一些超预期的产品或信息（当然必须是真实的专业信息），就很容易激发出分享行为。

故事（Story）。人们是听着故事长大的，故事是人类的文化创造。讲故事和听故事是人们理解文化的一种方式。故事既可以帮助理解事物，又容易激发情感、加深记忆。构建一个生动、有趣甚至是曲折感人的故事是新闻、综艺和电视剧的基本叙事模式。媒体提供的产品或服务若能以故事的方式呈现，那么人们就更容易理解、记忆并自觉地传播。

如今，我国电视媒体对具有更大潜在吸引力和传播影响力内容资源的争夺已到了白热化的程度，譬如，音乐、表演、明星等都是既有巨大的吸引力，也比较容易进行市场转化的资源。由于其具有一定的稀缺性，因此明星出场费水涨船高，便不难理解。为了更深一步进行高价值内容资源的开发、利益维护甚至是垄断，IP（Intellectual Property，知识产权）保护受到了重视。为此，广视索福瑞公司郑维东总结认为，过去的电视是社会化的，各类节目是分散的、多元的，随着产业聚集度的进一步提升，知识产权成为竞争的核心，进而过渡到模式化的、集成生产的，由此也过渡到更高级阶段，即IP化电视阶段。[①] 这是竞争的必然趋势，也是内容资源开发与保护的必然结果。

创意的核心价值是IP，正如戴钟伟所分析的那样，IP价值有四个维度，即社会观照、人性洞察、情感共识和艺术表达。对于IP，他进一步阐释道："'社会观照'解决内容IP的时代属性和社会土壤；'人性洞察'解决内容IP的情感强烈指向和粉丝召集；'艺术表达'解决内容IP的审美价值与持续传播力。"[②] 如何开发和实现这些价值，取决于创意和执行团队的创新水平、资源开发能力和媒体抗风险能力。为了规避风险，一些媒体就采取了模仿甚至是抄袭战术，"抄袭也意味着制作人并不尊重IP，不尊重模式的价值，这才是制约中国电视人发挥原创力的关键，如果不尊重IP的价值，你也不会有动力真正去创造一个IP"[③]。笔者通过观察前些年的综艺节目发现，环节差不多，明星来回串。观众在看过后常常是分不清彼此，甚至都忘记了是在哪个频道播出的。这不仅是对原创知识产权的不尊重，而且对媒体产业资源的长期开发不利。

第三节 渠道资源的优化

在当下的电视媒体界，"内容为王"还是"渠道为王"的争论仍未有定论，而在网络媒体行业中，却未曾有过如此之争。看起来，这应当是一个伪命题。所谓渠道，是指电视媒体与观众之间的连接通道，传统意义上，主要包括卫星、有线和无线等信号传输的技术路径。渠道决定了观众的接收方式。在融

① 引自：郑维东在2016 CSM客户会上的主题报告"供给引导需求 变化厘定标尺".乌鲁木齐.2016-6-15.

② 戴钟伟.融媒体泛传播时代的几个常见误区[J].中国广播影视,2015(5下).

③ 陈丹,祝媛莉.原创在路上,"新限模令"下国产综艺走向[J].综艺报,2016-7-10(14).

媒体时代，渠道变得复杂起来，除了信号传输方式增多了以外，接收终端也多了，包括电视大屏、电脑中屏、手机小屏以及平版电脑等。网络媒体似乎既没有强大的内容生产能力，也没有专有的传播渠道，为什么传播力却越来越大呢？事实上，分流观众的并不是渠道，而是终端，是终端影响了渠道，而渠道又影响了内容。为此，媒体人在创意内容过程中就必须充分考量节目的受众要用哪些屏。对于具有内容生产先发优势的电视媒体来说，优化渠道，精心布局各屏内容，方为取长补短的策略之一。

一、突出大屏优势

国内最具权威的电视收视调查公司广视索福瑞连续多年的监测表明，无论是传播力还是影响力，电视大屏依然是无可争议的第一媒体。其优势在于，家庭客厅中的大屏观看场景彰显了家庭共时感、人生仪式感和社会公信力三个主要传播特征。

第一，家庭共时感。家庭是社会的细胞，社会成员的三观趋同，趣味一致，万千家庭在同一时刻观看同一内容，这种共时感是其他小屏媒体历时的、随意的观看所体会不到的。共时感通过同一内容重聚了碎片化的受众，曾经并且重新凝聚起注意力，再通过时移化、多屏化、社交化辐射影响力，提升由家庭向社会传递的更为广泛的价值。全家追剧的体验是美好的家庭亲情相融的过程。

第二，人生仪式感。物质生活水平的不断提升，使人们对精神生活的要求日益提高。在很多社会事务中，不甘做一名看客，成为越来越多人的人生体验要求。席卷全国、走出国门的广场舞并不仅仅是健身，它是社交舞台，更是表演舞台和参与舞台。日益贴近百姓的电视平台，自然能在更大的区域、更专业的艺术场域提供人生仪式感与公众认可感，进而提升人们的自豪感和价值感。许多综艺类节目包括真人秀、选秀等无不是遵从此路径而获得广泛关注的。

第三，社会公信力。这是电视媒体最核心的竞争力和传播力。融媒体时代信息过载，尤其是在网络媒体上，"垃圾"充斥，虚假横飞，真假难辨，这是不容忽视的客观存在。人们需要辨认的工具，需要澄清事实，电视媒体因其党和政府的背书，严格的管理体制和媒体人的职业操守，仍然是最具权威和公信力的媒体之一。从这个意义上，电视也是社会的稳定器。多年的数据表明，电视新闻仍然是最具说服力和公信力的，新闻传播、舆论引导是电视媒体的立足之地。

对于电视大屏，内容是绝对的核心产品。电视之所以深入人心，就是凭借其在新闻、综艺、电视剧这几块优质的内容输出，而且是大量的、稳定的输出。这些优势若能与小屏有机对接，就更能放大其传播力和影响力。

二、对接小屏互动

自从互联网具有媒体功能之后，电脑端的中屏和移动端的小屏越来越多地分流了观众注意力。在融媒体传播格局中，媒介使用者的分化使得电视频道的传播价值和效益在逐渐降低，这已是不争的事实。小屏的优势是随时随地且互动便利而多样。近年来，尽管电视大屏陆续也开发了从"打电话""发短信"，再到"摇电视""发弹幕"等互动方式，但互动并没有真正成为大屏的核心优势。

如何对接小屏的互动，是传播方案中不可忽视的环节之一。互动设计不仅是上述微环节的参与或者仅仅带有"奖励"性质的吸引收视，而且，作为传播发起者的媒体机构，在传播过程中，应当提供一切可能的机会和通道，让媒介使用者主动或被动地参与二次或多次内容的创造和再传播，与媒体协同生成新内容，譬如拍照上传、短视频分享、手机直播等。如今，这已成为融合传播中的必然过程。媒体观众变成了媒介产消者（Prosumer，即 Producer + Consumer）。正是现实的写照，也折射出人与媒介关系的变迁及传播权力的转移。

广视索福瑞对电视收视与社交媒体融合传播研究的数据表明，电视节目能够带动社交媒体的活跃度，而利用微博、微信能够延续节目的播后热度；通过面向圈子的规模化传播，能够重聚碎片化网民的联结点；通过多次传播推动电视节目话题、内容的多向性扩散，能够实现碎片化受众的类型化、部落化聚合。

三、融合社交圈子

互联网的竞争优势和发展趋势，被简洁地称为"So-Lo-Mo"，即"社交化（Social）＋本地化（Local）＋移动化（Mobile）"。这种时尚的说法早已十分流行。针对如此不断变化的新传播格局，电视大屏该怎样融合社交圈子？

众所周知，圈子之所以能够吸引越来越多的人加入，就是因为其核心功能是分享与互动，这也正是电视大屏较难做到的。为此，电视媒体必须通过融合新媒体传播手段，实施互联网化策略，把观众与观众、观众与大屏、观众与主持人（记者、编导）等多方联结起来，尤其要注重意见领袖（如名记者、名主持、名导演）的打造，并充分发掘相关行业的专业权威人士（如大V），必要时邀请演艺明星加入。这些高艺能值、自带粉丝的群体，能够有效提升社交互动价值。无论是卫星频道还是地方频道，媒体人都需走出演播室和所在城市，针对目标区域，贴近核心观众圈子，用持续性的贴身、贴心服务黏住用户；并与相关机构合作，掌握圈子用户的移动端大数据信息（如用户的手机型号和平板电脑终端品牌等），以确保开发的新媒体产品在这些终端上运行稳定可靠、方便快捷、体验良好。

譬如，2016年江苏卫视《说出我世界》，"节目原创以抢夺51家媒体头条的节目模式，将媒体及媒体人纳入节目本体的环节设计中，从明星演讲话题的筛选到当期节目优胜者的产生，无论是传统媒体还是新媒体，都贯穿全程，成为推动节目发展的逻辑动力源"①。显然，此模式将融媒体传播做到了渠道与内容的真正统一。渠道传播了不同的内容，内容呈现在不同的渠道。"媒体的提前进入，不仅增加了《说出我世界》的竞争性与可看性，而且让节目本身自带话题光环，这种环节设置无形中也驱动了媒体对节目及节目所产生话题的联动推广"②。节目周日晚播出，周一51家媒体同上头条的节目传播设计对满足观众期待感、形成约会意识和参与意识更加有利，周一社会话题的热度自在预期

---

① 祝媛莉.《说出我世界》:60位明星的演讲秀[J].《综艺报》,2016(16).
② 祝媛莉.《说出我世界》:60位明星的演讲秀[J].《综艺报》,2016(16).

之中。

四、渗透线外多屏

当下，信息传播业非常发达，"屏"已经是随处可见，可以说，信息无处不传播。与眼球接触的也不仅包括前述的大、中、小屏，还有影院连锁、户外媒体、楼宇媒体、交通工具与枢纽站等。对各类传播资源进行科学合理的配置，成为传播方案中不可或缺的一部分。借助大数据，节目制作者可对目标群体的媒体接触行为画像，就可以制订和实施从线内大屏向线外多屏渗透的传播方案。事实上，越来越多的非传播资源也正成为实现传播功能的场所，譬如，凡能聚集较大人流的窗口机构，包括银行、各种连锁超市、连锁餐饮机构等均被媒体开发成信息流或观众流的入口。早在 2004 年，由蒙牛冠名的《超级女声》由湖南卫视创办，当时的蒙牛公司印刷了上亿张海报张贴在各大超市奶品柜台，对活动的成功起到了不可估量的宣传推广作用。

为了研究的便利，在这里笔者区分了大、中、小屏及其主要功能并将其分而述之，然而，技术的进步永无止境。柔屏技术已应用在手机上，并开始投产①，自此三者的界限将可能模糊，不仅小屏可能变大，也可能手机主机与屏幕分体，大屏也将不仅限于客厅，各"屏"的时空拓展又将迎来新一轮的争夺与洗牌，来自终端的变化也必将再一次传导至媒体内容创意和生产环节。

第四节　市场资源的活化

毫无疑问，对于任何媒体生存和发展而言，市场资源都十分重要。电视节目的创意、生产与播出既为市场服务，同时也需要市场资源的支持。市场资源也已成为广电媒体可持续发展的最重要资源之一。多年来，由于政府财政支持

---

① 2018 年柔性屏供大于求 面板商有些慌张［EB/OL］.（2017-11-15）. http://tech. ifeng. com/a/20171115/44762612_0. shtml.

比例的下降，电视媒体对市场的依赖性愈加增强，市场力量对其反作用也相应增加，已在某种程度和一定时期影响到媒体的公信力。但无论如何，电视媒体已不可能回到过去，只能在市场中砥砺前行。电视媒体整合与掌控市场资源的能力越强，运营各环节越顺畅，升值或变现能力也就越强。为此，如何与市场资源建立健康、和谐、共生的关系，不仅是电视媒体发展的宏观策略，也是创意环节的微观设计，譬如，植入广告就需要创意环节的精巧呈现。只有达到市场元素在节目环节中不违规，观众视觉接收不反感，市场资源才能得以活化。

一、市场资源对创意的激发和支持作用

在很多时候，市场主体的需求激发或催生了最初的创意，或者说有些创意最初的因子即来源于企业简单直接的诉求，只不过是经过研发人员的谋划，把社会价值加以渗透、社会责任予以担当，并经过影视艺术手法的处理，转换成了观众喜爱的节目而已。

譬如，随着人们生活水平的提高，个性化的自助旅游成为越来越多人的选择。但是，人们也发现，完全自助游的未知情况和自主应对旅程中不确定性的能力是不够的，反而会给自助旅游带来麻烦和风险。为此，在线订制旅游催生了途牛、携程等企业的业务。这类企业与影视的结合，更加激发出新的旅游服务产品，如途牛冠名浙江卫视《奔跑吧兄弟》节目，推出"跑男当季同款"旅游线路品类，在节目播出期间，获得极大收益。驴妈妈也因冠名《花样男神》，推出"花样之行"同款东欧线路，催热了原本冷门的旅游产品。

两个似乎看起来并不太密切相关的市场，通过"影视＋旅游"两种资源的跨界碰撞和结合，成为一种新的"文化衍生品新业态"。创新在跨界融合中产生，价值在资源对接中提升。事实上，"真正的跨界深度合作不仅能带来影视业态广度上的延伸，能进行更新奇的探索，同时还可以从其他行业挖掘有价值的元素，反哺内容制作"[①]。影视公司拥有内容创作和传播的线上资源，意欲向线下产业拓展，而在线旅游正好拥有线上资源，却少有文化产品的创作和传播

----

① 杨涵溪.影视＋旅游 深耕优质内容[J].综艺报,2016-12-10.

资源，互补的效应正是长板与长板的叠加，短板与短板的消弭。

"电视+电商"俨然已成为新的传媒经济新模式，这是传播历史上不曾有过的现象，正是电商实现了电视的直接售卖。最为典型的两个案例是中央电视台播出的《舌尖上的中国2》（以下简称《舌尖2》）以及东方卫视播出的《女神的新衣》。"2014年4月，美食纪录片《舌尖上的中国2》通过微博、微信宣传聚拢人气打造高收视，同时联手淘宝网实现美食同步销售。据统计，节目开播的1小时内，200万人在手机天猫上边看边买，整个周末累计540余万人访问天猫食品《舌尖2》的合作页面。节目中提及的雷山鱼酱，上线仅仅半天，1000份就全部卖完，四川腊肉也累计卖出1万份。"① 2018年2月，《舌尖上的中国3》在中央电视台播出，章丘铁锅爆卖，一时"章丘无锅"。2014年8月，东方卫视《女神的新衣》节目"邀请5位女神级明星与设计师拍档一起进行服装设计，一旦设计草图被时装品牌买手拍下，时装公司就利用录制与实际播出的时间差制作同款成衣，节目播出时在天猫同步发售，实现观众'即看即买'的新体验"②。这是一种神奇的体验。设计师的理念与作品很快能够上身，不仅直接传递了设计文化，而且更让设计师直接感受到市场接受程度与信息反馈，从而激发出新的创意。

二、市场资源对创意的促进和制约作用

市场资源不仅有品牌，更多的是视觉化的场景、易读性强的元素和符号，只有亲临现场才可能激发出独具新意的文案，涌现出巧妙的构思。陈刚等人认为，"在未来的数字生活空间，企业生产销售的整个过程将会更多地由生活者与企业共同完成。而企业的传播和品牌构建也更多地是由生活者参与、分享和共同创造的"③。按照陈刚对"生活者"的定义，就传播生存环境而言，这里的"生活者"是指融媒体和自媒体时代集"信息传播者""信息接受者"和"消费者"于一身的人们。企业与生活者协同创造意义、产品、服务和市场。

---

① 王晓红,谢妍.中国网络视频产业:历史、现状及挑战[J].现代传播,2016(6).
② 王晓红,谢妍.中国网络视频产业:历史、现状及挑战[J].现代传播,2016(6).
③ 陈刚等.创意传播管理——数字时代的营销革命[M].北京:机械工业出版社,2012:45.

这对于媒体创意而言，是完全崭新的市场营销课题，更是融媒体传播对传统传播模式的颠覆性突破。

荷兰 Talpa 公司全球制作总监艾蒂安德容（Etienne de Jong）讲过一段与日本商家合作的经历，"《完美的照片》这档节目中的赞助商佳能相机，他们当时找到我们，希望为他们研发一档可以推广佳能设备的节目，同时宣传'拍照别光用手机，用相机拍更好'的概念。我们先举办了一场吹风会，之后佳能全程参与节目研发，最后双方都很满意"①。假如不让赞助商全程参与，出现的结果若他们不满意，只有不断地调整创意方案甚至被推翻，只会浪费时间。本书附录中的《一起走吧》创意案，就是与赞助方一起在现场策划出来的，尤其是游戏环节，甚至是实地进行了模拟，当然最终方案也得到了双方的认可。

有研究者更进一步考察了电视与电商相加的深层意义，并指出："电视与电商的创新性结合让电视节目与受众消费行为发生关联，不仅增强了节目的互动性，提高了商业价值，还为传统广电经营方式转变进一步拓展思路，使观众看电视时还可以'买'。不断推陈出新的'台网联动'内容产品准确命中'网生代'受众的喜好与需要，成为节目制作不可逆的趋势。"② 购物已不仅是历时性的被动选择，更成为共时性的参与式体验。

当然，企业参与创意过程的方式包括品牌植入、广告投放、产品销售以及活动承办等。但当某些资质不佳的企业深度介入创意，有时也会使创意过程和传播效果出现一定的制约。譬如，以新闻报道的方式进行的售卖，综艺节目场景中无处不在的产品，进入电视剧故事情节中的企业产品、品牌和人员等，在一种程度上消解了媒体的公信力，或者让观众游离剧情，对观众的电视艺术观赏过程造成一定的干扰。

在融媒体传播时代，艺术享受与消费行为可能同时发生，但吸引观众的是艺术本身，而不是消费本身。艺术享受与消费行为之间是主辅的关系，这是不可颠倒的，否则，必然会引发观众的反感。近年来，某些影视节目过量植入广

---

① 彭侃等.如何打造综艺节目的价值漏斗——专访 Talpa 全球制作总监 Etienne de Jong[J].中国广播影视,2017(8 上).

② 王晓红,谢妍.中国网络视频产业:历史、现状及挑战[J].现代传播,2016(6).

告，业已出现了许多批评的声音。

第五节 技术资源的同化

一部传播发展史即是技术进化史。大众传播从最早的"铅与火"到几十年前的"光与电"，现正步入"数与网"的时代。各种新技术手段和新艺术手法不断地被同化进媒体。电视媒体是艺术与技术共生的产物。传统的媒体机构中，存在艺术与技术人员相互分离的状态，搞艺术创作的人不关心技术，懂技术操作的人少有艺术功底，这是长期的教育缺陷造成的结果。陈刚等人认为："在当前的数字传播环境中，创意部门无法绕开技术单独操作，必须吸纳掌握互联网应用技术的人员，技术不再是配角，而是已成为创意传播中的重要因素之一。"① 童清艳也指出："媒体发展中，有一种观点是技术决定论，即从报纸、广播、电视到网络，每一次媒体的飞跃都是高科技带来的，从印刷术到无线电波、数码、大数据，媒体技术甚至规定了媒体的未来。"② 事实上，创意的过程即艺术与技术叠加的过程，以浙江卫视《中国好声音》为例，节目中的天价"转椅"和"战车"都是十分抢眼的道具，对于节目节奏设计和增强悬念都起到关键的作用。为此，通过团队协作，同化和吸纳一切能够为艺术服务的技术资源（包括传播技术、造型技术和数字技术），是创意能够呈现亮点的捷径之一。

一、新传播技术

不同的传播技术构成了各异的传播方式、内容呈现方式与媒介使用者的接触方式，同时也决定着传播的时空差异。显然，"看电视"与"上网看视频"是不同的媒介使用状态，当然也影响甚至是决定内容创意的过程与呈现方式。

---

① 陈刚等.创意传播管理——数字时代的营销革命[M].北京:机械工业出版社,2012:121.
② 转引自:童清艳.媒体创意经济[M].上海:复旦大学出版社,2015:165.

　　3G 与 4G 手机的广泛应用，已经在慢慢削弱新闻直播车的作用，尤其是 5G 手机的商用，对传统的 SNG 系统①形成更大的挑战，因为 SNG 难以抢到新闻发生的第一时间，而且传输通道的建立需要更复杂的协调。5G 通信技术不仅将为融媒体传播提供更加便利的采集通路，而且能够大大降低直播的成本。

　　5G 技术还将为智慧城市建设提供强有力的保障，万物互联，万物"屏"化不再遥远。5G 时代，人们不会再因传输卡顿而烦恼，也不会再为流量有限而担心，高清传输结合多屏分发，必将为内容生产提供新的传播时空和商机。如果说 5G 还是电视媒体以外传播技术的变革，那么，中央厨房技术系统和第三代媒体资产管理平台的搭建，将彻底颠覆传统媒体的组织架构、制播流程。

　　中央厨房技术系统的应用，实现了内容分发和传播效果数据化、操作应用移动化、内容处理智能化。媒体内部传统的块块管理、决策中的人与人交互，更多地转化为人与机交互。所有的前端内容资源和库存资料数据以及实时的用户数据，在系统内部实现即时分享、产品在线生成、智能自动拆条、一键分发至多渠道和终端。部分内容也能实现智能编稿、传播效果智能处理和视觉化呈现。譬如新华社的"快笔小新"、百度的"度秘"、腾讯的"Dream Writer"等已在发挥作用。

　　第三代媒体资产管理平台，能够实现内容文件化、传输互联网化和流程操作移动化。新一代媒资平台的优势是：一、将过去存储的视频转化为文件，淘汰了节目内容载体，内部流程和外部交流都变得非常简单方便，如同快递业的"丰巢"，寄件人与快递员不必接触；二、将局域编辑网络升级为开放的互联网络，传统的对内服务转变为对内和对外同时服务；三、将过去的库存内容和前端非编素材半智能化地编辑为碎片化文件，为新内容生产提供历时视频和数据，使用资料生产内容或内容生产内容（CGC，Content Generated Content）成为新的生产方式。不仅如此，媒资 App 还可以通过公有云平台与私有云平台无缝对接，异地拍摄、即时传至媒资平台，进行实时发布，并在移动终端完成媒

---

　　① SNG（Satellite News Gathering）是"卫星新闻采集"的英文简称，特指装载全套 SNG 设备的专用车，可称为"卫星新闻采访车"。

资流程上载审核等操作，使移动办公成为现实。新的网络化、智能化技术改变了传统意义上采、编、播的流程顺序，更重要的是提高了传播效率。

新传播技术下和互联网生态中造就的"网络原住民"，与传统电视观众行为有着明显的差异，要想赢得网民，就必须读懂网民。传统媒体需向网络媒体借鉴内容创意和生产方式，创作网感内容。显而易见的是，网络视频新闻、网络综艺节目和网络剧就与电视新闻、电视综艺和电视剧有着明显的不同，譬如网综主题的设定、情节的安排、场景的设计、互动的方式、语言的风格等都具有"网感"的明显特征。这也是新技术平台所形成的传播新特征、新风向、新格调。

二、新造型技术

随着媒体的不断进化，在节目形态与环节中，艺术创作与技术应用已难分彼此，尤其是数字技术和艺术的交叉应用，使艺术造型更加依赖于新的视觉技术。3D数字化影像①的运用，新一代虚实结合的虚拟演播室技术呈现出惟妙惟肖的效果，从宏观到微观均能与演播室主持人完美地结合在一起，产生奇幻的影像，再结合图文可视化软件的支持，更加丰富了屏幕的空间，于是新的造型景观出现了。此类造型颠覆了传统的造型艺术理论与手法，集动静结合、虚实相容于一体的演播室场景，不仅大大减轻了道具制作的繁复，更为重要的是，突破了道具的艺术创作局限和实物制作的色彩、材质、空间的限定。

近几年，摄像技术的创新带给观众的奇观越来越多，而且越来越惊艳，甚至是震撼，同时也成为一种新的创作手法。譬如，许多真人秀、纪实类节目安装大量定点监控式、隐蔽式摄像机，在减少摄像师对拍摄对象干扰的同时，还突破了数量、视角、时间等的限定，在提供更多内容细节的同时，给人更加真实的感受。归纳起来，新的摄像技术的"不同寻常"之处，包括如下几方面：一是不寻常的拍摄角度，如无人机航拍的俯视镜头、头戴摄像机主观镜头、定点监控式观测镜头等；二是不平常的拍摄时间，如野外的红外摄像机，延时摄

---

① 杨乘虎.中国电视节目创新研究[M].北京:中国传媒大学出版社,2014:187.

像机等触发拍摄装置，能够自动拍摄经过的人或动物，记录下不寻常的事件和细节；三是不寻常的拍摄空间，如防水摄像机，可以放在液体中、腌菜的容器内、高温的蒸笼中等观众想不到的位置，给人新鲜、神奇和强烈的视觉冲击。小型移动拍摄设备越来越高清化、小型化、稳定化、防水化，早已突破笨重的老式专门摄像机的种种不便，带给观众全新的视野。

在演播室内和室外，高清的 LED 显示屏通过电脑点阵式排列组合，结合模块化升降舞台，形成了六个立面的造型空间。这个空间不仅可以有平面，还可以有曲面。譬如，中央电视台春晚所用的 1 号演播大厅就给观众留下新奇感和很深的印象。

虚拟现实（VR，Virtual Reality）和增强现实（AR，Augmented Reality）技术的应用，更是在多屏传播时代，开辟了"无屏"传播新境界。科技界认为这是一次重要的技术革新，将在视频领域产生颠覆性影响。2016 年被称为"VR元年"，里约奥运会首次提供了 VR 直播信号。其实，2014 年的世界杯、2015年的国庆阅兵式和 2015 年的春晚直播等都尝试运用了此技术，伴随主持人的解说，虚拟的道具就会在身边实时出现逼真、生动的形象，观众如同亲临现场一样能够感受到更加真实的气氛。

无屏到底对现有的"三屏"传播生态产生怎样的影响？下结论为时尚早，其应用前景却已初见端倪。新技术发展不仅吸引巨额的投资，而且，可以观察到的是，虚拟现实和增强现实技术已在体育转播、展览、教育、医疗、数字娱乐、购物体验、影视制作、旅游户外、演唱会直播、新闻直播、网络会议等诸多产业均有运用。尽管头显设备存在的眩晕问题仍未解决，但其应用前景是乐观可期的。

三、新数据技术

众所周知，媒体获得真实有效的媒介使用者行为数据十分重要和必要。这些数据包括媒介使用和消费数据，如社会属性、生活习惯、活动场景、行为特征、观众态度和目标动机等。数据能够为目标用户提供较为清晰的画像，以使得创意更有针对性，同时，也能降低资源投入的风险。

　　传统的市场调查手段和用户描述指标也正在面临新传播形态的巨大挑战。譬如，"性别""年龄""职业""收入""地域"等传统人口统计指标对用户的描述已不再完全符合实际。互联网时代，"人以群分"不再以这些指标来区分，而是以"兴趣""爱好""体验""分享""赞同""经历"等有关个人外显的行为来划分的。为此，市场调查也必须在调查技术、数据采集、处理与分析技术等方面做出相应的变革，否则，传统数据的价值也将会打折扣。

　　目前，在中国传媒市场，包括广视索福瑞、美兰德公司在内的多家公司都能够提供融合数据服务。数据从何而来？郑维东总结认为，直接的用户是数据的源头，他们的"所见"（所观看的视频内容）、"所想"（看过视频之后的情绪情感内在变化）、"所说"（对视频有关的言论表达与传播）以及"所做"（看过视频之后引发的相关活动行为）① 都是用户大数据的重要组成部分。事实上，我们还可以加上一个词——"所享"，对于观众而言，如综艺、影视剧等类型，观看本身是一个审美享受的心理过程，这是内容创意者所必须重视的方面。毕竟，观看电视节目或视频首先是艺术享受，其次才是其他消费。譬如，2017年中央电视台播出的《朗读者》，被认为属于"高而不冷"的节目，其秘诀正如总导演田梅所总结的那样，"一个人一段文，我们通过访谈加朗读和解析，来体现节目的诉求，就是生命之美、文学之美、情感之美。从每一位嘉宾真挚的人生情感故事出发，通过文字和朗读，分享人世间一切有态度有温度的情感，以此与观众达成共情"② 。显然，通过数据精确描述洞察到的行为，能够为有针对性的创意设计提供帮助。

　　数据尤其是大数据作为一种资源，已成为国家战略。从航空航天、天气分析、交通管理，到全民健康领域等都在开发和应用大数据。对媒体行业而言，用户数据分散在大、中、小屏以及各类消费的供应商后台，整合这些数据资源，已成为当务之急。

　　研究者詹新惠直接提出了"数据驱动内容生产"的概念，并认为其中最为

---

① 引自：郑维东在 CSM2017 年电视高峰论坛的主题报告 PPT，青岛，2017 年 7 月 5 日—6 日。
② 何佳子. 中国模式日：年年谈创新，今年有何不同[J]. 中国广播影视，2017(7 下)。

重要的是用户画像，她提出："单维度的数据难以完成，需要整合用户线上线下的多维度数据，包括基本社会属性数据、在线行为数据、场景位置数据、消费金融数据、社交数据等。整合数据能更好地理解用户需求，满足用户体验，提升用户对内容的接受度。"① 然而，大数据并不是万能的，甚至可能因其惯性依赖而"跑偏"，更可能导致错误的判断。譬如，一个时期关注汽车的用户，在购买汽车后基本上不再持续关注汽车信息，而大数据依据此前的分析还可能继续向用户推送相关信息。

詹新惠还指出，大数据"存在侵犯用户隐私、窄化用户视域的问题，能否处理好这两者之间的关系直接影响到应用数据驱动内容生产的效果"②。为此，无论是媒体还是用户，面对新技术带来的便利以及更加贴心、贴身的服务时，都需进行新的权利关系平衡（包括法律关系平衡），也更加需要社会相关各方做出共同的努力。

第六节 社会资源的转化

笔者在文献分析过程中发现，多数学者把包括政府机构、社会组织、技术进步、市场信息等在内的创意相关因素视为创意的外部环境，进而提出，媒体要不断地适应外部因素构成的环境。而笔者认为，把这些因素视作社会资源更为妥当，因为这样既体现出创意的主动性，又可使创意有更广泛的作为，况且，创意本身也并非被动适应环境的过程。

一、政府相关资源

在中国，政府不仅掌握着政策，也掌握着大量的社会资源，包括财力资源和人力资源。为此，作为宣传媒体，节目的研发创意要符合党和政府的指导性

---

① 詹新惠.大数据应用于内容生产的三重路径[J].青年记者,2017(7下).
② 詹新惠.大数据应用于内容生产的三重路径[J].青年记者,2017(7下).

和规范性要求。譬如，2016 年，中央电视台把原来的《寻宝》节目改版为《我有传家宝》。栏目主旨、价值追求和结构都发生了很大变化。李思思认为，改版后的《我有传家宝》正是对接了天时、地利与人和三方面的资源，才获得了广泛的关注和好评。所谓天时，主要是指"习近平总书记关于'家风、家训'的重要讲话、国家新闻出版广电总局对鉴宝类节目的限令频发、国家文物局对鉴定节目的指导意见"①。然而，如果仅仅是唱高调式的、贴标签式的节目导向，观众或许并不买账，李思思也认为："节目成败的关键是能否找到文物市场价格以外的评价尺度，突破鉴宝类节目原先低层次的主题定位，反对金钱至上的价值追求，挖掘出宝物之所以被称赞和传承的深层意义，体现央视的社会责任，树立电视媒体的价值典范。"② 研发创意的着力点找到了，至于如何渗透进节目，转化为节目的价值追求，就变得相对容易了。"节目通过一件件传家之宝，引出一个个真实感人、饱满动人的传承者形象，将一个个温馨、温暖又勤劳上进的家庭形象勾画得无比生动。"③ 宝物的价值不再由价格衡量，而是有人、有故事、有情感，原来冷冰价高的"文物"，因人而变得有温度起来。节目所传达的"家风、家教和家训"为宝物增加了更深层次的内涵和意蕴。

随着国家财政制度的改革，政府掌握的财政资金也越来越多地由传统的拨款方式转变为招标购买服务方式。显然，购买服务比之前的拨款更加公平、透明、易于监管、资金利用率高。作为事业单位性质的电视媒体，有更多的机会参与文化、科技、健康、公益等相关项目的投标。不仅如此，由于政府主导的项目，不仅公信力高，且有一定的资金保底，通过适当的市场运作，还可以撬动更多市场资源的投入，进而把项目做得更好、更大。

从媒介生态研究的角度，邵培仁认为："在新闻生产的食物链中，某些因子或种群具有一定的主导性，属于优势种和关键种，处于十分特殊的和非常重要的地位。"④ 为此，在创意过程中，科学合理地判断和筛选参与政府主导的项

---

① 李思思.《我有传家宝》:践行媒体责任,守护文化瑰宝[J].中国广播电视学刊,2016(12).
② 李思思.《我有传家宝》:践行媒体责任,守护文化瑰宝[J].中国广播电视学刊,2016(12).
③ 李思思.《我有传家宝》:践行媒体责任,守护文化瑰宝[J].中国广播电视学刊,2016(12).
④ 邵培仁.媒介生态学[M].北京:中国传媒大学出版社,2008:119.

目能够对市场运作起到引领的作用。譬如，政府具有很多垄断性新闻资源，重要的信息通过新闻发言人的独家发布是媒体竞争的手段之一；通过对高级官员或参与政策制定者的访问，亦可有效提升新闻资源的权威性和重要性，从而提高观众的关注度。当然，《中华人民共和国政府信息公开条例》的实施，不仅表明政府对社会宣传更加重视，而且表明政府对媒体更加依赖，双方的合作也会更加顺畅。

地方各级政府财政支持的公共服务项目应当成为媒体的项目来源之一。政府常常委托相关机构或直接面向社会发布招标公告，有时也并非通过具体明确的方式进行，而是通过某些重要领导的动员、讲话、报告等方式或通过媒体吹风向社会，传达导向性信息。媒体人要保持敏锐的嗅觉，善于从此类信息中发掘项目创意的触发点，通过对接政府倡导的公共服务项目，获得财政和其他社会资源的支持。有了主要领导的批示、批转等具体支持行为，就可能撬动相关职能部门的资源对接，这样既能符合上级政策要求，又可获得各级相关机构的支持。利用公共资源，提供公共服务，即为广电媒体公共服务的应有之义。

二、媒体与社会组织

社会上存在许多类组织或团体。其中，跟节目创意和生产关系比较密切的有三类：其一是传媒行业中的非媒体机构，其二是各级各类学校，其三是各种社会团体。这些社会组织在节目创意、生产和传播过程中都能发挥不同的作用。

第一，非媒体机构的多种合作。任何一家电视媒体（包括制作能力领先的中央电视台和省级卫视），都很难做到生产所有播出的节目，因此，就要与其他非媒体机构进行节目的共同创意、生产、采购或交流等形式的合作。近几年，电视剧从"一剧四星"到"一剧两星"，因投资巨大，电视媒体往往从选剧本、定导演到选角都会全程参与到电视剧制作公司的决策过程，从而在最大程度上把播出预期与可控性渗透至创作当中。制播分离的实施，在激发社会资本投入影视内容创作的同时，也在一定程度上分担了电视媒体的风险。近几年，大型综艺节目也成就了一些影视文化公司，如唯众传媒、灿星制作、蓝色火焰、世熙传媒、能量影视等。而且，民营公司灵活的创作管理体制在激发员工的创意方面，比体制内的电视媒体有诸多优势。电视媒体与之合作，可以形成互补关系。

第二，各级各类学校的参与。众所周知，电视媒体创办的大型节目，无论是艺术表演还是其他教育科技文化类节目，学校师生往往既是表演者，同时也是现场观众。因为他们有兴趣参与表演，也有兴致参与过程。除了一些面向中小学生的节目，新锐的电视综艺和网络综艺市场基本都是大学生的天下。这是由于高等院校既有学者的智力资源和文化资源，同时也有学生的创意和角色参与。

以中央电视台一套播出的《加油！向未来》为例。该节目由中央电视台内部公司"央视创造"创意制作，但其外部资源支持可以说也是不可或缺，内外合力成为节目运作的基础。据介绍，"最早进组，给予节目团队支持力度最大的是北京交通大学物理实验教学示范中心。这个团队此前积累了大量为全国各地科技馆制作科学教具的科普工作经验，他们在节目筹备过程中提供计算、绘图、参数等多方面的支持"[1]；再就是清华大学，包括高云峰教授等科普一线工作者都给予了实实在在的帮助。为此，学校参与媒体创意和制播流程，不仅能为节目提供智力支持、科学支持，还能提供广泛的线上和线下互动等环节。

第三，各种社团的广泛支持。社团往往是行业组织，由很多会员单位组成，其组织动员能力较强。譬如山东教育卫视的《校园星力量》，节目组与山东省内多个艺术研究会、青少年艺术培训机构建立广泛的合作关系，在较短的时间内，就把覆盖山东省16市、100多个县区的艺术培训与展演活动做得风生水起。更为重要的是，电视节目中常常会涉及非常专业的话题和内容，这是创意和编导团队不易把控的，必须有行业人士的参与才可以。再如，中央电视台的《加油！向未来》动员了许多社会组织资源加入其中，包括中国科协等科学组织以及果壳网等，其中，"果壳网主要负责节目相关内容的撰稿工作，并在

---

① 聂乃如."任性"科学节目《加油！向未来》幕后大解密[J].《媒介》,2016(8).

许多环节提供专业的参考意见，特别是在解题环节"①。事实上，社团机构往往也需要媒体支持来推动自身的工作，两者的合作可谓相得益彰。

在市场经济时代，对接和吸纳外部资源要考虑如下关键因素：其一，双方核心价值理念是否一致。譬如，中央电视台《加油！向未来》是一档科学普及节目，一些政府机构和社团机构是做科学普及工作的，这些机构当然希望与媒体合作来推进自身业务开展，双方一拍即合是情理之中的，为此，"借助央视平台优势，央视创造和《加油！向未来》得以最大限度地聚拢优质外界资源"②。其二，双方市场目标一致。共同的利益往往更能把相关的资源聚合在一起。事实上，合作企业的广告（包括公益广告）投放是与其产品或服务销售（包括品牌推介）密切联系在一起的。仍以《加油！向未来》为例，项目在招商过程中，"依靠足够的差异性和高度价值引领，不仅为市场提供一个崭新的节目样态，还高举科学普及的大旗，能够有效提升客户的品牌价值"③。从这个意义上来看，节目创意过程也是与客户不断沟通交流的过程。双方存在的差异性和共同价值，还有可能碰撞出意料之外的新奇创意结果。

---

① 聂乃如."任性"科学节目《加油！向未来》幕后大解密[J].媒介,2016(8).
② 聂乃如."任性"科学节目《加油！向未来》幕后大解密[J].媒介,2016(8).
③ 聂乃如."任性"科学节目《加油！向未来》幕后大解密[J].媒介,2016(8).

第三章　节目内容与产品创意

　　早期的电视节目是没有类型之分的，只因学者为了研究方便才进行了分类，且越来越多。没有媒体会按照教科书中提供的样式做节目，即使是照搬或模仿，也要进行一定程度上的改造。真正的创新一定不是已有模式的再现，而是无法"归类"的新样式。有研究者把湖南卫视播出的《天天向上》称为"礼仪娱乐综艺脱口秀节目"模式①，足见归类的难度了。事实上，只要遵循用户思维和产品思维的思路走下去，就能创造出合适的内容与样式。电视媒体平台上，新闻、综艺和电视剧素有"三驾马车"和"内容高地"之称，是支撑频道的最主要内容，也是电视媒体行业中创意最多、节目样式更新最快的三大领域。为此，本章主要针对这三种类型节目内容创意以及以内容为核心的相关产品设计创意思路展开讨论。

第一节　节目内容创意的思维模式

　　人的思维具有两面性，既有求新求变的本能，也有因循守旧的惯性。正是由于人们对精神层面的追求永无止境，才创造和积累了璀璨的人类精神文明成果。电视节目既能满足当下的精神需求，同时也是人类文化遗产的历史记录。从这个意义上，所有电视节目都有一定的文化价值，而不应当成为文化"垃圾"。为此，电视节目创意也是充实人类文化宝库的行为。人们的创意行为在

---

① 袁靖华.电视节目模式创意[M].北京:中国广播电视出版社,2010:43.

很大程度上受制于基于文化背景而形成的思维模式。

一、新创意产生的思维过程

创意活动本身具有随机性和灵活性的特征，本没有固定的方法，但创意者在实践中总能观察到和归纳出一些基本的思维方式。电视节目创意的过程类似于科学发明。新的创意来源于异于他人和不同过往的思维方式。创意结果或为全盘颠覆性的，或为局部差异性的，或为从未有过的，总之，求新、求异、求变是其本质。譬如，2015年5月，中央电视台《第一次亲密接触》开播，这个节目给观众带来很大的惊喜，也给研究者提供了一个新的样本。对此，节目总导演关正文认为，真正意义上的创新是"节目呈现之前你说不清它是什么节目，节目呈现之后你没办法把它归类"①。相对户外真人秀而言，《第一次亲密接触》更偏重内容，是一个带着外国人认知中国、中国人认知自身的节目，同时，节目中大量的体验和交流又具有纪录片的属性。节目也有综艺中常见的游戏环节设定，但是，所有的游戏都是从真实的生活中而来，不是无厘头的。节目还具有户外行动类节目及其他更多样态的节目元素。"这跟我们的汉字听写大会情况很相似。'汉听'也是个没有办法归类的节目。"② 正是因为没办法归类，才超出了观众的预期，才能让人耳目一新，给观众全新的观感和体验。

媒体融合创意的起点在哪里？对此，也许各有各的理解，在媒体内容演化的不同阶段，也有不同的答案。有的来自国外节目模式的启发，有的来自个人的"灵感"一现，有的来自"头脑风暴"（Brain-storming）。依笔者之见，扎实的、科学的需求分析才是真正的起点，因为一切内容的生产都是为了满足相关需求。国内知名原创节目公司唯众传媒也是这么做的，并且其创意流程也基本遵循了此思路，形成了"以受众管理、题材管理、形态管理、资源管理和文化管理为主的创新管理系统"③。毋庸置疑，这是电视节目创意与生产应遵循的一般规律。

---

① 本刊记者.第一次亲密接触:以陌生视角认知现实中国[J].综艺,2015(11).
② 本刊记者.第一次亲密接触:以陌生视角认知现实中国[J].综艺,2015(11).
③ 霍驰.唯众传媒十年原创路:唯众但不从众[J].综艺报,2016-11-25.

笔者通过考察众多创新节目案例的诞生过程发现，节目创意的产生是个体思维与集体思维的碰撞与结合。完全创新的思维往往首先来自个体，尤其是个体的非逻辑思维是灵感或创意"种子"出现的必要条件。这种灵感取决于个体非同于常人对生活、家庭以及社会、媒体现象的观察习惯与统合能力。童清艳认为，"创意是一种创新性的思维，能将原先旧的因素重新组合，也可以'无中生有'，具有独创性、求异性、探索性、灵活性、偶然性特征其基本形式，有理论思维、直观思维、逆向思维、形象思维等特征"[1]。事实上，电视创意的天才太少了，更多的是来自集体智慧和经验的汇合与碰撞。在具体的媒体融合创意过程中，尤其是在点子聚集和形成的早期阶段，头脑风暴不失为一种可行的方法。

创意在实施过程中，要保证思维的开放性和包容性。借鉴张浩等研究者的横向思维路径，笔者认同执行过程需要注意的几个方面包括：（1）对问题本身提出多种选择方案；（2）打破定式，提出富有挑战性的假设；（3）对头脑中冒出的新主意不要急着做是非判断；（4）反向思考，用与已建立的模式完全相反的方式思维，以产生新的思想；（5）对他人的建议持开放态度，让一个人头脑中的主意刺激另一个人头脑里的内容，形成交叉刺激；（6）扩大接触面，寻求随机信息刺激，以获得有益的联想和启发。[2] 因此，这个过程要求，不能一开始就出现压倒性或主导性的观点或方案。头脑风暴不是对已有方案论证或完善的过程，而是相互激发的过程，否则，不利于新思路、新方向和新观点的产生。

当然，仅有创意过程所激发出现的点子、方向或简单方案只是走出了创意的第一步，接下来是产品设计的流程。恒顿公司的王童总结了其项目上马的六个步骤：一是社会调研，包括同类节目、观众心理与政策判断等；二是趋势分析，与国内情况结合，兼看国际流行类型判断节目类型；三是受众分析，在内容选择越来越丰富的情况下，全体观众作为受众的节目是不存在的，只能在抓

① 童清艳.媒体创意经济[M].上海：复旦大学出版社,2015：15.
② 张浩,张志宇.文化创意方法与技巧[M].北京：中国经济出版社,2010：74.

住核心受众的前提下尽量扩展全人群；四是平台分析，即可选择平台的调性及
受众群体的收视喜好等；五是节目模式研发，由研发部与制作中心的导演从理
论与制作两个层面一起论证项目的可行性；最后，待论证认为可行后，才能投
入最后一步，即节目制作环节。①

二、非逻辑思维促发新创意

一般情况下，人们的思维会有两种方式，即逻辑思维（Logical Thinking）
和非逻辑思维（Nonlogical Thinking）。

逻辑思维，是人们借助概念、判断、推理等思维方式能动地反映客观现实
的理性认识过程，也称抽象思维。它是基于对事物规律的分析而产生和发展起
来的。只有经过逻辑思维，人们对事物的认知才能达到对具体对象本质规律的
把握，进而逐步认识客观世界。

非逻辑思维，即不是通过一定的逻辑程序（如因果、推理、顺序、归纳、
演绎等推理方式）而得出的对事物的判断、假设、结论或方法等说明和解释的
那部分思维活动。直觉、灵感、想象等是非逻辑思维的主要表现形式。一般认
为，非逻辑思维在创造性思维的关键阶段起着重要作用，特别是许多有高度创
造体验的科学家，往往认为思维由经验到理论的飞跃环节并不通过逻辑的桥
梁，而是通过直觉、灵感等非逻辑思维来实现的。

当然，两者之间也存在一定程度的临界思维。人类在其思维能力发展过程
中，应当先有非逻辑思维，后来，随着人类知识的增长，才有了逻辑思维。我
们可以观察到，在人类的日常行为中，两种思维是并用的。常规的逻辑思维能
完善某些创意方案，譬如用来评估已有的方案，但很难产生全新的方案，依靠
逻辑思维得来的节目方案往往不具独创性。

媒体内容产品的设计往往在创新思维方式下才可能产生，尤其是要用到非
逻辑思维。非逻辑思维辅以形象思维，即左右脑并用，是新创意产生的生理基
础。长期以来，囿于我国教育制度的安排，过早的文理分科教学，再加上教育

---

① 参见：林沛.挂牌新三板的恒顿传媒："不做巨无霸"做什么[J].《中国广播影视》，2016（10上）.

教学评价的引导，在某种程度上，抑制了多数人创新思维的形成。因此，在构建创新团队时，这就需要将不同专业背景的人在一起，以所谓头脑风暴等方式开展创意设计活动。

全新节目内容产品创意和传播方案的设计需要借助超常的思维能力。早在2002年，陈泽河等人在研究中，就把这类思维能力归纳为如下三种：

第一种，智慧杂交能力。这种能力善于选取前人智慧宝库的精华，与当下巧妙结合，开发新的成果。近些年来，国内媒体大量引进国外的节目模式，尤其是综艺节目，有的原版引进，有的加以本土化改造，取得了不俗的收视表现，获得一时的口碑与市场的双赢。

第二种，思维统摄能力。这种能力能把大量事实、概念和观察材料综合起来，加以概括整理，形成科学概念和系统。中国电视媒体要从引进消化阶段进入自主创新阶段，就必须在大量观察、剖析国内外节目样式的基础上，发现与中国观众内容产品消费等方面的差异，只有这样才可能形成符合国情的中国特色媒体融合创意方法，并取得相应的成果。

第三种，辩证分析能力。没有分析就没有综合，综合性思维是以辩证分析能力为前提的。节目创意者在观察国外节目时，要有适当的分析角度，譬如元素、结构、节奏、诉求、心理等角度，将其聚合为指标并加以量化，以便形成准确、科学的分析结果，找出内在的规律性、合理性和有效性。[①]

近年来，随着我国国家创新驱动战略的推进，有关创新思维的研究成果越来越多，其中，来源于西方的批创思维概念对节目内容产品创意方法研究很有启发意义。

所谓批创思维能力，即批判性思维（Critical Thinking）和创新性思维（Creative Thinking）的合称。学者熊明辉认为，国家实施创新驱动，需要更多的人具备批创思维。所谓批判性思维是一种关注决定相信什么或做什么的理性反省思维。其常见的策略有：（1）反思策略：对行动过程进行反思；（2）理性策略：依靠的是理由而不是情感；（3）自知策略：权衡动机与偏差影响，辨别

---

① 参见:陈泽河,孟令君.创新思维:训练与自测[M].济南:山东人民出版社,2002:9.

自己的假定、偏见或观点；（4）真诚策略：识别情感等。而常见的创新性思维策略有：（1）头脑风暴：针对某一论题，把头脑中想到的东西写在一张纸上，暂时不做任何加工与判断；（2）轻松思考：在散步或做其他活动时，允许自己不要过于认真思考；（3）反复自问：针对同一问题反复思考，且每次给出不同答案等。① 在创意小组形成基本概念和思路的过程中，批创思维应当成为基本思维模式。再与前三种传统超常思维能力进行组合，就应当具备了创意的"超强大脑"。

当然，仅仅具备超强大脑，显然只具备了创意的基础。创意过程中还要吸纳如下的基础性元素，这是保证创意过程不走偏路或歧路的根本。

第一，价值元素是节目创意的灵魂。

2014 年 10 月 15 日，习近平主席在文艺工作座谈会上指出，文艺创作应该用现实主义精神和浪漫主义情怀观照现实生活，用光明驱散黑暗，用美善战胜丑恶，让人们看到美好、看到希望、看到梦想就在前方。中华民族在传统伦理体系和道德规范中，注重人伦、人情和集体，强调个体修养和道德约束，在节目中体现这些价值追求，更容易获得观众的社会认同和情感共鸣。以北京电视台播出的《跨界冰雪王》为例，几位明星均没有滑冰的经验，却要在规定的短时间内学习规定动作，并且完成表演，这既是对意志的考验，也是对勇气的挑战。节目体现的是勇于挑战自我，奋发向上的精神，这就是价值所在。

在日本赏·国际教育节目大赛（Japan Prize 2003·International Educational Program Contest）设定的教育电视节目评判标准中，第一条规则即"具有教育意义"。② 其一，节目为有关主题的深层次思考提供有益的激发（Educational Impact：The program provides intellectual stimulation leading to deeper thought about the subject matter.）。其二，节目鼓励观众多学习并促使其付诸行动（The program inspires the viewer to learn more and/or motivates the viewer to take action.）。这表明，国际传播界非常重视节目所蕴含的教育价值和意义。同时，这条规则

---

① 熊明辉.创新驱动呼唤批判性创新思维［N］.光明日报,2017-08-07(15).

② 2003 年,笔者受邀担任了第 30 届日本赏·国际教育大赛评委。2005 年,笔者再次率中国教育电视代表团出席大赛相关活动,此处摘自笔者所存评委手册。

也给美国知名传播学者威尔伯·施拉姆（Wilbur Schramm）的论断做了注脚，即"所有的电视都是教育的电视，唯一的差别是它在教什么"①。翻开我国媒体传播发展史，中国共产党从成立之初，就赋予其动员和教育群众的功能，价值传播是有其历史渊源和传承的。

早在 2006 年，知名学者喻国明教授就指出，节目对于观众而言，"晓之以理只能形成判断，动之以情才能产生信赖"②。信赖是媒体公信力形成的前提，更是价值元素发挥作用的必要条件。没有对媒体的信赖，就不可能产生价值观的渗透和引导效果。以开播于 2009 年的北京电视台品牌栏目《养生堂》为例，栏目"在普及知识的同时，致力于讴歌医者仁心，传递人间大爱，推动医患相互理解，促进构建和谐的医患关系"③。这是多年来该栏目赢得观众喜爱的价值主线，更是获得稳定高收视的法宝之一。

为此，媒体应把社会价值作为最高的追求。譬如，作为一档原创音乐公益节目，世熙传媒操盘的《音乐大师课》，结合了室内和户外真人秀节目的特点，还原真实的音乐课堂，把价值观教育与艺术教育巧妙地结合，让小学员们在得到音乐大师专业指导的同时，更能接受到心灵与情感的洗礼。节目组的要求是对上场表演的学员不化妆，出名不代言，让孩子和家长的功利心降到最低点，让孩子的纯真保留在荧屏，让他们尽情享受音乐本身与音乐学习的快乐过程。"这种拒绝作秀和煽情、回归本真的制作理念将是未来电视节目的发展趋势，也将引领电视行业步入更加健康有序的发展轨道。"④《音乐大师课》遵循了双重规律，即电视艺术创作规律和教育规律。譬如，在第二季中，节目组设计了选导师和选班环节，尊重孩子们的意愿和选择。媒体实践中，综艺选秀类节目若把握不好，价值观导向容易出现偏差。正如知名音乐人捞仔所说，某些参加选秀的人"恨不得今天上完高中，明天选个秀，后天出名，大后天就能赚钱。

① 施拉姆,波特.传播学概论[M].何道宽,译.北京:中国人民大学出版社,2010:225.
② 喻国明.大众媒介公信力测评研究[M].北京:人民出版社,2006:11.
③ 魏霄.《养生堂》:情牵健康中国[J].中国广播电视学刊,2016(12).
④ 何佳子.助力公益:《音乐大师课》公益晚会用爱歌唱[J].中国广播影视,2016(9 上).

选秀成了一种捷径，有点像买彩票中奖"①。媒体决不能传播如此的价值观，而应当不断地强化"真正的成功是一种厚积薄发"②，更是人生的历练与磨炼。

第二，情感元素是节目创意的骨骼与血肉。

人们在借助视觉和听觉与电视节目的接触过程中，情感会不可避免地介入。这种共时空的过程，以情感打动观众，能够引发情感共鸣。价值元素的渗透更是借情感而发挥作用，是提升深远影响的核心。节目中基于人性的表达而不是人情的表面呈现更是节目传播意义的根本，是节目的价值体现，也是节目生命力的表现。节目如何发掘人性中最朴实的部分，并以通俗易懂的电视艺术方式表达出来，是衡量创意水平的重要指标，也是评价节目价值的主要指标。

有这么一个故事流传甚广。一位盲人请人写了一块牌子，上写着"自幼失明，沿街乞讨"，在路边行乞，路过的人很多，却很少有人愿意相助。一位诗人路过，看到此情景，在牌子上加了一句话"春天来了，我却看不见"。路人纷纷伸手解囊。这个故事告诉人们一个简单的道理，同样的内容，对于传播过程而言，形式的创新和情感的调动是如此重要。当下的电视节目可谓是"形式吸引观众，故事黏住观众，情感打动观众，价值引导观众"。杨礼认为，"生动的电视画面呈现是文化综艺节目实现传播效果的重要保证，创新的电视化表达也是节目发力的重点和突破点"③。观众情感投入的方式之一是设身处地地进入角色，实际上就是观众对角色的认同。对观众而言，身份的认同能够产生示范效应和模仿效应，提高节目本身对观众的吸引力和卷入度。

以2017年中央电视台播出的《朗读者》为例，节目组在朗读嘉宾的选择过程中甚下功夫。朗读嘉宾既有明星、企业家和科学家，也有热爱生活的普通人。其"共同点就是都有着美好的情感、动人的故事和乐观向上的精神面貌"④。《朗读者》总导演田梅认为，正是由于节目"激发了我们每个人内心深

①　本刊记者.捞仔:我的音乐进化论[J].中国广播影视,2017(11上).
②　本刊记者.捞仔:我的音乐进化论[J].中国广播影视,2017(11上).
③　杨礼.文化综艺节目的创新与突破[J].中国广播影视,2017(5下).
④　杨礼.文化综艺节目的创新与突破[J].中国广播影视,2017(5下).

处的文化自信和民族自豪感"①，给了观众若干年来被遮蔽的情感一个恰逢其时的出口。节目成功背后是中央电视台精心设计的传播方案，"把节目按项目去做。收视不是我们唯一的诉求，全网打造媒体事件才是我们的追求"②。这更加表明，内容创意与传播方案围绕情感一体化设计的重要性和价值。董卿在节目第一期就道出了《朗读者》的节目设计理念，她认为，"朗读是传播文字，而人则是展现生命，《朗读者》将值得尊重的生命和值得关注的文字完美结合"③。作为制片人的董卿，可谓把价值灵魂和内容载体做到了无缝的搭配，贯穿始终的是情感的流淌、激荡和张扬。

三、创新元素的设计与统合

一档电视节目最为重要的两个部分就是结构与元素，而结构与元素是一档节目区别于另一档节目的基因和本质特征。假若把结构视为节目的骨架，那么元素则是节目的细胞或血肉。元素是构成电视节目的基本单位，包括视觉、听觉、刺激、技术、情感、故事、时间、空间、经济、政治、文化等。陈勤把电视节目的元素分为基本元素和辅助性元素，基本元素包括图像、音响和语言文字，辅助性元素包括同期声和画外配音以外的音响、特技和装饰性字幕④。为此，笔者从创新元素设计和统合两个方面加以探讨。

创新元素设计往往因新技术的开发应用而产生。譬如，在线图文系统可在线实时叠加动画形态的角标和各种动态的文字，进行实时信息的传递、预告，并可与观众互动。弹幕是近些年出现的新技术，最早应用于电影院，后来应用于网络视频和电视，满足了观众实时表达的需求。再如，音乐会的电视化传播就是一个很好的方向，针对这种"看得见的音乐"的创新方式，有研究者认为，"电视音乐会的视觉化传播，使音乐在影像的表达和限制下不断发展，影像与现代技术给音乐的传播带来了更为广阔的传播途径，创造了一个有别于现

① 杨礼. 文化综艺节目的创新与突破[J]. 中国广播影视,2017(5 下).
② 杨礼. 文化综艺节目的创新与突破[J]. 中国广播影视,2017(5 下).
③ 杨礼. 文化综艺节目的创新与突破[J]. 中国广播影视,2017(5 下).
④ 陈勤. 媒体创意与策划(第 2 版)[M]. 北京:中国传媒大学出版社,2012:118.

场音乐会表演的新的舞台空间"①。媒体创意人视野要宽，保持对新技术的敏感与想象，随时融合为创新元素，从而提升视觉感染力。

综艺节目基本属于有创意策划案而无脚本的纪录和全流程创作。"优秀的编导往往能够抓住最有代表性的细节，通过后期剪辑让人物凸显出来。"② 在湖南卫视播出的《爸爸去哪儿》节目中，花字配合特殊的音响，让新鲜感倍增，不但补充了信息，而且提示、强化和美化了画面所传达的意境。花字组俨然成为后期编辑团队中新的创作分支，甚至形成了独有的团队风格，包括文字、图形、色彩、音响等更加细致元素的设计，都给人们带来新的审美体验。当然，花字如果运用不当，也会在一定程度上分散观众注意力，影响视觉的整体性和观众对故事的理解。

许多综艺节目都有关键道具的设计，并且成为叙事的重要一环。关键道具的设计有以下作用：

第一，强化结构节点。中央电视台多档综艺节目可谓把道具用到了极致，结构节点清晰明快，如《开门大吉》待按响的门铃和期待打开的音乐之门，《出彩中国人》中嘉宾伸出的双拇指构成的"V"手势所代表的"出彩"和单拇指外翻所代表的"出局"以及江苏综艺《一转成双》中的特殊转椅等。这些都能带给观众很强的节奏感，让整个节目起伏、顿挫，不仅能加深观众的印象，而且能有效减轻其收视疲劳。

第二，增加叙事悬念。道具作为节目标志性的符号参与叙事过程，在视觉上给人以期待感。标志性道具一亮相，自然能引导观众注意力的指向。譬如，中央电视台播出的《等着我》的希望之门，配以原创的音响，有效地渲染了不确定性的气氛。不断积聚的当事人、现场和电视机前观众的情绪，在门打开的一刹那集中释放出来。

第三，加深受众印象。众所周知，复杂的节目环节设计并不是成功节目的必然要求，概因观众一般不太愿意介入深度的逻辑思考，相反，简单的设计往

①　赵志奇.审美视域下电视音乐会视觉化传播的困惑与路径[J].中国电视,2016(6).
②　苗棣,王更新.纪实话语与戏剧结构——电视真人秀的叙事特点[J].现代传播,2014(11).

往就能起到好的作用。譬如，浙江卫视从《中国好声音》到《中国好歌声》，由"转椅"变为"战车"，早年中央电视台播出的《非常6+1》中主持人李咏的"6+1"手势，《开门大吉》中醒目的大红色门铃与八扇门等。尤其是《开门大吉》主持人和嘉宾们张开双臂的动作更是令人印象深刻，"当身边的朋友讲到两岁的孩子会对着电视比画'开门大吉'，制片人于蕾内心的喜悦无法言表"①。再如，中央电视台《出彩中国人》节目中的"出彩双拇指V手势"，这个手势的创意具有多重含义，令人拍案叫绝：其一，伸拇指表示赞赏；其二，双拇指在加重赞赏的同时，还是全球流行的V手势，代表"成功"；其三，与赞助商长安汽车的LOGO相形神似，延伸了品牌传播。由此可见，简单的元素更易理解、易接受、易传播。

第四，道具有时还能承载价值观的直观表达功能。东方卫视中心总监李勇解释《天籁之战》节目中的金字塔设计时，说道："每一个中国人，都希望自己的人生能够提升。中国有句古话叫'山高人为峰'，任何一座山，不管多少米，只要人能够站上去，最高的那个点就是人可以到达的地方，……表达出来了，观众认同了，那么在这个舞台上，就有机会走向巅峰。"②此种假物喻义，在提升画面感的同时，也赋予了静态的道具以活的灵魂。

新闻节目和访谈节目也有关键道具的设计。譬如济南电视台民生新闻节目《都市新女报》中，就使用了一架小鼓，立意为百姓"鼓与呼"。再如，中央电视台播出的《等着我》和江苏综艺频道播出的《一转成双》，作为访谈节目，前者中夸张的开门按钮与大门，后者中的转椅等，都在一定程度上发挥了标志性作用。山东广电齐鲁频道民生新闻《拉呱》开创性地为主播配置了一位"搭词的"角色（只闻其声，不见其人），很难定义这个角色是评论员还是双主播之一，他其实是一个活的道具，起到插科打诨的作用。当然，实景道具也有相关的技术要求和舞美要求。譬如，在原版的《中国好声音》节目中，椅子的设计要保证导师背对选手时能有最好的收听效果，这决定了椅子与舞台音响

---

① 杨哲,于蕾.我们一直是自己的粉丝[J].中国广播影视,2016(8 上).
② 本刊记者.对话李勇:电视媒体需要一次"核聚变"[J].综艺报,2016(21).

之间的距离和座椅的构造都要有讲究。这样精心的设计也是为了舞台的视觉冲击力①，为此，包括椅背两侧的 LED 光带、导师椅子与选手之间的光带，还有座椅底部的"I want you"，都会在导师按下按钮的那一刻亮起，并伴有音效，这些都会令观众为之一振。

我们还可以观察到一种趋势，即很多电脑游戏的元素设计方法越来越多地出现在电视节目中。

在前述举出的创新案例中，仅仅单一元素的创新就足以成为节目的亮点。事实上，更多的创新来自系统性、整体性的元素创新，各元素之化合，才是成就现象级节目的基础。元素化合包括元素组合、元素变换等方式，是各种创意元素在不同节目形态中的互相渗透与翻新，并成为形态创新、叙事创新的基本策略。譬如，新闻节目也日渐讲求叙事，如把新闻主题事件化，把事件呈现故事化，把故事讲述人物化，把人物表现个性化等，意在强化元素的作用。尽管如此，新闻类节目的创新亮点与规律性探索还是不如综艺类节目更加耀眼。譬如，浙江卫视《中国梦想秀》就把 4S 作为其主要元素，其逻辑可表述为：通过展示平民的才艺（skill）、讲述自身故事（story），借助明星（star）的加入，呈现给平民和观众惊喜（surprise）。②

项仲平在深入剖析我国近年来的综艺节目后发现，其创新方式可概括为三个大的方面：规制、本土化嫁接以及内容多样化，然而，创新的重点还是四大要素，即公益、情感、代际和科技。③"公益"元素彰显和传播正能量，是为社会主流所认同；"情感"元素触动和唤起人性共鸣，为公众提供内心放松和宣泄出口；"代际"呈现反差和回忆，引发隔代碰撞话题和趣味；"科技"增强互动方式和画面奇观，提高观赏性。

这里以综艺类的真人秀节目为例。角色安排与定义是真人秀的核心元素，

---

① 这些"节目模式商"才是上游玩家，你在追的爆款综艺都是他们的创意[EB/OL].（2017-08-01）. http://www.sohu.com/a/161356264_465296.

② 参见：浙江卫视"中国蓝"三周年　五年内欲成卫视第一[EB/OL].［2011-09-09］. http://yule. sohu.com/20110909/n318904980_1.shtml.

③ 参见：项仲平.电视节目策划教程[M].北京：北京大学出版社,2015:163-167.

是讲故事、起冲突、戏剧效果出现的逻辑起点。譬如，东方卫视《极限挑战》节目中的小绵羊、坏哥哥、聪明人、搞笑鬼、小傻瓜等，这些角色符号是编剧设计的，更是导演强化的。观众常常会循着逻辑给角色贴上"萝卜白菜，各有所爱"的标签，每个角色都会有自己的粉丝团。当然，这还需要传播策略"有意或无意"的引导，以强化观众的黏性。

规则设计是真人秀节目的另一个核心元素。鲜明的规则设计是一档节目有别于其他节目的关键所在，尤其是戏剧性冲突的规则更易呈现节目卖点。当然，此类戏剧性必须合乎情理、合乎逻辑、合乎身份，看起来才自然、真实、可信。有研究者指出，人为设计制造的冲突，缺少关照或联结现实的矛盾，仅仅是游戏而已。"这种从缘起上的虚假，无论参演嘉宾怎样假戏真做，其所刻意煽动的情感、传递的价值、都很难触动受众的'真心'"①，这是因为，当下的所谓真人秀，并不具备纪录片式节目中的真人、真事和真情。在节目创意和生产过程中，"具有现实根源的矛盾冲突才能调动出人物的内在真实，也才能承载观众切身的心理投射，由此的关联感受使节目更具吸引力和感染力"②。基于此，监控式真人秀或纪录片受到欢迎就不难得到解释了。

有业内研究者对综艺节目叙事元素进行了探讨，并认为叙事就是把一个个事件按照特定的意义组合串联在一起，用特定的陈述方式加以展示。③ 综艺节目中的叙事主要是由人物、环境、时间和情节四个元素构成的，各元素的基本要求包括如下各个方面。

第一，人物。节目参与者要有非常人所具备的故事背景、才艺特长、性格特点或表达特色。

第二，环境。环境为节目设置观众既平常又非熟悉的现实场景。参与者在其中的活动也是常人所不常为或参与人不常为的活动，构成看似真实，实则虚构的场景，"让人物置身其中并做出率性、真实的表达，旨在展示出人物的心

---

① 刘绩宏.差异竞争与融合全新[J].中国广播电视学刊,2016(1).
② 刘绩宏.差异竞争与融合全新[J].中国广播电视学刊,2016(1).
③ 戴本祠.论综艺节目的叙事建构[J].当代电视,2016(2).

理情态和个性特征，产生有意思的故事情节"①。给人眼前一亮的场景和活动当然让人爱看。

第三，时间。在规定的时间内完成某项任务能够激发参与者的热情，因而，时间成为增强悬念和紧张情绪的关键因素之一。

第四，情节。情节是综艺节目创意的核心，也是标志性元素。情节设计是"按照一定的因果关系向前推进，要有冲突、悬念，结果要一波三折。在冲突中展示事件的发展和变化，凸显人物的个性特征"②。情节更是调动观众心理参与的"磁石"，通过悬念设置和冲突，放大展示心理内在情绪、价值判断、处事方式等，让观众跟随参与者形成紧张、释放、纠结、兴奋和期待，体验艺术感染和心灵沁润的过程。

事实上，综艺节目中的叙事结构方式同样重要。中央电视台春晚可谓中国电视播出历史最长的综艺节目了，作为典型案例，有着鲜明独特的叙事策略。

中央电视台春晚舞台上的歌曲，很多已成为经久不衰的金曲。每当歌声响起，人们自然会联想到当时的场景，这与叙事结构的设计有着密切关联。剖析开来，我们可发现其一成不变的结构性特征，即三段论或"1＋1＋1"模式，亦即"主持人话题引入＋故事的讲述＋歌手紧扣主题的演唱"。正是由于"这种在晚会中层层推进、最终达到升华情感的方式，充分调动了观众的情绪，使观众不但能置身其间，而且得到了极大的情感满足"③。情感的满足记忆是最为深刻的记忆，为日后的流行做好了铺垫。

中央电视台春晚因何会一直沿用此种叙事结构方式呢？研究者分析认为，其主要原因之一是"电视元素包含视觉元素、听觉元素、刺激元素、情感元素、故事元素等，只要选取其中三四个特别突出的元素进行细化、强化和深化，就能实现质的提升和飞跃"④。这提醒媒体创意者们，在元素设计方面，不

① 戴本祠.论综艺节目的叙事建构[J].当代电视,2016(2).
② 戴本祠.论综艺节目的叙事建构[J].当代电视,2016(2).
③ 杨晓云,孙勤.晚会节目用"1＋1＋1"模式讲好中国故事[J].青年记者,2017(3下).
④ 杨晓云,孙勤.晚会节目用"1＋1＋1"模式讲好中国故事[J].青年记者,2017(3下).

宜太过复杂和多元，否则，有可能杂乱无章，重点不突出，导致元素之间不是形成合力，而是相互抵消；另外，还有观众心理方面的原因，"如同敲门，两下太急促，四下显拖沓，三下得体而礼貌，节奏正好"①，这样一种节奏是人们多年形成的心理惯性。惯性让人感觉舒适，容易引发共鸣，也使观众能有心理预期，如同文章的三段论，凝练且有章法。

再以 2017 年中央电视台播出的《朗读者》为例，这档节目延续了"三段论"叙事结构。每一期节目由 6 位朗读者构成，分为 6 个有机结合的大段落，每位出场约 12 分钟。这 12 分钟时长结构中，又由"访谈（故事）＋朗读＋点评"构成。这种巧妙的叙事结构，既是节奏的需要，同时又满足了电视观众随时进入收看的需求，十几分钟的小段落亦契合网络环境下碎片化的收看习惯。

无论是新闻、综艺还是电视剧，悬念元素都是不可或缺的，实证研究已证明了这一点。张慧丰、张国良的研究结论是"节目中悬疑设置数量和收视率之间呈显著相关，悬疑设置越多，收视率越高"②。以北京卫视脱口秀节目《我是大医生》为例，2016 年 1 月播出了 5 期，经内容分析，其悬念设置统计如表3-1所示。

表3-1 　　　　　　　《我是大医生》节目悬念设置统计表

播出日期	3 日	7 日	14 日	21 日	28 日
节目名称	清扫危险三角区	如何逆转癌症转变	关节里的"致命骨"	通过自拍发现心脏病隐患	会"传染"的肝癌
悬念次数	16	15	13	13	15
平均次数	14				

可以看出，在 1 小时的节目时长中，平均悬念次数为 14 次，每约 4 分钟就有 1 次悬念。这不仅提高了节目的节奏和紧张度，而且能让观众保持注意力而

---

① 杨晓云,孙勤.晚会节目用"1＋1＋1"模式讲好中国故事[J].青年记者,2017(3 下).

② 张慧丰,张国良.电视科学传播节目效果实证分析——以中央电视台《走近科学》节目为例[J].新闻记者,2010(8).

不游离于别处，由此可见悬念作用之重要。

在新闻节目中，嘉宾成为越来越被重视的元素。除了播报式新闻节目较少用嘉宾外，其他形式的新闻越来越多地在现场采用嘉宾对话或者场外连线方式进行点评，从而充分发挥嘉宾在特定领域的专业性和权威性。嘉宾起到意见领袖的作用，对保持和提升传统媒体公信力有很大作用。

综艺节目中的嘉宾也越来越有演员的作用了，节目导演甚至是按照剧本角色寻找最为合适的嘉宾。以湖南卫视《我是歌手》为例，该节目在集齐歌坛前辈、当红明星和乐坛新秀三大类嘉宾人物外，还要贴上类型化标签或者说6项标准，"实力、知名度、风格多样、个性、成长性、国际化"[①]，这样的做法，的确能够强化节目的戏剧性和角色个性。再以湖南卫视《旋风孝子》为例，该节目尽管是明星真人秀，以明星作为重要的卖点，以明星的隐私作为"吸睛"的利器，但是，"节目是以明星回归家庭、回归生活为落脚点，展现明星难得一见的另一面，而本是素人的明星父母在节目中的表现，也成为节目的另一大亮点"[②]。这里，节目在满足观众窥视欲望的同时，也呈现了明星家庭作为普通人的生活场景。

近年来，无论是综艺还是电视剧创作，都更加重视明星的使用。陈晔认为，在现阶段的综艺节目市场上，"从收视角度考虑，明星比素人更有吸引力"，明星"在观众既熟悉又陌生的场景中所表现出的真实性格、形象等都是素人所缺少的"，"不管是从节目宣传还是吸引赞助商的角度，明星版在当下显然是一种明智的选择"[③]。但是，过度依赖明星元素，导致明星出场费居高不下，实为业内所诟病，也引发了广电行业主管部门的关注并不断要求限制明星出场费。

明星演技的过人之处和粉丝效应，对收视有相对稳定的预期作用，这才是明星元素被重视的根本原因。在这种情况下，如何防止大牌明星长期"霸屏"？又该如何搭配年轻演员元素，同时又能保证收视预期？这是创意人、导演和投

① 刘秋娜. 湖南卫视组织管理分析[J]. 中国广播影视,2016(9 下).

② 郑向荣. 电视真人秀节目的价值导向与娱乐功能的和谐共振[J]. 中国电视,2016(6).

③ 罗姣姣. 美食类综艺节目,蓝海亟待开拓[J]. 中国广播影视,2015(6 下).

资人长期而且复杂的任务。

四、利用文化折扣找寻创意

在前述中，笔者曾把跨文化作为创意人的思维模式之一，但是，跨文化的创意设计在带来新奇感的同时，也必然产生传播中的文化折扣（Culture Discount）。所谓文化折扣，是指因文化背景差异，国际市场中的文化产品不被其他地区受众认同或理解而导致其价值的减低。这是加拿大学者科林·霍斯金斯（Colin Hoskins）和 R. 米卢斯（R. Mirus）两人在 1988 年发表的论文《美国主导电视节目国际市场的原因》（*Reasons for the U. S. Dominance of the International Trade in Television Programs*）中提出的新概念，主要是针对文化产品的跨境流通现象观察而得出的判断。事实上，文化折扣广泛存在。中国有句俗话，十里不同音，百里不同俗。不同年代的群体之间也同样存在文化差异，包括人际传播和大众传播的文化折扣随处可见。这是跨地域文化传播所要面对的现象，也是卫视频道面向全国性传播覆盖时，创意电视节目过程绕不开的障碍。如何处理和利用文化折扣？就创意而言，文化折扣现象的作用是一分为二的。这里笔者从国际和国内两个传播市场加以探讨。

（一）中外文化折扣成因分析与应对

文化折扣成因主要是语境的不同，高语境和低语境之间的不匹配就产生了文化折扣，低语境文化较之高语境文化更易理解。国际流行电视节目模式具备如下特征：独特的创意、标准的生产流程、以内容为主环环相扣的结构、低语境核心内容载体。高语境节目在面对异域低语境市场时，一定程度上会消解传播效果。因此，降低语境元素是必然的选择，如同美国好莱坞的电影一样，能够输出至全球，很大程度上是降低语境的结果。反之，中国文化源远流长，作为高语境文化，使得创意人员在研发节目模式过程中，自然地会带上中国特有的文化元素或符号，这不利于模式的输出，较易造成曲高和寡的局面。

形成中外文化折扣的内在原因主要是"性善论主导下的东方文化重视集体价值，倾向于沉稳含蓄的情感表达，在处理人际关系时更注重融洽与和谐。而西方文化更崇尚个人成功，不避讳表现人性弱点，情绪表现外化"①。在过去的三十多年中，无论物质还是精神，我国许多方面解决的是"无"与"有"的问题，而不是"精致"的问题，而西方发达国家已经跨越了这个阶段，正解决"品质"与"精致"的问题。为此，我们进口了许多精神产品，包括电视节目模式。模式作为一种文化产品输出到另外一种文化语境中，必然产生适应性问题。若非进行相应的改变，传播效果未必理想。近年来，国内引进的国外节目模式，失败的案例不在少数。主要原因就是"在移植过程中遇到了文化和价值观的冲突，影响了受众的接受度"②。

在绝大多数情况下，跨文化传播效果不够理想，主要原因是国内外观众文化背景、欣赏心理和生活状态存在差异，但也有人归因于节目发展自身的规律性和阶段性特征。以综艺节目为例，观熙传媒总裁陈晔分析国内观众更喜欢明星参与综艺节目的原因时说，"发展阶段不一样，国外的生活压力不像国内这么大，因此国外观众喜欢较为激烈的电视体验，素人版选手之间钩心斗角的桥段比较多，能够满足这种需求"③。社会发展的不同阶段，观众对节目当然有不同的阶段性需求。譬如，就美食类真人秀节目而言，陈晔认为，"此类节目必然是人们的收入水平和生活水平达到一定阶段后才会成为主流"④。这是容易理解的，只有当物质生活丰裕到某种程度时，人们才会追求更高层次的精神生活。

那么，国外电视节目模式进入中国市场，中国元素的创新应用就与文化语境密不可分了。国外电视节目模式在本土化过程中，国内制作者除了对节目的流程、节奏、环节做调整外，其他元素也要做出相应的增减或更换。譬如，在《星厨驾到》节目中，"土豆丝穿针、火候测试等都极具中国特色"，包括"惩罚室、270度蔬菜区，这些都是国外版本中没有的……"，节目的奖惩目标也由投资餐厅变成了更符合中国语境的明星赢取公益基金。同时，菜式基本以中餐为主，选择的大都是八大菜系中典型的标准菜和家常菜。通过这样的改造，在

---

① 李星儒.真人秀节目:狂欢下的冷思考[J].现代传播,2015(1).
② 李星儒.真人秀节目:狂欢下的冷思考[J].现代传播,2015(1).
③ 罗姣姣.美食类综艺节目,蓝海亟待开拓[J].中国广播影视,2015(6下).
④ 罗姣姣.美食类综艺节目,蓝海亟待开拓[J].中国广播影视,2015(6下).

保留节目基本架构前提下，"本土化改造无所不在，和原版不是特别像了"。①
其实，电视节目的此类创新在其他行业比比皆是，譬如，肯德基和麦当劳针对
中国市场推出纯中式早餐就是主动适应市场的结果。

国内真人秀节目的火爆源于国外引进的节目《中国达人秀》。在观众看来，
节目的确新鲜，而且看起来故事也是自然发生的，但实际上都是创意团队的选
择与安排。无论是欧美真人秀还是韩式真人秀，编剧都发挥着至关重要的作
用。两种模式中的编剧都能在短时间内激发强情节，由于其理念不尽相同，其
职能或设计方向也就有所差异。有研究者认为，"韩式真人秀的编剧会设计环
节、任务，在是'人造情境'上做文章……"，"而欧美真人秀的编剧不像韩
式真人秀介入得那么深，主要是在前期策划阶段发挥作用——编剧的主要任务
是设计节目规则，是以'限定条件'做戏剧催化剂"。彭侃认为，"韩式真人
秀的核心是游戏、娱乐的碎片化过程，……而欧美式的目标性更强。目标性意
味着节目主线突出，戏剧性由限定条件驱动，结局具有强方向性"。杨乘虎则
认为，"美式节目强调契约性和规则感，'哪怕是场游戏，也有规则'。而欧式
节目则强调文化，如阶层文化下的不同趣味、品位的差异性等"②。由此可见，
每个节目模式的成熟都取决于发源地的特有文化背景、审美趣味以及创意团队
的理解与分析，异地照搬模式当然很难行得通。

可以说，前几年引进的国外综艺模式是中国电视尤其是各大卫视获得竞争
优势的法宝。国外节目模式可分为两类：A 类，即经过长时间市场检验获得成
功的模式，已基本上被中国全部购买完毕；B 类，基本上属于新研发的模式，
未能经过市场的检验，风险较大，但价格也较低。对于国内较大型的媒体集团
而言，他们经常面对一个困惑，即：购买还是研发？有业内人士总结认为：
"购买模式的优势有两点：一是大大节省研发时间与成本。二是模式引进节目
提案通过率更高，不少电视台都认为模式引进节目更为保险。"③ 显然，高水平
的研发队伍需要很高的成本，研发出的新模式当然也面临着新的市场风险。

---

① 罗姣姣.美食类综艺节目,蓝海亟待开拓[J].中国广播影视,2015(6 下).
② 林沛.欧美真人秀:"另一种范本"的启示[J].中国广播影视,2015(10 上).
③ 陈丹,祝媛莉.原创在路上,"新限模令"下国产综艺走向[J].综艺报,2016(14).

当研发成本与购买成本相近时，若进行风险比较，任何一家媒体的决策者都要做出权衡，这是合情又合理的市场行为。然而，作为一个媒体传播大国，中国不可能长期依赖进口模式，长期进口必然削弱本土研发能力，造成研发人才的匮乏，更是一种短视行为。为此，媒体的决策者在尊重知识产权的同时，如何通过借鉴国外模式，开发具有自主知识产权的节目模式已成为当务之急。令人欣喜的是，我国也已有成功出口的案例，并且开了模式输出的先河。譬如，早年浙江卫视研发的《我爱记歌词》就已经进入了东南亚等区域市场。

在研究"中国文化如何走出去"这一命题时，陈圣来认为，"向世界传播中国声音、讲述中国故事，就需要有世界语汇……是指用世界能理解能接受的方式、习惯和话语来阐释、来叙事"①。借此观点，研究和借鉴国外节目的过程，实为输出的反向过程，原理是一样的。

（二）国内区域文化折扣分析与应用

事实上，文化折扣不仅存在于国内外两个市场，而且更存在于国内不同地域文化之间。省级地面频道和城市频道或许因地域覆盖较小、文化差异不大，而不必太在意文化折扣的问题，但对于卫视频道而言，文化折扣必须认真对待。中国是多民族国家，横向上，不同地域和不同民族之间文化差异是显而易见的；纵向上，文化总是处在不停的进步变化过程中，新锐文化层出不穷。这里笔者姑且称新锐文化为先语境文化，而把传统文化称为后语境文化。当传播在先语境文化与后语境文化之间进行时，同样也会产生文化折扣。因此，卫视频道的广域覆盖决定了其内容须获得各区域收视取向的最大公约数，显然，那些"现象级"节目均做到了。

只要涉及文化类节目的创意，我们就不难发现代与代之间的"文化折扣"问题。这里笔者将深入剖析湖南卫视的《旋风孝子》是如何找到最大公约数，应对文化折扣的。该节目以"孝道"作为主线和底色，建构了一个各民族均能接收的主题，并以"明星＋父母"的元素作为观众的"代理人"来投射情感，从而吸引眼球。

---

① 陈圣来.现代语境与国际表达中的中国文化考问[J].现代传播,2016(10).

首先，对于"孝文化"内涵的理解以及相应的行为，群体间的差异相当明显。有研究者认为，"孝道文化的内涵本身，随着中国社会的发展进程而不断地变化，形成丰富的内容和特定的外延，并积淀和内化为中华民族的心理情感"①。基于这样的认知，剩下的就是如何呈现了。研究者进一步总结认为，"在对孝道的表现上，注重从现代人的生活出发，根据现代人的生活和新型关系对'孝道'内容进行观照，并没有因为以传统文化为立意而具有距离感，相反却因为内容的鲜活生动、贴近当下，使节目的价值引导具有较强的示范性和实践性"②。显然，节目把纵向上的折扣有效地予以消解了。

其次，研究者进一步深入分析了节目是如何把传统孝道与现代生活结合，又是如何体现现代孝道多元性和丰富性的，主要包括：

话题嫁接。"对于现代人而言，由于社会生活形态的转变，过去'父母在，不远游'的陪伴式生活模式已有较大改变。"这种与父母生活在两处的状况是自改革开放后伴随着人才大规模流动开始的。别说是明星，即便是普通人，若生活在两个城市，相聚的次数和时间也是有限的。因此，在难得相处的几天时间里如何安排生活，经常成为年轻人在网络上热议的话题之一，更何况明星本身就自带话题性。

情感激发。在节目中，每位明星都精心安排与父母生活的6天5夜，其生活内容自然每家各异。"明星与父母不同的共处方式，让子女思忖与父母交流的缺失，唤起子女对父母的关爱"。在与父母相处的过程，是自然的，不是表演的。这种真实感必然唤起观众心理的投射，思考自己是如何与父母相聚和相处的，有没有该做而没有做到的方面？

平等相处。中国当下的80后、90后，甚至是70后，独立性都比较强，早已摆脱了传统社会所认为的"天下无不是的父母"这种旧观念。"子女与父母的关系，从过去的统治与服从，变为现在的平等与尊重，在这种新型关系中，孝的表达也呈现出新的样态。"在平等的关系下，年轻人尤其是明星，"创造"

---

① 郑向荣.电视真人秀节目的价值导向与娱乐功能的和谐共振[J].中国电视,2016(6).
② 郑向荣.电视真人秀节目的价值导向与娱乐功能的和谐共振[J].中国电视,2016(6).

出各式各样孝的表达方式非常自然，也是符合当下观众心理诉求和行为的，在拉近与观众距离的同时，引发共鸣和关注自在预期之中。

矛盾冲突。如果一档节目仅仅是平铺直叙的纪录，而没有艺术性处理下的矛盾和冲突，很难让节目具备感染力和吸引力。《旋风孝子》节目在处理传统的"孝"与"顺"过程中，并没有回避两代人之间必然发生的冲突。相反，"对这类矛盾的真实表现，不仅充分展现了人物性格，同时，还引发观众的热议，强化了节目在引导舆论时的议程设置效应，使节目传达的伦理和孝道理念富有现代色彩"，从而使矛盾看起来自然、合情、合理，与年轻人的心态吻合度高，情感代入性提升，也让正能量润物细无声般地得以传播。①

事实上，文化折扣本质上就是文化差异。有差异就可能产生矛盾和冲突，而这正是综艺节目、电视剧的戏剧性设定所需要的。有研究者直言，"这种差异性文化在传播过程中会产生巨大的能量，每个观众由于个人经历或情感的不同，即使观看同一档节目也会产生不一样的情感触发点"②。譬如，湖南卫视的《花儿与少年》节目根据台本需要，精心挑选了七位明星嘉宾。"他们在旅行中各种大大小小的摩擦层出不穷，这些摩擦不仅会在节目进行过程中不断升级，而且会在社交平台上引发各种评论。"③ 这些评论，既是融媒体环境下，节目围观效果所需要的相互碰撞，更是传播过程所需要的话题源和舆论场。

节目要有情感投入，才能提升温度，有温度的节目才是感人的。譬如：浙江卫视《奔跑吧兄弟》第二季加入了大量中国元素，尤其是中国式情感表达。节目在收官时，导演们安排了一个有仪式感的场面："夜色下上百支火把组成了一个巨大的 R 字，沙滩海风椰树，兄弟们席地而坐，互相念出写给对方的信。正是这样的情感铺垫，才有包贝儿的泪水盈眶，才有王祖蓝对着夜空大声喊'舍不得'。"④ 这种情感的自然流露，正是中国文化中那种亲情、兄弟情的写照，比之韩国导演团队所设计的悬念式结尾更符合中国观众的收视心理预期。该节目总制

---

① 郑向荣.电视真人秀节目的价值导向与娱乐功能的和谐共振[J].中国电视,2016(6).
② 黄佩,陈甜甜.电视平台：媒介融合的一种构想[J].中国电视,2016(6).
③ 黄佩,陈甜甜.电视平台：媒介融合的一种构想[J].中国电视,2016(6).
④ 许继锋.《奔跑吧兄弟》：超越电视文本的现象价值[J].中国广播电视学刊,2015(8).

片人俞杭英还总结道:"这种兄弟间的真情和不舍给观众带去深深的感动,也让《奔跑吧兄弟》这档综艺节目有了温度。"① 节目激发情感的共鸣是深度的心理介入,是中国人情社会的缩影,更是消解文化折扣的良方。

为此,更多地抽离出生活,表现中国人在各文化地域的共通情感,不失为打造核心创意元素的有效路径。

五、激发和保持创意的活力

每一个常办常新的电视栏目背后,都有一个不断突破自我、突破框框、充满创新活力的团队在支撑。媒体创意人如何才能不断激发旺盛的创意活力? 在中国传媒大学凤凰学院主办的 "2015 年最新电视节目模式推介及新媒体节目创新交流会"② 上,以色列知名电视制作人阿维·阿尔莫撒(Avi Armoza)为与会者提供了如下几个思考方向,这些方向对媒体创意人具有一定的启迪意义。

第一,保持对社会生活细致观察的兴趣。

生活中充满乐趣的人看待社会生活也是多彩的,愿意并主动地对生活中发生的一切进行探究和思考。创意人可以从周围的世界中受到很多启发。好的节目模式都是和人息息相关的,要多关注人性的要素,与真实的社会现实紧密相连,才能与观看的观众产生某种生活联系。对于所有的电视节目模式来说,它们非常重要的一点是,要让观众觉得,节目在真诚地讲一个真实的社会现实中的事情。

第二,持续观察:看到新的热点和社会影响。

创意人要仔细观察身边现象,并寻找独特的事实真相,答案可能是出乎意料的,然后思考用何种电视节目反映出来。假如是一个孩子,仔细观察妈妈行为,或许能创造出一个节目模式想法;又如你看到家里面老人的生活状态,联想到社会老龄化越来越严重,老年人在社会上扮演的角色越来越少,他们被电视节目所代表的可能性也越来越小,或许又会冒出另外的节目想法;再如智能

---

① 俞杭英.《奔跑吧兄弟》:做出中国味道[J].中国广播电视学刊,2015(8).

② 参见:模式节目创造新趋势的公式与原则——以色列模式崛起带来的启示[EB/OL].(2015-01-15). http://www.360doc.com/content/15/0115/00/2209670_440826804.shtml.

手机拍照越来越普遍，大家都喜欢随时自拍，自拍成为流行的社会性行为，结合社会其他现象，能否策划出一个节目模式呢？

第三，寻找真相：想办法找到且用某种方式表现出来。

开发新节目模式过程就是寻找真实且把真实的东西表现出来的过程。真相通过不同的节目类型反映出来，比方说约会，一般情况下，若是去约会的话，人们都会把最好的一面表现给对方，但假如约会时把自己的秘密都抖搂出来，如"我离过婚""我有两个孩子""我家里面很穷""我没有工作"，这样出乎意料的方式也可能制作出更有意思的节目。

第四，反映现实：把真实推进一步。

创意人通过观察社会现象，以节目来反映现实。比如当下的社会，离婚率非常高，现在很多电视节目都是关注离婚的过程，但没有涉及离婚后的生活，有孩子的家庭话题会更多。如果一对夫妇结婚三四年，可能有一个或者两个孩子，然后他们离婚了，那么离婚之后生活会是怎样的呢？六个月之后，父亲可能有新的女朋友，或者又结婚了；孩子的亲生母亲现在要把自己的孩子交给一个她并不认识的女人，现实就制造了一个三角关系在里面。基于这种社会现象的节目也可以做得很好看。

第五，不断进化：与技术进步共成长。

新技术既为媒体融合创意提供了新元素，同时又为观众与媒体互动提供了新方式。针对新媒体传播，阿维·阿尔莫撒还提出了如何突破的一些原则，包括六个方面：（1）要和观众一起改变，观众的收视已渐转移到手机屏，创意人就不能总守着电视大屏；（2）互动是王道，所有节目必须有与观众互动的环节；（3）互动不是加在创意之上的，而是创意的一部分；（4）内容不断更新，促使观众在线上和线下大量参与；（5）保证互动环节不是增加成本，而是能够带来新的利润；（6）利用新媒体平台扩充新的内容，包括各类伴随性的节目，互动的过程真相等。[①]

---

① 参见：模式节目创造新趋势的公式与原则——以色列模式崛起带来的启示[EB/OL].（2015-01-15）. http://www.360doc.com/content/15/0115/00/2209670_440826804.shtml.

第六，差异思维：保持创意先锋的捷径。

差异思维是把原本不相关联的事物、元素等组合在一起，所产生的新奇性自在其中。譬如，北京卫视近几年围绕"跨"字做文章，从跨屏传播到跨界综艺（如《跨界歌王》《跨界冰雪王》《跨界喜剧王》等），实现了发展的跨越。北京卫视在 2018 年的推介会上，更是打出了"未来，跨极限"的主题，大有将跨界进行到底的势头。

第二节　节目内容创意的具体方法

前人的研究成果中，总结了众多的创意方法，方法的名称也不尽相同，为媒体创意人提供了一些工具和路径。譬如，童清艳曾归纳出"联想类比法、组合创意法、逆向思维法、头脑风暴法、希望列举法等"[①]，却没有就如何具体应用这些方法进行产品设计展开论述，但其列举的十条修炼创意的规律[②]，对促进创意思维能力却是十分有益的。本节中，笔者结合他人的研究成果和具体创意实践，把形形色色的方法综合为最常用的五种。

一、原创法

艺术来源于生活，原创电视节目也不例外，创意过程大概分为以下四个环节展开。这里，笔者主要以中央电视台《朗读者》和《中国诗词大会》为例加以剖析。

1. 截取生活情景，建构电视场景

作为没有任何原型的原创文化节目，《朗读者》节目受到了各界的一致好评，引领了文化类节目的风潮，促发了人们对文化的关注。《朗读者》是如何做到的呢？

---

① 童清艳.媒体创意经济[M].上海:复旦大学出版社,2015:015,30-31.
② 问题核减法、重新定义法、心智绘图法、比喻思考法、强迫组合法、曼陀罗联想法、what if 法、图像思考法、逆向思考法、六顶思考帽法。

朗读是学校教学过程中再平常不过的情景了，中小学的语文和外语教学依然把朗读作为教学方式和基本技能之一。长期以来，朗读甚至成为国人生活的一部分或者记忆中的生活经历，朗读还有些怀旧的味道。这是中国人的文化生活情景。如何把公众熟悉的情景呈现在电视场景中？在谈到研发的过程时，制片人董卿说，"电视朗读不是剧场朗诵，不能把传统的朗诵会的形式直接搬上屏幕"，道理很简单，电视是艺术传播，不是教学过程。她还说，"这种字正腔圆的教科书般的朗诵可能只是一部分人很热爱的表演形式"。① 原样搬到电视荧幕上，显然并不合适。为此，参与研发的人员认真分析了电视场景，在充分考虑其特点的基础上，重点解决观众参与感、集体共情感和内心共鸣感的问题，即通过朗读这种看似简单的形式，把文章作者的思想和情感抽离，还原于舞台之上，打动主持人与现场的观众，并透过电视传播，与更多的观众形成内在的、有机的、深度的关联，以情动人，以事感人，集体情感交融的目标就能达到了。

巧妙的场景转换是创作的重要方式之一。河南卫视的秦峰认为，"文化需要换一种角度来欣赏，做节目不应该引经据典地去说教，而是从现在往身边、往后看"②。艺术须高于生活，若把社会生活场景原样搬上电视屏幕，作为传播服务的媒体居高临下地替代师者的角色，一定不会受到观众的欢迎。为此，电视人要以发现的眼睛细致观察生活情景，以电视艺术手段升华创作贴近生活的电视艺术作品。这应当成为基本路径，而不是脱离生活的闭门造车。

2. 放大日常细节，创新艺术加工

电视舞台的呈现常常是艺术性的夸张，通过各类视觉技术和艺术，把平常的细节以超常态的方式呈现。譬如，中央电视台播出的《中国诗词大会》把日渐远离人们平常生活的诗词以春风拂面般的温情和愉悦中带着紧张情绪的方式呈现到电视大屏上。创意的秘诀之一就是放大细节，创新呈现。观众在领略文化瑰宝之美的过程中，被激发出重习和探究汉语言文化瑰宝的热情，对中华传

① 林沛.关于中国电视节目"自主创新"，业界、学界如是说[J].中国广播影视，2017(7下).
② 祁海琳.河南卫视三档新节目迎新年[J].中国广播影视，2015(1下).

统文化的骄傲和自信也进一步提升了，因而，节目获得了一边倒的赞誉。

诗词歌赋教学也是再平常不过的教学情景。在中国人的家庭教育中，以游戏的方式激励少儿背诵唐诗宋词司空见惯。这既是早期智力开发的方法，也是传承文化精粹的方式之一。连字和连词游戏也常被语文老师拿来提升学生们学习兴趣。飞花令就是其中颇有趣味的文字游戏。节目中使用飞花令，不仅能提升节目的节奏，也让观众开动脑筋，参与其中，乐在其中，从而深度感受汉语言文化的魅力。

中国自古诗画不分家。节目以高分辨率画作为背景，把作品呈现得淋漓尽致。无论是静态的水墨、唯美的国画，还是简洁的动画，所传达的意境都让人百看不厌，思绪万千。其中，中山大学林帝浣老师为节目绘制的诗意画大屏背景，再配上悦耳的音乐，整档节目令人耳目一新。十句诗词，每句一幅画，选手根据画中所展现的意境竞猜诗词。这样的题目，在考验选手观察力、注意力和想象力的同时，又实时地考量其短时的语言抽象能力和诗词记忆搜索匹配能力。如此的题目创意可谓把电视画面的表现力运用到极致，既照顾到现场观众的互动体验，又充分考虑到电视观众的参与体验，其中的细节也照顾到电视呈现的特殊要求，一般情况上，国画的画幅不是1:6的长宽比，而是1:2，为适应现场要求，林帝浣老师特意创作了超长画卷。这种根据电视场景传播进行的艺术再创作，也给电视创意人追求舞台之美开启了一个新的方向。

3. 建立叙事方式，突出亮点设计

电视节目讲述故事，即叙事，要有一个讲的方式。电视节目是时空表现艺术，要求有一个合理的结构，一个能让观众投入其中的故事结构方式，其中还要求有鲜明的亮点或高潮，以强化观众的认知和记忆。确定叙事方式要依据什么呢？传统艺术理论认为，内容决定形式，叙事方式作为构成形式的一部分，当然主要依据内容，而随着电视技术和艺术的不断发展，形式也成为内容的有机组成部分，有时很难将内容与形式截然分开。电视节目来源于生活，内容极为丰富，同样的主题，表现形式各异，会呈现完全不同的效果。其中，最为重要的是以故事和情感为主线展开叙事。

若从字面理解，《朗读者》节目的"朗读"应当是其核心的版块，而实际上，在每个嘉宾出场大约 12—15 分钟的段落中，朗读过程仅为三分之一到四分之一。这就是《朗读者》创意团队的过人之处。如何把静态的文字、单调的朗读组合与电视画面结合起来，这的确是对创意者的巨大考验。创意团队在充分发挥电视视觉呈现方面下了很大功夫。基于此，创意团队有意减少了朗读环节，创意设计出"导语 + 访谈 + 朗读"的叙事方式——

导语：主持人用声情并茂的导语，把嘉宾的背景故事娓娓道来，唤起观众情感，形成期待感。

访谈：轻松的访谈甚至有些私人式的聊天，追忆过往，重拾记忆，也回顾美好情感历程。主持人和嘉宾敞开心扉，坦露细节，用简短的交流引出朗读者、朗读内容和为谁朗读之间的内在关联。

朗读：无论所选取的文字是否优美或朴素，也不论朗读者普通话是否标准，都并不妨碍将其真情融入情节。字里行间的意蕴和情感升华，已将共情作用达到极致。由此，节目的高潮如期而至。

节目的创意亮点是对朗读者的选择。每一位朗读者都是声情并茂，他们以富有感染力的声音塑造了文字的思想与形象，更以体态、表情呈现了文字的情感。朗读本身与表演有机结合，视觉不仅变得立体化，而且绚丽的舞美与轻曼音乐的渲染，更强化了电视媒体的时空艺术魅力。

常言道，好饭不怕晚，"导语"和"访谈"都是"朗读"大餐呈现之前的开胃小菜和铺垫，这既是有效调动观众期待感的前奏，又是提升悬念感的过程。在酣畅淋漓的朗读到来之前，观众情绪的酝酿积累也是必不可少的环节。由此，创意亮点自然而生。

为什么《朗读者》会有那么大的吸引力？作为节目的主角，朗读人来自各行各业，虽然并不一定是观众熟悉的名人和明星，但都有一段不为人知的不平凡的经历。节目以"一个人、一段文"为载体，以情感为纽带进行文化场域的构建，进一步拉近了主角与观众的距离。朗读门槛不高，人人都会，不像才艺秀节目，只有那些具有特殊才艺的人才可以登台。节目将遇见、陪伴、选择、礼物等富有人生意蕴的词语作为主题词和情感牵动的脉络，更将每个人的个人情感和阅历投射在观看过程中，使观众的思绪伴随节目中人物的阅读和主持人的话语跌宕起伏。《朗读者》90 分钟的节目时长并不让人感觉冗长，却如同交响乐章般时而舒缓，让人缠绵，时而激扬，催人泪下。

4. 创建话语体系，强化记忆元素

能够让观众印象深刻、多年不忘的好节目，往往有一套自身的话语体系，如片头、片花、主题歌等节目的标志性符号。节目的创意方案中应当包括完整的话语体系。

建立话语体系的核心是创设节目的沟通元（Meme，又译：模因、迷因）。沟通元是节目的"眼"，是让观众一下子能通过该元素联想到节目。沟通元可以是节目宣传语或标识，也可以是一个标志性的道具甚至主持人或观众呼喊的口号。我们可以把沟通元理解为一种文化基因，与自然科学的基因（Gene）相对应。在传播过程中，沟通元具有自我复制的特征。陈刚等人认为，"优秀的沟通元在合适的时间利用合适的传播资源发布，会取得令人意想不到的爆炸性传播效果"[①]。创设沟通元是营造话语体系的前提，也是强化记忆的核心元素。譬如，中央电视台的《星光大道》就创设了一整套话语体系，栏目口号为"星光大道 百姓舞台"，内设版块有"闪亮登场""才艺大比拼"和"家乡美"。这些语汇通俗上口、言简意赅，甚接地气，既表达了栏目的宗旨和价值追求，又很容易让观众记住，易于传播。

二、交叉法

交叉法俗称混搭，即把原本不相关或者差异很大的节目元素结合在一起，呈现全新的内容或新的节目结构与形态。用交叉法进行新节目创意，比用原创法相对容易些。交叉法源于差异化思维，可以从节目创意延展到全频道创意。参照以色列知名制作人阿维·阿尔莫撒提出的"跨类型、跨文化、跨平台"创意三原则，我们还可以发现"跨行业"的创意原则。无论哪种原则，事实上，完全的新内容或形式是极少数的，人们生活在具有共同经验范围的传播环境中，况且，国际交流也越来越便利了，因此相互借鉴自是必然。

---

① 陈刚等. 创意传播管理——数字时代的营销革命［M］,机械工业出版社,2012:123.

第一，跨类型创意是指结合现有节目类型和技术，打造全新的内容，即所谓的旧瓶装新酒或者新瓶装旧酒。譬如，把播报式新闻改为述说式新闻，把一个演播现场变成两个现场，各种音乐类节目的不断翻新花样等。东南卫视播出的《鲁豫有约大咖一日行》就是典型的跨类型节目。该节目把传统的演播室访谈与真人秀进行了组合，形成了新的结构和视觉效果，如此一来，既保留了老牌节目的品牌内涵，成功延续了鲁豫品牌主持的粉丝效应，又突破了演播室呆板的结构与节奏，提升被访人的角色地位，把访谈节目的"前台问答"与真人秀节目的"后台展示"有机地结合在一起，同时还满足了观众正面观察与侧面甚至后面"窥视"的愿望。使用真人秀的手法对嘉宾进行几乎无死角的细节记录，强化了电视屏幕的视觉表达和传播能力，更加让观众看得"辣眼睛"，这是演播室访谈不可能呈现出来的。

近几年兴起的"才艺秀"（talent show）更是跨类型的电视节目。此类节目源自国外的三个品类：综艺（Variety）、真人秀（Reality Show）和竞技游戏（Game Show）节目。其流程如下：（1）选手以某种才艺参与竞争性展示；（2）评判者判定是否晋级；（3）晋级者接受某嘉宾或某种训练后继续进行下一轮展示；（4）评判者确定最终的胜出者。有研究者进一步总结划分才艺秀的子类型：艺术类、身体技能类、脑力类、生活技能类和综合类五种类型。国内所有的综艺类节目几乎均能找到此五种类型的影子，其共同特点为："以真人真实的卓越才艺展示为主要内容，以竞赛（包括选手之间以及导师之间）悬念为主要结构框架，以普通人（常人或尚未成名的演艺人士）的身份落差为收视心理冲击点。"①

才艺秀并不纯粹为才艺展示，如传统综艺节目《综艺大观》《正大综艺》基本上以展示艺术为主，较少有故事，而《艺术人生》则基本上以故事为主，很少有才艺展示。才艺秀实际上为"才艺+故事"的组合。譬如，乐禧文化（北京）有限公司操盘的《单身战争》，就是把男女恋爱交友与生存游戏混搭

① 杨淑芳.回归价值本位：电视节目的欣赏选择创作逻辑——以才艺秀为例[J].中国电视,2016(7).

组合的；东方卫视《今夜百乐门》也是融脱口秀、明星嘉宾情景喜剧等元素于一体的混搭模式。此类喜剧节目能带给观众什么呢？李勇总结认为："以喜剧节目为代表的综艺娱乐类节目属于'镜子'，让观众看别人的故事、流自己的眼泪抑或是发笑。做这类节目，最大的问题在于我们能否照出当下社会的情形，这才是核心。"① 这是一种深层次的娱乐，节目内容取自当下社会的某种现象，以喜剧的形式加以呈现，观众会意并会心，在笑声中有所感动并有所感悟。

第二，跨文化创意是指不同地域之间。文化的差异性是客观存在的，当创意人在确定目标观众群体的时候，必须要考虑主要面对的是本地观众还是更广泛区域的甚至是他国的观众。同时，不同文化背景的人合作，也能够促发新奇的创意。中国是个多民族国家，文化差异性非常大，以观众熟悉的汉文化为主体，若结合少数民族鲜明的独特文化，就能呈现出强烈的差异性。譬如，中央电视台的《魅力中国城》打的就是差异牌。湖南卫视的《变形记》作为真人秀的一类，也是利用了城乡环境、生活习惯等差异来呈现新奇性的。

第三，跨平台创意。针对此方式，阿维·阿尔莫撒举例说，假如能把平板电脑的屏幕换成演播室的地板，平板电脑的手指游戏就成了地屏上的全身游戏，让现场玩游戏的人在地屏上玩，其他人用平板电脑参与，这样，两个屏幕的操作就互动起来，跨平台效果就产生了。② 反之，亦然。而实际上，就有创意者就把电脑游戏"打地鼠"移植到了电视节目中。

第四，跨行业创意。综艺节目是以人为本的，尤其是不同行业的人在一起总能碰撞出新的节目亮点。2016年，北京卫视播出的《跨界歌王》成为年度爆款节目，《跨界喜剧王》也收获成功；2017年，北京卫视又推出《跨界冰雪王》，跨界成了综艺创新的主要手法；2018年，北京卫视更是以"跨界赢天下"作为年度宣推口号。事实上，"跨界"以往被称为"反串"，常以单个节目出现，元素本身并不是全新的独创。然而，由于明星本身自带光环和话题，

① 林沛.《今夜百乐门》：东方卫视再发力，"场景喜剧综艺秀"崛起[J].中国广播影视,2016(12上).
② 参见：模式节目创造新趋势的公式与原则——以色列模式崛起带来的启示[EB/OL].(2015-01-15).http://www.360doc.com/content/15/0115/00/2209670_440826804.shtml.

反串角色自然给观众以强烈的期待感，尤其是一些多才多艺的艺人在经过全新包装后，带给观众的惊喜更大。譬如，《跨界歌王》的模式创新就收获了国际奖项，节目在第十二届中美电影节中获得金天使奖"最佳电视综艺节目"，这是国产综艺节目具有里程碑意义的突破。节目总监李红山认为，"这样一档兼具竞技赛和真人秀元素的节目……执着于音乐梦想，为了梦想而努力的正能量示范，综艺节目的娱乐精神与主流价值观得到了完美融合"①。参与节目的演员勇于挑战自我，磨炼意志的精神更是国际真人秀节目追求的人类共同价值观之一，为此，获得国际同行的认可当在情理之中。

再如，体育与综艺的结合。英文中"体育"（Sports Game）一词本来就有游戏的意思，也可以视为一种表演活动，而且很多体育项目的观赏性就很强。近几年，随着IP大热，各类影视文化公司开始意识到上游资源的重要性，纷纷把眼光转向了传媒行业外来寻找价值元素。譬如，北京聚思传媒广告有限公司的布局就是"把娱乐元素融入体育类栏目，使体育产品的内容不再局限于赛事，而是更贴合大众娱乐。同时，深入挖掘、打造明星的商业价值"②。在中国，"体育＋娱乐"的跨界营销显然是一片待开发的蓝海。2016年里约奥运会成就了傅园慧，成为爆款的IP；奥运之后，傅园慧走进一个个访谈、综艺节目，在极大地变现其商业价值的同时，也传播了90后运动员积极、健康、乐观、个性化表达的正能量和价值观。观察西方的体艺类节目（sportainment），成功的案例比比皆是。有研究者提出，"只有打破固有的界限，不同的事物才会碰撞出火花，而当有故事、有情感的内容通过戏剧化的艺术形式表现出来时，在丰富节目艺术特性的同时，也能够把娱乐性传递给观众"③。譬如，英国的贝克汉姆，其超高的身价与身后团队的跨界互推不无关联。

事实上，融媒体在为观众提供众多选择的同时，也分散了观众的注意力，这给传统电视媒体带来了新挑战。为了聚拢分散各屏的观众或媒介使用者，节目创意人要在节目叙事中开发使用平板电脑、手机或其他移动设备来观看和参

① 李红山.《跨界歌王》:匠心打造的年度爆款[J].中国广播影视,2016(12上).
② 杨余.聚思传媒:"体育＋娱乐"仍是蓝海[J].中国广播影视,2016(8上).
③ 杨立琴.《跨界歌王》:彰显真人秀节目的戏剧性[J].当代电视,2017(4).

与节目的环节。当然，节目还可以制作成电视与互联网媒体不同的版本，以适应各自群体的不同喜好。

三、反差法

反差法的原理是把电视艺术审美心理中的"日常化"和"陌生化"进行归纳。人们的收视行为既反映出对日常生活的熟悉感和逻辑感的期待，也反映出对生活原生态的差异性和新鲜感的追求。学者杨乘虎指出，"从功能诉求看，追求熟悉的日常化路径与追求新意的陌生化路径似乎背道而驰，但实际上两条路径都是生活真实感这一电视传播本质的变体"①。这为创意过程提供了艺术理论的支撑和依据。笔者观察发现，我国近年来的综艺节目创意呈现出三个鲜明的方向：一是常人或素人做不寻常的事，称为"接地气"节目；二是不寻常的人做寻常的事，称为"打名气"节目；三是不熟悉的人做常人难以做到的事，称为"拼志气"节目。这都是运用反差法进行创意的具体表现。

第一，常人做不寻常事。常人也被称为素人，在节目中，他们被安排参与平常极少体验到的活动。譬如，2015 年，世熙传媒联合北京卫视、四川卫视共同打造的《音乐大师》第一季，至 2017 年，已是第三季。在 12 集节目中，16 位 6 至 13 岁的天赋少年在 4 位顶级音乐人的辅导下演唱经典歌曲。在音乐老师的全程指导下，少年们经过音乐课堂和汇报表演，与经典歌曲原唱者及文化大师等组成的特约听课团亲密接触，完成百首中外经典歌曲的传唱。尽管节目组对外宣称这是一档少儿音乐成长节目，实际上是典型的星素结合的真人秀节目形态。

《音乐大师课》在传播作品正能量的同时，给观众以怀旧感，尤其是一些经典作品经导师辅导后进行演绎，呈现出十分新颖的效果。作品把怀旧感与时代感有机地结合在一起，让人产生不一样的感动，进而使经典作品在传承过程中得以升华。与此同时，如何对孩子进行音乐素养的教育也成为另一个广泛的社会话题，譬如，怎么引导孩子们理解他们未曾经历过的歌曲的时代背景，如

---

① 杨乘虎.中国电视节目创新研究[M].北京:中国传媒大学出版社,2014:105.

何理解作品的本来意义和要传达的精神？又该如何与当下的社会现实相结合，等等。这看似是作品问题，本质上是现代社会如何传承传统文化、弘扬民族精神、激发民族自豪感的大是大非问题。也许这样的综艺节目其火爆程度比不上很多明星云集的大型综艺节目，但是，其社会效益是不可低估的。再如，2016年第二季度，湖南卫视推出一档多屏互动音乐节目《我想和你唱》。节目总导演王琴总结认为，"节目最大的看点在素人身上，明星更多是作为绿叶衬托素人。观众的兴趣点更多的是从素人身上看到共鸣和代入感。节目的核心是给素人圆梦"①。如同《音乐大师课》，这样的星素结合，既拉近了明星与观众的亲切感，又提升了观众对素人表现的期待感。

第二，不寻常的人做寻常的事。明星为不寻常之人，一般而言，无论是在荧屏上还是在银幕上，明星虽为观众所熟知，但其背后的一面又不被观众所熟悉。在节目中，明星做常人做的任何事情，都易受到关注，如带孩子、做饭、旅游、完成各种任务等。于是在各类真人秀节目中，让明星做他们所不熟悉的寻常事就成为一种模式。"节目的创意诉求就是以大众所熟悉的公众人物来置换一个新环境，或回到自己常态生活环境中，让观众从另一个角度看到常态的明星，从而引发观众的好奇或趣味。"② 通常，成就明星影响力的是其在各类影视作品中的艺术形象，这是观众真实喜欢的形象，而不是明星本人的全部。真人秀节目把明星拉下"神坛"进而"过度曝光"，这在满足观众窥视隐私欲望的同时，也会放大明星普通人的一面。譬如，浙江卫视播出的《奔跑吧兄弟》节目，通过任务设置，充分展露明星生活的一面，真实展现一些明星在受挫、难堪等状态下的情绪反应。每个明星也都放下偶像包袱，以毫不矜持的表现获得了观众的情感认同。③ 观众情感的深度投入构成了忠诚度很高的粉丝团，为节目品牌营销和线下的产品营销打下了基础。不仅如此，这档真人秀节目以当时最炙手可热的明星作为元素，以电影手法设计"剧情"（游戏任务），以旁观者（观众）清，当局者（明星）迷的手法铺排结构，给观众以极强的带入

---

① 唐潇霖.《我想和你唱》，"星素结合"破题[J].综艺报，2016(14).

② 盛伯骥.论明星体验类节目的参与及市场把握[J].中国电视，2016(8).

③ 参见：许继锋.《奔跑吧兄弟》：超越电视文本的现象价值[J].中国广播电视学刊，2015(8).

感。"明星＋带入感"双元素的叠加，实实在在黏住了观众，获得了峰值达6.1%的收视奇迹。其秘诀就是：注重产品创新、内容主导，即以电视为核心动力的产业运营体系。① 当然，启用明星，也是一把双刃剑，控制得当，会给明星增加人情味，更受粉丝喜爱；反之，若控制不当，如在真人秀节目中表演痕迹过多，品牌形象受到损害也是可能的。

再如，湖南卫视《爸爸去哪儿》在选择明星嘉宾的时候，特意强化了不同的职业背景、地域背景和性格差异，以形成较强的反差，增强冲突和戏剧性。节目中出现的日常生活场景显然能让有孩子的家长产生认同心理。在面对孩子出现节目中类似状况时，家长会思考自身该如何处理，或者处理得妥不妥。观众的高关注度是必然的。事实上，明星对待孩子的行为一度成为平媒以及网络的热门话题，其节目影响力由此可见一斑。

第三，不熟悉的人做常人难以做到的事。一般情况下，若是常人做常事，大家当然不关心，原因很简单，"跟我一样""没什么看头"。事实上，多数媒体请明星参与节目有一定的资金门槛，故而转向以不熟悉的素人为主角，主打接地气，但素人须做常人难以做到的事情，来拼才气，如各种挑战、达人秀、绝活、才艺秀均属此类。同时，让媒体的舞台给普通人"加冕"，营造某种仪式感。

如何让普通人成为节目主角是必须突破的创意难题。在这方面，中央电视台《最野假期》做出了探索。节目的主角都是观众所不熟悉的普通人家的孩子，是地道的素人。他们如何吸引观众的注意力？有研究者总结其成功之处，认为："编导将儿童的功能分为两个方面来使用：一是利用他们的天然、纯真来满足成人的好奇心和回忆的情怀，利用童言无忌来活跃节目气氛、取悦观众。另一方面，利用弱势儿童（如留守儿童）的可怜故事来博得同情与关切，唤醒人们的良知。"② 节目组把握较好的是，并没有只把弱势儿童的痛苦撕裂给观众以赚取负面的情感与同情，而是把他们视如正常孩子一样，给予平等的人

① 参见：许继锋.《奔跑吧兄弟》：超越电视文本的现象价值[J].中国广播电视学刊,2015(8).
② 彭桂兵.少儿原创真人秀节目的伦理分析——以央视《最野假期》为例[J].中国电视,2016(7).

格，弱势儿童在节目中的主体性得以彰显。

四、移置法

移置法有些类似于交叉法，但移置法的核心是抽象归纳出节目模式，并剖析其关键元素，以此应用于其他项目创意过程。移置法包括如下几个主要环节。

环节一，节目模式归纳。什么是节目模式？至今没有权威的说法。但研究者基本上公认，电视节目模式由如下三个主要元素构成：节目创意、节目规则与流程以及节目辅助设计，其中，最为核心的当然是创意。譬如，江苏卫视播出的《非诚勿扰》、天津卫视播出的《非你莫属》等，这些节目来自生活中的"选择"场景，即选择男/女友或选择工作单位，"一对多选择"就是节目的核心创意。

环节二，节目元素替换。经过对原型节目分析后，替换那些不适合目标市场或观众旨趣的部分，这是局部的创新或为"非试验性、非全局性、非颠覆性的安全系数较高的细节改良"①。替换上述三个构成元素中的任何一个或多个都能呈现出新意。譬如"一对多选择"这样一个核心创意，创意人循着这个思路下去，还会有更多类似的生活场景：把选择人换成高考学生，就有专业选择、学校选择；选择人换成购房人，就有房子选择；选择人换成游客，就有旅游目的地选择；把选择人换成为求职者（甚至是外国求职人），就有城市选择等。

国外节目模式在本土化过程中，可以采取此种替换元素的方法，国内节目互相借鉴也能促进创新。譬如，2017 年年初，北京电视台播出的《跨界冰雪王》给节目嘉宾任务的环节便采取了"保密"的方式，即：把嘉宾的眼睛蒙住，直到进入任务现场，任务才能揭底，连观众也不知道。这一做法，没有延续许多真人秀节目提前获知任务的方式，如《爸爸去哪儿》中直接向嘉宾出示任务或由嘉宾打开任务卡。这对观众而言，悬念感增强，吸引力更大。

---

① 仰诚明.从《中国新歌声》看电视综艺的"微创新"[J].中国广播影视,2016(9 下).

环节三，流程结构细节。节目流程时空转换应当合理、顺畅、自然，不打断观众的思绪，有利于提升节目黏性，其中的辅助设计同样重要。譬如，浙江卫视因版权纠纷以《中国新歌声》替代了《中国好声音》节目名称，节目中的辅助设计包括标志性"天价转椅"换成了"斜坡轨道战车"，选手进门经过的华语音乐前辈荣誉墙，第五导师战队的加入等。冷淞认为，"自主研发的导师战车更加注重装置对节目进程和气氛的烘托融合，使得装置不仅能推动剧情发展，更赋予了观众情绪升华的功能"①。可见，节目中辅助设计的原创作用对节目本身的意义非常重要。2016 年的《中国新歌声》就保留了《中国好声音》最核心的两个元素，一个是灿星公司制作节目的水准，包括道具、灯光、音响、机位布置和数量等；另一个就是导师良好的互动，导师的选择与延续性是新节目高收视率和高关注度的重要保证之一。

环节四，卖点鲜明常新。知名电视制作人易骅认为，"好节目的内容要有形态的创新，要有黏住观众的武器，比如有悬念的架构、话题性的人物、价值观的体现等"②。每一个成功的栏目都有其吸引之处。譬如，笔者分析综艺常青树湖南卫视《快乐大本营》的构成后发现，"快乐聊天"与"互动游戏"是其核心要素，但其主题不仅每一期不同，过一段时间还会有较明显的创新，如栏目口号就从"快乐大本营，天天好心情"变成了"我们是快乐家族"，这个新口号能够更加贴近观众内心诉求，提升粉丝的归属感。节目元素经常性的替换不仅是创意新节目的方法，也是节目本身不断创新的内在要求。

总之，不变中求变，方能常办常新。若待观众审美疲劳出现时再匆忙搞所谓的"改版"，恐怕也是来不及的。

五、派生法

派生法亦可称为母子法，是指在原节目基础上派生出新的节目，具体而言，是在已有节目版块基础上进行重新创意，扩充为一个具有新内容或新形式

---

① 祝媛莉,秦霍然.八年传奇,"中国蓝"眼中没有对手[J].综艺报,2016(17).
② 杨余,易骅."不着急"的日月星光有着无限可能[J].中国广播影视,2016(10 上).

的节目。譬如，山东广电齐鲁频道的《小溪办事》便是脱胎于《每日新闻》中的明星版块《为您办事》。由于此版块总能获得高关注度，因此，让其独立成为新节目自然比创意全新栏目风险要小很多，且能在更大程度上满足观众的收视需求。再如，山东教育电视台创意的《校园》系列节目亦如此。自 2016 年开始，山东教育电视台先是举办了大型季播地面活动《中国梦·校园情 校园艺术节》，聚集了大量粉丝和人气，之后又开设了《校园星力量》才艺秀周播栏目，同时开启小主持人担任主播的日播新闻综艺信息汇编节目《校园星播报》；2017 年，再度创意《校园星唱将》（少年星唱将）优秀少年才艺展播节目。如此派生出来的一代一代节目，非常有效地嫁接并延续了相关资源。

派生法适合于收视观众和参与观众基数较大且自身发展比较成熟的节目。本就表现平平的节目即使派生出新节目，意义也不大。笔者观察发现，那些现象级节目无不是由粉丝作为重要群体带动和推动的一场场视觉盛宴。以浙江卫视《中国新歌声》为例，截至 2016 年年底，其微博注册粉丝数已超过 500 万人，百度同名贴吧发布的帖子超过 2700 万条。可以想见，电视与网络的互动正在颠覆传统的定时收看和浏览式观看方式，高收视的现象级节目已进化到"网络相约，电视相见，活动相聚"的新传播关系。在此关系中，如何与预设的和潜在的观众互动，是把他们吸引到电视大屏的关键。尤其是针对 90 后甚至是 95 后们，作为网络的原住民，"他们已不会固守在电视机这样的旧媒介前面等待，而是会对报纸、广播、电视等旧媒介进行积极的选择，甚至批评和挑剔"①。派生法的应用，不仅适用于电视栏目，也适用于跨平台的相互输出，以此创意出电视版与网络版互含共同基因的母子关系或姊妹关系产品。

母子或姊妹关系产品的设计是由融媒体传播环境下的媒介生态所决定的。当下，后现代主义、去中心化和多元价值在网络空间表现得淋漓尽致。90 后对媒体文本的解构能力超乎想象。这是传统电视媒体惯常的自上而下的议程设置和高高在上的威权式表达所面临的最大冲击。面对新媒介生态的挑战，电视媒体在节目创意和传播设计过程中，在充分尊重个体喜好和选择的同时，更要提

---

① 参见：彭兰.文化隔阂：新老媒体中的关键障碍[J].国际新闻界,2015(12).

升新新人类的身份认同感和参与感，在给他们提供表达的机会的同时，也要开放便利的参与通路。唯有如此，才可能形成大屏促发小屏互动、小屏引流大屏收视的良性循环。

当然，上述五种方法并不是独立使用或者教条式搬用的，而是可以多种方法并用，且创意方法本身也在借鉴其他各学科成果的过程中不断演进。我们能够观察到，模仿的节目样式难有较长的生命周期。这是由于模仿者没有经历过创造的过程，不具备原创的核心基因，内在的创意逻辑和迭代规律并不完全掌握在手中。为此，媒体创意人要创造属于自己的节目模式，就要去创造流行趋势，而不是跟着他人引发的社会潮流而动。

如何认知甚至创造新的趋势？趋势有时是游戏类节目，有时是相亲类节目，有时是真人秀类节目。到底哪些可能会流行呢？有什么可循的路径？靠什么来判断呢？创意人除了参考本书第一章进行详细的需求分析之外，还可以参照阿维·阿尔莫撒总结的节目模式创新公式（formula）① 展开相关创意工作。

亲近的人性要素（relatable human elements）

真实的情况（real situations）

社会相关性（social relevance）

真诚（honesty and truth）

$+$

讲故事的结构（structure for storytelling）

这个"4+1"公式需要创意者认真研究社会发展状况尤其是目标群体的相关需求。创意人要抽离出最能吸引眼球的人性要素，结合真实的社会生活状况，寻找与社会发生有机关联的元素，通过节目展现所有参与者最真实的一面或多面。所有这些，都依赖创造一个讲故事的新颖结构来承载。

当然，掌握了科学的方法，并不必然能创造出现象级节目，却可以帮助提高创意效率，减少创意的盲目性。

---

① 参见：模式节目创造新趋势的公式与原则——以色列模式崛起带来的启示 [EB/OL]. https://www.tvsou.com/article/96247e7924c5447548b6/.

第三节　典型节目类型的创意思路

新闻、综艺、电视剧作为电视节目内容的三驾马车，是最能体现电视传播特性、分担多半收视份额的主要媒体产品，也是广电行业创新最为活跃、发展较为成熟的典型节目类型。尤其是电视剧，早已形成了社会化制作的业态，众多综艺类节目背后更是涌现了大量社会制作机构，创意与创新的主体也越来越多。当下的中国电视行业，只有时政新闻还不允许非媒体机构生产与发布。笔者通过分析近些年来三类节目的演化轨迹，归纳出其创新路径或特点。正如冷淞所总结的，"电视节目创意策划的趋势是生活场景综艺化、主流价值综艺化、科学知识综艺化，但是必须拿捏好严肃与娱乐的尺度。除了文化教育类节目以外，养生医疗类、科技类、生活服务类节目都是综艺化的蓝海，电视节目创新可以在这些领域有所作为，从人物关系重构、话语方式转变等角度研发新节目"[1]。面对融合传播的新格局和新生态，节目内容产品创意在形成过程中，除了传统的内容创意和表现手段两个要素之外，喻国明教授认为，还要增加"关系"和"场景"两个新要素，这是由互联网所引发的新型媒介接触关系和消费关系的需求。所谓关系，就是要与观众形成实时的双向互动的强关系，以消除观众内在的"抗拒"和"防范"心理；所谓场景，就是节目本身构建的场景要模拟生活中的某种真实场景。尽管场景可能仍然是由电子空间构成的，是虚拟的，但是，场景要素能给观众熟悉感、亲切感，激发观众对产品和服务的情感消费，而不仅是传统的信息娱乐功能性消费。[2]

为此，在本节中笔者将从案例剖析入手，探讨三大类型节目的发展趋势和创意过程。

---

① 纪梦楠.电视节目创新研讨会在京召开[J].中国广播电视学刊,2016(10).
② 喻国明.用互联网思维构建传媒"新常态"[J].传媒,2015(12).

一、新闻类节目创意

"新闻就是对新近发生的事实的报道。"尽管学术界和媒体界依然认可陆定一先生所给出的定义，但是，在融媒体传播环境下，其内涵和外延却在发生着巨大而有意义的变化。最直接的变化就是电视或网络的新闻直播，为此，"新闻就是对新近或正在发生的事实的报道"才更合乎当下的传播现状。可是，对于数据新闻甚至过往的新闻重新解读其当下的意义又该如何定义呢？为此，较全面的新闻定义可以为：新闻就是对新近、正在或已发生的事实进行的报道和解读。有了符合实际情况的定义，才可以进行新闻创意或策划的探讨。当然，新闻创意也包括对将要发生的新闻进行传播设计。

学者胡智锋给出了"新闻策划"的含义：新闻策划特指对于已经发生的新闻事实的报道方式、形式、程序、时机、角度等的策划，也包括一些由媒体主动策划、先前未曾发生的新闻事件。[①] 从狭义角度，项仲平认为，新闻策划的目的不是制造新闻，而是更好地配置和运用新闻资源，把节目办出特色，是对新闻策划的特性、程序、规律以及来自采编人员的创意规律等方面的研究。[②] 自媒体的兴起，尤其是手机直播功能的便利与完善，电视媒体新闻抢占第一现场似乎只能凭记者的运气了。为此，寻找新闻的"落点"成为电视被迫的选择。融媒体时代的到来使"互联网＋"思维统领当下的新闻理念、生产流程、分发模式成为再造和提升电视新闻影响力和公信力的必由之路。

有研究者认为，"'互联网＋'从理念创新和技术驱动的层面给电视新闻的媒介融合带来机遇。着眼传播效果的最大化，以用户为中心，重组生产关系，搭建全媒体流程，构建电视新闻生产的生态圈，是电视新闻新媒体融合的最优路径之一"[③]。只有把新闻观众的"看新闻"转变成以新闻服务于用户需求，才可能重构"大屏观看，小屏互动"的新闻传播新格局。

笔者通过分析新的传播环境所带来的新变化和新要求后发现，新闻节目创

---

① 胡智锋.电视节目策划学(第2版)[M].上海:复旦大学出版社,2015:32.
② 参见:项仲平.电视节目策划教程[M].北京:北京大学出版社,2015:102.
③ 袁玲."互联网＋"与电视新闻的编导思维创新[J].当代电视,2016(12).

意呈现出如下显著的特征和发展趋势。

（一）时政新闻的智库化

从事实到评论——宣传的引导性。传统的电视新闻传播是以报道事实和提供信息为主，间或附加一些媒体评论，此类型节目形态在一些频道中依然存在。普通观众对于一些重大要闻，如涉及国家大政方针、外交、国防等，可能感觉不到或不能深刻体会新闻事实本身的意义和价值，电视媒体就有必要对其加以延伸解读。然而，媒体记者、新闻主播或媒体自设的评论员也未必能对新闻事实解读准确、到位，且存在误读或误解的可能性，为此，专职或兼职的媒体评论员应运而生，如时政、军事、财经、体育评论员等。不仅如此，政府各相关部门新闻发言人的设立，也提升了媒体对新闻事实解读和评论的直接性、便利性和权威性。

然而，网络媒体和自媒体正在消解在制度保护或垄断下的新闻事实权威性及其树立起来的传统媒体公信力。传统媒体常常抢不到第一时间的信息源，主要是因为网络媒体和自媒体既能提供事实，也能提供评论，且大量意见领袖活跃在网络媒体和自媒体中。尽管目前大部分网站还不能开展时政新闻业务，但是，却难以阻止用户生产内容（UGC）业务的蓬勃发展。为此，鱼龙混杂的融媒体传播环境，愈加需要电视媒体进行纠偏，提供正确和客观的引导。

从评论到对话——观点的独特性。对于许多非国家级媒体而言，外聘评论员担任智库成员并不容易做到，主要局限于两点：一是受制于地方智库人员的水平，二是做不到随时随地连线或录制节目。为此，电视媒体更愿意培养自己的评论员，尤其是在民生新闻中，新闻主播往往兼具评论员的角色。此类做法在中央电视台《新闻1＋1》中体现得比较鲜明，白岩松式鞭辟入里的剖析和犀利的语言风格，极大地提升了其话语力量和个性传播魅力。有研究者总结认为，其"平民化的个性，大民生的新闻题材，加上深度背景解析，成就了《新闻1＋1》独特的节目模式"[①]。一位主播加一位评论员，既改变了播报式新闻的传播场景，也变一元主体为二元主体，甚至评论员也成了核心主体。这种对

---

① 袁靖华.电视节目模式创意[M].北京:中国广播电视出版社,2010:27.

话场更易引发讨论，接近人际传播的场景。

在这种传播场景中，新闻评论员的作用可概括为：一是引导。新闻评论员在很大程度上代表了所属媒体，其对当下发生的重要事实的看法或观点，对受众是一种重要的舆论引导。二是监督。"监督舆论，群众喉舌，政府镜鉴，改革尖兵"，这是1998年朱镕基总理在视察中央电视台《焦点访谈》栏目组时的题词，足见政府主要领导对新闻舆论功能的重视。新闻评论员的评论在弘扬先进思想和精神的同时，还不断抨击和揭露各种腐败现象以及不正之风，进而对这些不良现象形成强大的舆论压力。三是表态。作为一种直截了当的发言方式，新闻评论员可以代表新闻媒体对当前的重要事件和问题表明态度。四是深化。社会发生的新闻事实往往是具体的、零散的、微观的。客观上需要评论员通过分析、综合和提炼，让广大受众通过现象看到本质，理解意义。

综观新闻传播的深层次竞争态势，我们可以发现，媒体立场和观点已成为争夺话语权的核心，"在表现形式上则体现为——媒体对新闻事件独家和特色的解读，对新闻事件、热点话题的'个性'评论，在事件评论当中体现出的对社会舆论的引导力和影响力"[①]。在新闻信息过载的传播环境中，仅仅提供新闻事实的做法已经难以继续下去了。

（二）民生新闻的互动化

新闻节目似乎很难互动，但是，民生新闻选题由于几乎可囊括百姓生活的各个方面，其贴近性使得互动水到渠成。这里，互动的入口设计甚为重要。譬如，如何把传统文化与民生新闻相结合？安徽经视《第一时间》对此做出了有益的探索，为新闻互动的设计提供了全新的思路，其特点表现为以下三个方面：

第一，吸引观众因子的贴近性。方永明等人总结认为，"《第一时间》以传统节日为抓手，围绕民风民俗策划系列活动。挖掘新闻热点中的传统文化因子，及时策划选题。在节目中融入传统地域文化，以贴近性来聚合观众"[②]。最

① 袁靖华.电视节目模式创意[M].北京:中国广播电视出版社,2010:27.
② 方永明,赵盛.电视民生新闻栏目弘扬传统文化的探索与思考——以安徽经视《第一时间》为例[J].中国广播影视,2016(10).

接地气的莫过于与当地文化习俗、风物、人物、非遗等看得见摸得着的元素相结合。譬如，这档新闻节目现场直播安徽六安双墩一号汉墓发掘过程，讲述安徽地标桐城文庙、芜湖中江塔故事等，把百姓身边日用而不知、日过而不睹的文化元素活灵活现地呈现出来，给人既熟悉又陌生的新鲜感。

第二，吸引观众参与的实惠性。春联是中华民族春节中的标志性符号，过年贴春联更是中华民族传统文化习俗的重要组成部分。"《第一时间》开展'迎新年 赛春联'活动，向观众征集春联。专家评选出'十佳春联'以后，请知名书法家写春联，然后印刷做成春联大礼包，派送给全省各地的观众。活动以其知识性、公益性、趣味性和互动性深受观众欢迎。"① 用小小的礼物把观众参与的热情点燃，把传统文化习俗变成实实在在的行动。

第三，观众长期参与的稳定性。《第一时间》的"迎新年 赛春联"活动，开始于 2008 年。截至 2016 年，"此活动共收到各地观众发来的春联作品二十多万副，累计派送春联四十万份"。事实上，收获远不止这些，活动的影响力向更深处发酵，"活动从普通百姓中发现了一批楹联高手，甚至有的人看了节目后开始学习楹联创作，通过五六年的努力，参加楹联大赛获奖"②，由此把春联文化推向了更高的层次。"赛春联"的互动内容和形式都别出心裁。观众参与设计了两种方式："一种是嵌字联，即要求观众短信发来的春联作品中含有特定的字（如'第一时间'或频道口号'爱生活 看经视'中的任意一个字）。另一种形式叫'对对子'，也就是专家出上联或者下联，请观众来对，最后评选出其中最佳的一副。"这种形式，激发观众开动大脑，调动热情，产生犹如选秀般的互动效果。不仅如此，传统文化习俗由于具有很强的生命力，一旦借助媒体被激活和延展，将会成为生活中的一部分，"很多观众大门上贴着《第一时间》的春联，车上挂着《第一时间》的香包……在观众生活中嵌入印记，

---

① 方永明,赵盛.电视民生新闻栏目弘扬传统文化的探索与思考——以安徽经视《第一时间》为例[J].中国广播影视,2016(10).
② 方永明,赵盛.电视民生新闻栏目弘扬传统文化的探索与思考——以安徽经视《第一时间》为例[J].中国广播影视,2016(10).

并获得了很好的口碑"①。电视新闻传播由线上播报走到了线下活动，新闻与民俗巧妙结合，无疑提升了电视新闻的亲和力、公信力。

（三）重大事件报道的融媒化

广视索福瑞多年的连续监测数据表明，在人均收视时长等指标下滑的情况下，电视依然是最具影响力和公信力的媒体，但是，抢占第一时间发布信息越来越困难，自媒体与网络媒体越来越多地占领了新闻源的"前沿阵地"。针对新形势，电视媒体主要选择了渠道融合和内容融合两种策略加以应对，尤其是在重大事件发生时，更需要融合传播的全覆盖格局，融媒化已成为唯一的选项。如下的案例颇能说明问题。

2016 年全国进入汛期以后，长江中下游沿江、江淮以及西南地区局部出现强降水，发生严重洪涝。相关媒体行动迅速，采用全新的报道模式应对，"两微一端"、手机直播与主频道、主频率相互交叉促动，打了一场漂亮的"新闻战"。以湖南为例，按照"打通全台新闻资源，实现资讯互联互通"的要求，融合卫视、地面频道、频率的共一百多名编辑、记者奔赴各灾区，通过开设特别直播窗口、常规新闻栏目和应急特别节目，7 月 4 日、5 日共播出 62 小时防汛相关报道。安徽广电更是启动多栏目联动，实现矩阵式报道，加大发稿密度和频度。② 上海广播电视台抓住报道机遇，以融媒体中心的新体制应对报道点分散、突发事件多的局面，依托自身各地记者站的基础资源、联合各通讯社、地方台的同业资源，整合社交媒体线索、视频等信息资源，抢占了更多的新闻第一现场，提升了新闻的现场感、真实感和感染力③。湖北卫视以"中央厨房"模式实施报道，以集团军、专业化、模块化的新型组织方式构建融媒体传播大格局，从 2016 年 6 月 19 日至 6 月 22 日，累计播出防汛相关报道 160 条，推出 10 场防汛救灾电视直播，共 300 分钟。从 7 月 2 日至 7 月 8 日的第二轮汛情高

① 方永明,赵盛.电视民生新闻栏目弘扬传统文化的探索与思考——以安徽经视《第一时间》为例[J].中国广播影视,2016(10).

② 参见:陈丹.融媒体环境下的防汛抗灾报道[J].综艺报,2016(16).

③ 参见:陈丹.融媒体环境下的防汛抗灾报道[J].综艺报,2016(16).

峰期，推出 3957 分钟大直播。① 如此大体量的生产，依托的是 10 多个专业团组：一线报道组、特别报道组、接片组、电话连线组、画面组、新媒体组、直播编辑组、直播导播组等，体现出流水线般的生产高效率、产品高质量。② 这种多源聚合、多渠分发、中央大脑指挥的生产流程正是融媒体传播时代新闻大生产的重要特征和发展方向。

（四）监督评论类节目的轻软化

在融媒体传播环境下，电视新闻媒体经常难以成为第一发布方或唯一的新闻来源，对此，为新闻找轻软落点等探索便成为新闻创新的方式之一。以河南电视台都市频道为例，《都市再报道》作为一档由其品牌新闻栏目《都市报道》派生出来的新栏目，其创新之处主要有如下三个方面：

第一，变"易碎品"为"故事片"。电视新闻本来是易碎品，且主要由新闻事实构成，有些在播出新闻事实的同时，加上新闻评论，从而为新闻增加背景或落点。《新闻再报道》把以往播出过的"新闻"作为历史纪录，对涉及的人或事进行回访，将过去与现场两个时空有机地连接起来，"更能展现岁月的变迁、世事的荏苒，让受众在观看过程中感受到情感上的共鸣"③，把看新闻播报的过程变成了看故事的叙事过程，而看故事是人的基本收视期待心理之一。"旧闻"新作有了新落点，如同微信的病毒式传播一样，电视新闻传播也有了新起点。

第二，变"热度"为"厚度"。1997 年开播的《都市报道》，历经 20 年发展，成为河南地面频道的标杆性新闻节目。栏目以传递最快消息，反映热点、难点，贴近生活的叙事角度，赢得百姓的关注和支持，传播热度之高十分少见，曾达到 46% 的收视率。当初播出的新闻人物并没有被都市频道所遗忘，因为新闻就是过去的历史，经过时间的洗礼，他们更具有时代烙印和厚重感。譬如，"12 年前在新闻《辣椒熟了，椒农愁了》中出镜的椒农，如今成了当地的

　① 参见:陈丹.融媒体环境下的防汛抗灾报道[J].综艺报,2016(16).
　② 参见:陈丹.融媒体环境下的防汛抗灾报道[J].综艺报,2016(16).
　③ 王丹.抓住"长尾",打开电视新闻新思路——河南都市频道《都市再报道》创新分析[J].中国广播影视,(11上).

种植大户……对这些人物的报道，让栏目既接地气，又有生气，形成了不同于其他新闻栏目的人格气质"①。这种厚重感，更能引导观众收看新闻，思考人生。

第三，变"我播你看"为"互动参与"。当下的多数电视新闻节目中，虽然有"爆料"或"摇电视拿奖"两种观众参与方式，但依然是"我播你看"的老套路。新闻生产能否还有其他观众参与方式？《都市再报道》给出了答案。栏目通过设置小版块《一面之缘》，并"以《一面之缘》策划为发端，通过微博、微信、客户端、户外媒体等多种方式吸引受众参与到节目的内容生产中来，为受众营造'我是参与者、见证者和纪录者'的参与感和代入感，从而实现节目爆裂式传播的'新'效果"②。邀请用户参与生产正是网媒运营多年的UGC成长之路。

2014年3月，浙江卫视开播了一档时长仅有5分钟的"小节目"《今日聚焦》，这个地方版的《焦点访谈》，因为创新，发挥出了大能量。其创新之处主要在于：

选题原则刚性。《今日聚焦》在选题方面给自己定了三条原则——政府关注，群众关心，近期可整改。"政府关注"的事项必然是涉及全局的公共领域的大事、要事，政府本身的高度重视容易成为传播的议程；"群众关心"的事务自然涉及千家万户的切身利益，更加容易成为街谈巷议的话题；"近期可整改"则意味着进入节目报道的事件能有处理结果，能让观众看到舆论监督的力量或者说传播议程的实际效果，进而树立和增强栏目的权威性与传播力。

事实准确无误。真实是新闻的生命，监督评论类节目更是如此。没有调查就没有发言权，记者和编导的态度、专业知识、法律知识、政策水平等综合素养决定了监督的分量和实际效果。《今日聚焦》的三个"关键点"——"关键

---

① 王丹. 抓住"长尾"，打开电视新闻新思路——河南都市频道《都市再报道》创新分析[J]. 中国广播影视,(11上).

② 王丹. 抓住"长尾"，打开电视新闻新思路——河南都市频道《都市再报道》创新分析[J]. 中国广播影视,(11上).

内容要核准、关键画面不能漏、关键人物要采访"作为工作流程的指针，更是保证事实准确无误的铁尺。有了事实，才敢于监督，有了准确，评论才有分量。

形式亲和贴近。多数监督评论类新闻节目属于"高冷范"，节目形式活泼不足、严肃有余，而在融媒体传播环境中，观众对此种僵化的电视艺术表达形式早已出现疲劳。《今日聚焦》主持人语态软化、体态动化，变"播报体"为"述说体"，点评更是刚中带柔，让观众感觉既接地气，又能解气。尽管节目时长有限，但画面制作却一点不偷工减料，在展示复杂的事件或人物逻辑关系时使用图片、色彩、动画，清晰明了，提升了内容易读性和观点易接受性。

（五）纪实类新闻的故事化

纪实类新闻，即以纪实手法报道的新闻。近几年，此类新闻因其悬念性和故事性等鲜明的特征，深受观众喜爱。

以北京卫视《平安缘》为例，秦新春等人归纳出创作理念和方法上的三个"不离开"，也就是"不离开现场""不离开情感""不离开时代"[1]。显然，"不离开现场"，就是把新闻第一现场作为最重要的元素，没有比亲眼所见的过程细节更能打动人的了。这等于把常规的播报式新闻事实拉长时间，加大空间，从而使节目更加入眼；"不离开情感"，就是以人为本，把公安干警刚硬的外表加以柔化，使其更加立体，引发观众的情感共振，使节目更加入心；"不离开时代"，就是把公安这个社会的侧面置于法制、平安社会的大背景下，让社会成员彼此了解和理解，从而共同维护良好社会秩序，同时也使节目更加入理。

新节目类型的出现有时难以用传统的方法进行分类。当然，创新就要打破常规，在不同类型的节目间探索出新创意。2016年7月，上海电视台新闻综合频道播出了医疗纪录片《人间世》[2]，这部10集的纪录片实际上是由一个个的

---

① 秦新春等.北京卫视"920"节目带结构性调整实践[J].中国广播电视学刊,2016(1).
② 参见:赵国红.《人间世》:融媒体时代爆款纪录片生成记[J].综艺报,2016(17).

新闻报道构成的，连续的全方位报道组成了精彩感人的中国故事。《人间世》的创作遵循了如下的原则，这些原则也是创新的保障。

第一，深度沟通打开记录禁区原则。与医院领导沟通、与科室医护人员沟通，与患者及家属沟通，取得相关人员充分理解并信任，这是达成"拍摄无禁区，播出有约定"的必要步骤或前提。

第二，只记录、不介入的拍摄原则。整个片子在拍摄中不预设情节、不预设冲突，保证拍到最真实的现场。

第三，沉浸式贴身报道原则。为了达到近距离拍摄，摄制人员与医护人员的作息甚至工作习惯同步，以便获得感同身受的体验，所取得的拍摄对象的理解更成为贴近的必要条件。拍摄对象和摄像机的距离保持在2—3米，能够捕捉到很多细节和情绪。无疑，细节是最真实的，也是最能打动人心的。

第四，记者观点表达的引导原则。《人间世》是具有新闻属性的纪录片。原生态的记录并不是创作者的本意，尽管不干预画面，但旁白给予观点的表达却能让画面的立意更高，故事更有内涵。譬如，"偶尔治愈，常常帮助，总是安慰"（To cure sometimes, to relieve often, to comfort always），这句美国医生特鲁多墓碑上的铭文也被用作旁白，足以引发观众对医护人员职业的理解和对脆弱生命的呵护与珍视。这是做新闻报道出身的摄制组所具有的新闻基因的表现以及对新闻价值观的内在推崇。

不仅如此，《人间世》打破的是传统的医疗报道定式思维：深夜急诊→病人命悬一线→疑难杂症，比预期还要危险→全院会诊，决定手术一搏→几小时甚至十几小时艰苦努力，病人转危为安→家属感恩戴德，这种皆大欢喜的结局当然是每个人所期待的，也成为选择性报道的必然结果。然而，这样的报道并不是医疗事实的全部真相，失败的手术或医治方案并不鲜见，只是几乎不被媒体所选择并给予报道而已。

钱海红总结认为，《人间世》以真实的记录构建了医患关系的"四重"价值："首先，为修复当下的医患关系提供了切实的路径，彰显了社会价值。其次，直面生与死，是对国民生死观的一次洗礼，体现了人文价值。第三，在内容和形式上呈现中国医患生态，凸显了传播价值。第四，作为中国首部深度调查类医学纪录片，《人间世》有其独特的学术研究价值。"① 这样的高度评价，无疑肯定了《人间世》团队的创意和媒体服务之境界，《人间世》的广泛传播与社会的普遍关注值得各方做进一步的剖析。

再如，2015 年，江苏卫视《你所不知道的中国 2》开创了新闻纪实类节目的新思路。其核心的理念就是以"洋眼"看中国的视角，讲述当下中国人的故事，而用新闻讲故事是国际传媒流行的方式之一。②《你所不知道的中国 2》创新之处表现在如下几个方面。

第一，外籍主持人的新鲜感。尽管全片十五集的体量并不大，但十位外籍主持人却是经过精挑细选的。他们都是生活在中国的外国人，对中国有一定的了解和理解，且有一定的表现力和表达能力，但囿于自己生活的中国环境，他们对中国社会的观察和理解又是不全面的。节目组所选定的主题对他们而言，可能是前沿的、全新的和未知的，这使得主持人的探索与发现欲望最真实，当然，这些"也是普通观众还没有通过其他资讯渠道了解和获得的信息"③，这就不同于启用国内的主持人。相比国外主持人，国内主持人更了解中国，但往往对主题带有先入为主的"观念"或"理解"，在节目中反而可能少了细致的观察，从而可能降低节目的新鲜感。

第二，体验式报道的代入感。外国人作为主持人，如同空降般到达采访地，不必事先做功课，也不必考虑说错话，"节目组把外籍主持人放到拍摄的环境和事件中，让他们自主去发现、体验和感受"④，让观众也带上发现的眼睛去寻觅"熟悉"的陌生感。主持人的"在场感"，使该节目更接地气、更具有感染力和说服力。

第三，互动式采访的贴近感。在传统的此类新闻节目中，记者或主持人常

---

① 崔忠芳.《人间世》:真实之下,寻找"可为"与"不可为"[J].中国广播影视,2016(9 上).

② 王方."洋眼"视角下的"中国侧写"——论大型全媒体新闻纪实节目《你所不知道的中国 2》的创作特色[J].中国电视,2015(6).

③ 王方."洋眼"视角下的"中国侧写"——论大型全媒体新闻纪实节目《你所不知道的中国 2》的创作特色[J].中国电视,2015(6).

④ 王方."洋眼"视角下的"中国侧写"——论大型全媒体新闻纪实节目《你所不知道的中国 2》的创作特色[J].中国电视,2015(6).

常作为"导游"出现，以第三人称的方式向观众做介绍。《你所不知道的中国2》中，外籍主持人深入受访环境、家庭、工作、生活甚至娱乐环境中，介入事件发展的进程中，并且与电视观众时有交流，这样，"观众不仅感受到外籍主持人独特视角的发现，而且有更强的参与感与体验感"①。视角的贴近必然带来情感的贴近，有助于激发观众产生民族的自豪感。

第四，微观视角切入的真实感。宏大叙事曾经是中国新闻或历史类纪录片的常用形式。新媒体的崛起、视角的多元，让媒介使用者对世界和事件有了更多的解读方式和理解方式。微观表达成为新闻纪录片的新手法之一。《你所不知道的中国2》中，每一集的切入点都很小，以小故事、小人物做贯穿，以外籍主持人的"洋眼"做微观体察，带领观众去聆听、体味和思索，不是口号式宣扬中国魅力和骄傲，而是让观众自己得出结论，再加上旁白和小片的补充与解读，"两种视角在同一档节目中交叠使用，互相呼应，有点有面，主观感受和客观描述相互辉映，形成视角交替的描述"②，对比手法的无缝交融，更加强化了微观切入的真实感与真切感，从而提升了节目的感染力和说服力。

（六）主流价值观节目的大片化

在传统的新闻传播实践中，主流价值观新闻节目往往被认为是应景的，延续多年的"八股文"式样态，创新似乎很难。的确，主流价值观的体现与解读常常因其"高大上"的理念而显得非常抽象，且又常常缺乏鲜活的故事，电视媒体若操作不当还会出现人为的价值拔高，而使主流价值观受到质疑。

只要敢于突破、勇于创新，主流价值观节目创意同样是无限的。以湖南卫视播出的《绝对忠诚》（共三季，27期）为例，节目依托其制作综艺大片的技术积淀，以"站在天安门上看问题，站在田埂上找感觉"的新闻解读角度和操作手法，迈出了新闻也可以更震撼、更鲜活的大片化探索。③ 为此，该节目获

---

① 王方."洋眼"视角下的"中国侧写"——论大型全媒体新闻纪实节目《你所不知道的中国2》的创作特色[J].中国电视,2015(6).

② 王方."洋眼"视角下的"中国侧写"——论大型全媒体新闻纪实节目《你所不知道的中国2》的创作特色[J].中国电视,2015(6).

③ 谢鸿鹤,聂雄.采写有思想、有温度、有品质的新闻——从湖南卫视获奖新闻《绝对忠诚》说起[J].中国广播影视,2016(9上).

得 2015 年举办的第二十五届中国新闻奖评选活动的一等奖，成为为数不多的现象级新闻节目。其突出的特点至少包括如下两个方面：

第一，立意高远，主动设置议程。在《绝对忠诚》节目中出现的典型人物，符合三项标准：一是常年在艰苦环境中忘我奉献的人，二是承担国家重要使命的人，三是很少为人知晓的人。[①] 这些人物往往是在为国家战略服务，本就难以进入媒体视野，甚至不便进行广泛细致的报道，对观众而言，他们具有较强的新鲜感。然而，人物的坚定信念和多年坚守闪耀着人性的光辉和个性的魅力，人物故事对主流价值观的诠释既平实又有穿透力。该节目在《湖南新闻联播》播出后，有 200 多家网站转载，点击量超过 3 亿人次，纪录仍在不断被刷新。

第二，制作精良，带来视觉冲击。以拍摄户外真人秀或电影的技术配置和工夫制作新闻节目，《绝对忠诚》应该为首创，这既取决于团队的能力，也得益于湖南卫视对新闻节目的重视和践行新闻立台的责任担当。全部 27 期节目（节目平均不到 10 分钟）由 30 多支摄像组承担，全国各地的采访行程达 30 万公里，300 多小时素材，如此高的片比可谓新闻史上的新纪录。设备配备是空前的也是科学的，节目组用小高清摄像机拍摄主线故事，用蓝光摄像机拍摄各环境大镜头和转场镜头，用 Go-pro 微型摄像机隐藏拍摄特殊环境人物活动，用佳能 5D3 照相机拍摄高画质镜头，用六角翼无人机拍摄更大环境。轨道车、摇臂、升降机和动力伞等多种特技设备的应用，使得镜头能够上天、入地、下海。唯美的镜头视角具有极强震撼力和穿透力，既能表现主体又能渲染气氛，为新闻节目大片化树立了标杆。[②] 事实上，大片化也正吻合了观众通过大屏看新闻的观赏需求。

（七）网络事件议程的引导化

山东广电齐鲁频道有一句流传甚广的口号——"不做第一，就做唯一"，

---

① 谢鸿鹤，聂雄. 采写有思想、有温度、有品质的新闻——从湖南卫视获奖新闻《绝对忠诚》说起[J].中国广播影视，2016（9 上）.

② 谢鸿鹤，聂雄. 采写有思想、有温度、有品质的新闻——从湖南卫视获奖新闻《绝对忠诚》说起[J].中国广播影视，2016（9 上）.

这句口号被公认为齐鲁频道的核心发展理念。事实上，除了自我议程的设置外，传统媒体机构越来越难以在第一时间获得社会事件的发布权和唯一的报道权。互联网已成为媒体新闻的重要来源和信息资源。为此，针对网络热点事件，电视媒体必须进行议程设置并引导事件走向，这是电视媒体的本质属性使然。

第一，深度挖掘事件细节。突发或热炒的事件往往是网民的目击或偶遇所得。网民作为非职业传播者，在进行网络传播时，常常只选取个人喜欢的部分或能够博取眼球的信息，而非事件的全貌。尽管我国已出台《信息网络传播权保护条例》《电信和互联网用户个人信息保护规定》《网络安全法》等相关法律法规，但是很多时候，网络信息的传播，难以受到有关规定的约束，尤其是涉及公共利益的事件，网民的关注便是自然的和必要的社会监督形式之一。为此，传统媒体就必须对事件进行详尽的、全面的调查，以还原事件真相，并根据媒体传播相关规定，为公众提供事件细节，满足公众的知情权和参与权。

第二，核对事实进行纠偏。有时候，某些网民或机构出于各种目的，也会进行与事件事实不完全相符甚至是扭曲的传播，尤其是涉及公众安全、切身利益的负面突发事件，易引发公众不良情绪甚至是盲目的行动，此类情况对社会影响甚至是危害非常大。这就更加要求传统媒体必须及时介入，配合政府相关部门展开事实调查，随时披露事件处理进程，回应公众关切，安抚公众情绪，推进事件向着好的方向发展或促进事件妥善解决。

第三，引导正确舆论走向。这是不容怀疑的电视媒体功能所在，也是其传播价值和公信力的体现。无论新闻类节目的形态和视角如何变化，新闻吸引公众的终究还是价值本身。为此，电视媒体在创新新闻节目形态过程中，对新闻价值要素的重视依然不能忽略。正如陈力丹[①]早年所总结的：

1. 事件发生的概率越小越有新闻价值
2. 事件不确定性越大越有新闻价值
3. 事件与受众利益越相关越有新闻价值

---

① 陈力丹.新闻理论十论[M].上海:复旦大学出版社,2011:35-47.

4. 事件影响力越大越有新闻价值

5. 事件与受众心理距离越近越有新闻价值

6. 越是著名的人物和地点，发生的事件越有新闻价值

7. 越是含有冲突的事件越有新闻价值

8. 越是能表达人的情感的事件越有新闻价值

9. 越是离奇、伟大等具有心理替代性的事件越有新闻价值

10. 事件包含的反差越大越有新闻价值

上述新闻价值要素可以多元选择和组合，但不管如何变，都要以正确舆论导向为底色，只有这样创新要素呈现才更有意义。浙江卫视王水明说："如果没有创新，只是照搬照抄或者按部就班做一些时政报道、主题宣传，在今天的条件下是没有前途的。"① 作为全国卫视中的佼佼者，浙江卫视新闻立台并不是一句空话。新闻创新实践的探索可谓具有普遍的意义——"全国题材，寻找浙江关系。浙江题材，挖掘全国意义"②。这句颇有哲理的口号，正是其新闻节目创意的操作要领和传播旨趣。早在 2014 年，时任新华社副社长的慎海雄就总结出新华社的媒体融合规律："'新闻＋创意'构建主流媒体融合发展'新常态'。"③

新闻创意可谓方兴未艾。

二、综艺类节目创意

综艺（Variety），即综合艺术。一般地，综艺节目是指综合运用多种艺术形式所创作的电视艺术节目形态。由于其设计复杂，研究者难以进行更加细致和明晰的归类，因此，取名为综艺正合其特征。

（一）综艺节目的共同特征

综艺节目，以综合见长。节目融合音乐、舞蹈、杂技、曲艺、游戏、竞答、竞技等艺术门类元素于一体，聚合各种声光、时空转换、视觉造型等手

---

① 刘牧.新闻"蓝天下"［J］.中国广播影视,2014(9 上).

② 刘牧.新闻"蓝天下"［J］.中国广播影视,2014(9 上).

③ 慎海雄."新闻＋创意"构建主流媒体融合发展"新常态"［J］.中国记者,2014(11).

法，借用或改编多种舞台和户外演出形式，形态不断推陈出新。这是电视媒体人创造的艺术样态。近年来，随着网络传播的日益发达，网络综艺（简称"网综"）兴起，进一步丰富了综艺节目的内涵。项仲平给出的定义是："它是用电视手段并且融合了音乐、舞蹈、才艺表演等多种文艺或游艺形式而形成的不同于原艺术形式的电视节目。"① 胡智锋认为，综艺是"以娱乐大众为目的，运用各种电视化手段，对各种文艺样式以及可提供娱乐的相关内容进行二度加工与创作，并以晚会、栏目或活动的方式予以屏幕化表现的节目形态"②。为此，统合分析综艺节目生态的演进路径，我们可以梳理出三个较为明晰的方向：一是节庆式晚会，二是室内表演秀，三是户外体验秀。室内和户外是指以演播室内（内景摄影棚）或户外为主的节目场景，前者以各类综艺元素展示为主，后者以生活类体验为重。

近年来，节庆晚会囿于既定主题、固定演出程式等，尚未有大的突破，基本上是以程式化的表演为核心，相对忽略晚会参与人本身元素的发挥，很多沦为某种应景的仪式。传统才艺比赛节目包括中央电视台曾举办多年的《青年歌手大奖赛》，这些节目缘何难以为继？若与后来的各类才艺真人秀相比，其不足之处就是"除了展示选手的表演才艺之外，很少对他们进行深入介绍，更没有给他们表现自己性格特征的机会，因而只见节目不见人，很难让观众深情投入"③。这应当是节庆晚会难以突破的重要原因之一。反观室内表演秀和户外体验秀综艺，这样的节目通过吸取真人秀的基本表现方式和元素，"给选手甚至其他参赛者充分的表现机会，运用戏剧的方式，在冲突中表现出人物的性格，塑造出一些丰满、至少是能让人记住的形象"④。从深层次理论分析，传统的节庆晚会把主角抽象为艺术符号，遮蔽了活生生的有血有肉有故事的人，而表演秀和体验秀则把人作为核心元素置于中心，所有节目流程围绕人来创意。

传统晚会式综艺虽然势微，却并不是寿终正寝，也出现了一些有益的尝

① 项仲平. 电视节目策划教程［M］. 北京：北京大学出版社，2015：152.
② 胡智锋. 电视节目策划学（第2版）［M］. 上海：复旦大学出版社，2015：93.
③ 苗棣，王更新. 纪实话语与戏剧结构——电视真人秀的叙事特点［J］. 现代传播，2014（11）.
④ 苗棣，王更新. 纪实话语与戏剧结构——电视真人秀的叙事特点［J］. 现代传播，2014（11）.

试。譬如，山东教育电视台原创《校园》系列，包括《校园艺术节》（季播）、《校园星力量》（周播）、《校园星播报》（日播）、《校园星唱将》（周播）等套装综艺节目，其中，《校园艺术节》为大型广场或体育场活动，《校园星力量》为周末大型综艺栏目，《校园星播报》为日播新闻综艺信息汇编节目，《校园星唱将》为优秀少年演唱歌会。这种"点、线、面"的强力组合，不仅使节目内部内容和形态互相关联，而且使外部传播形成了互为引流的态势，核心元素出现频次数倍提升，进一步拓宽了单一节目过窄的观众入口。2017 年 6 月，《校园星力量》被广视索福瑞监测推举为年度五个全国青少年创新综艺节目之一。[①]这些创新节目包括浙江卫视的《高能少年团》《天生是优我》、湖南卫视的《神奇的孩子》、江苏卫视的《歌声的翅膀》和山东教育电视台《校园星力量》，其特点为"青春励志元素融入节目创新，歌唱/挑战/才艺雨润多样青春"，而《校园星力量》的成功之处正是在于给作为素人的少年儿童提供了展示自我的卫视大舞台和难得的体验机会。

笔者在本节中将主要围绕室内表演秀和户外体验秀两个方向，从案例解剖和理论分析两个角度对创意展开探讨。室内表演秀和户外体验秀均源自国外真人秀，在美国被称为"Reality TV"，也有一些国家将其称作"Reality Show"。什么是真人秀节目？目前还没有统一规范的阐述，学术界引用较多的是清华大学尹鸿教授所给出的定义，即"电视真人秀作为一种电视节目，是对自愿参与者在规定情境中，为了预先给定的目的，按照特定的规则所进行的竞争行为的真实记录和艺术加工"[②]。无论是室内还是户外，真人秀节目都呈现出三个显著的特征：纪实性、冲突性和游戏性[③]。当然，在具体的节目中，三个特征并不一定均衡地出现，有时以某一种或两种为主。

综艺节目常常是你中有我、我中有你，元素多而混杂，对其分类似乎是一件很难的事，但也并非无规律可循。胡智锋总结了综艺节目创意的九大元素：

---

① 资料来源：广视索福瑞 2017 年度电视客户会（青岛）上的龙长缨主题报告 PPT。笔者出席了本活动。
② 转引自：朱晓烨,冷松. 中国真人秀节目的现状与发展[J]. 当代电视,2016(6).
③ 转引自：朱晓烨,冷松. 中国真人秀节目的现状与发展[J]. 当代电视,2016(6).

表演、游戏、益智、博彩、竞技、婚恋、纪实、脱口秀、真人秀，并指出"栏目设计策划的一个关键是要把以上这些娱乐元素恰如其分地组合在一起，并通过不同的版块、环节来承载和表现这些娱乐元素，最终形成一个浑然一体的节目模式"①。各个元素之间存在着无限的组合和衍化可能性，譬如，魔术既可以在室内表演，也可以在户外融入剧情。林沛认为，综艺节目的内核可以从两个维度考察，一方面是节目形态本身，例如真人秀形态和选秀形态的内核是截然不同的，前者侧重体验，后者侧重竞技；另一方面是节目内容，同样是真人秀，侧重点也不一样，如"跑男"注重展示人与人之间的团队协作，而陕西卫视的《丝绸之路万里行》第二季则挖掘丝绸之路"活的灵魂。"② 为此，无论是把综艺与真人秀并列，还是把真人秀列入综艺之中，以室内和户外来划分，可以更好地探究其内在创意规律。

（二）室内表演秀剖析

室内表演秀其实与传统节庆晚会上的舞台表演有着很多共通的元素。传统的节庆综艺晚会中，加入的艺术门类主要为声乐、器乐、舞蹈、曲艺等，在衍化为室内表演秀过程中，已经扩展到更多的门类，甚至与艺术看似不搭界的门类，如教育、科学和信息等，以及现场多人互动的其他门类，如《非诚勿扰》《非你莫属》等。这些门类最大的区别在于规则设计和辅助设计，并可简单地被划分为以人物为主和以事件为主两大类。

1. 以人物为主的规则设计

有研究者断言，"只有'真人'没有'秀'的真人秀，观众不要看，只有'秀'没有'真人'的真人秀，观众也不要看"③。观众看真人秀节目，到底在看什么？室内真人秀也有多种多样的形态。总的来说，以表演为主的室内真人秀是以游戏、竞技、才艺、智力、道德展示等为基本诉求，以传播健康追求、拼搏精神和道德价值等正能量为基本落点的室内节目。为此，室内表演秀节目既能给观众视觉化的艺能元素，又可给观众抽象化的情感和道德传递。

---

① 胡智锋. 电视节目策划学（第2版）[M]. 上海：复旦大学出版社，2015：105-107.
② 参见：林沛.《丝绸之路万里行》第二季：新思路 行万里[J]. 中国广播影视，2016（1上）.
③ 聂欣如. 说说真人秀的"真"与"秀"[J]. 中国电视，2016（6）.

以中央电视台《感动中国》为例，该节目的结构由人物短片、现场访谈和颁奖词三个段落构成。节目以故事化的手法把每一位获奖者进行独立叙事，然后层层推进，直至高潮。短片展示了故事细节，访谈引出了人物境界，颁奖词则提升了价值高度。正如学者孙宝国所总结的："节目以赋予故事内容不同程度的显著性的方式将故事编码，搭建叙事框架，同时以解释意义、道德评价、归因推论等方式就传播内容进行解释与规定。"① 尤其是颁奖词，把普通人的自然行为、朴实无华的话语以"简洁优美、生动活泼的语汇，将情感凝结为理性的语句，真切而准确地传递出人物的精神内核，并赋予其国家和民族的集体价值"②。毕竟大众传播本不是简单的信息告知，而是伴随着各环节把关人的理解、选择与评价的。无论把关人有意还是无意，都是无可回避的集体或个体行为。节目所有的元素和符号都代表了媒体审美、立场，以及党、国家和人民所推崇的主流价值观。

再以河南电视台《寻找新主播》为例。本节目规则架构非常新颖，四个赛段各有亮点设计。初赛有明星导师指导，复赛有媒体面对面双选，半决赛有电视、电台岗位实习，总决赛有媒体代表支持率表决。③ 节目结构环环相扣、逐层推进，一、三阶段以人物体验为主，二、四阶段以表演秀出场。这种节目形式的逻辑结构有张有弛，也富有节奏感，能够有效吸引观众收看和参与。

对上述文本进行剖析，我们可以发现，以形式作为外在表现的"规则"看起来似乎超越了内容本身。因为，形式的"核心元素并非节目的呈现方式与呈现过程，而是经过策划、设计之后的呈现方式与呈现过程。这种方式与过程集中体现为一个对节目元素进行独特组织后形成的系统化的叙事与组织结构"④。为此，单就形式而言，若拿同类型的中央电视台《青年歌手大奖赛》与之相比，后者就显得不够饱满，难怪再也吸引不了观众。

2016年2月，辽宁卫视播出了《有请主角儿》。这是一档室内真人秀节目，

① 孙宝国. 简析《感动中国》叙事方式的本体价值[J]. 中国电视,2016(11).
② 孙宝国. 简析《感动中国》叙事方式的本体价值[J]. 中国电视,2016(11).
③ 参见：高航. 河南广电《寻找新主播》的牵手共赢思维[J]. 中国广播影视,2016(10 上).
④ 李星儒. 真人秀节目：狂欢下的冷思考[J]. 现代传播,2015(1).

当年该节目受到了国家新闻出版广电总局的表扬。尽管创作者称其为"非综艺类自制栏目"，可是，我们分析该节目的结构可以发现，节目混搭了新闻故事、当事人演讲、互动访谈、才艺展示等多种元素，实为非传统综艺模式的新"综艺"节目。《有请主角儿》时长为35分钟，其常态的版块结构为"才艺出场、嘉宾互动开场、个人演讲、嘉宾访谈结束"。节目既有传统的新闻当事人问答、个人自述，也有综艺形式的奇才、怪才、职业能力现场展示等"达人秀"形式，把新闻人物的故事、惊艳的才艺、激情的演讲以及嘉宾与主角之间的真情互动融在一起，以故事悬念和才艺观赏吸引观众目光，以真情流露、励志经历触动观众内心，以互动探究引发观众深度思考，潜在的节目主旨则为传播正向能量。节目形式简单却并不粗糙，结构简洁、自然流畅。电视播出版基本上由四个主版块构成：导视＋出场＋演讲＋互动。自2016年2月—11月上旬，共播出90期节目，不同背景人物统计如表3-2所示。

表3-2 《有请主角儿》播出节目人物统计表[①]

类型	奇才怪才	职业技能	表演才艺	特殊职业	传奇故事
期数	20	9	19	3	39
比例	22%	10%	21%	3%	43%

表3-2表明，"传奇故事"和"奇才怪才"为人物选择的两个主要类别，加起来占到总量的65%，若把重播的几期计算在内，这两种类别占到70%。数据印证了观众喜欢有故事的或有特殊才艺的人物，也更加佐证了，作为综艺节目的核心元素，"特殊的人或事"是创意成功的关键。

湖北荆州电视台季播节目《好人开讲》与《有请主角儿》虽有着相似的形态，其创意的诉求点或核心元素却有很大区别。《好人开讲》立足于公益，主诉社会主义核心价值观传播，主讲人虽是平常人，但所讲之事并非平常事，而是蕴含着强大正能量的事情，譬如，孝子、扶贫、济困、道德模范等人物的故事，"现场观众和嘉宾都被一次次打动，热泪盈眶"。《好人开讲》的立意就

---

① 数据来源：爱奇艺网站视频的统计。

是"通过以事感人、以情动人，以德服人，最终达到以文化人的目的"①。高水平嘉宾的现场点评，又提高了节目的水准，升华了节目的追求。《好人开讲》中的主讲人没有出场费，点评嘉宾也为公益而来，不讲报酬。② 与之相对，辽宁广电的"主角儿"多为才艺人，需要给不菲的出场费。从投入产出角度而言，《好人开讲》虽属小成本综艺，但其创意本身的价值相对更高。

"好人"或者"主角"都可能是新闻人物甚至已经是社会公众人物，然而，在不同的节目形态中出现，观众对其期待有着巨大的差异，这是新闻与综艺的本质区别。人们对新闻的期待一定是"真人"而不要任何的"秀"，在新闻中"做秀"是为观众所深恶痛绝的。综艺节目则不然，既为综艺，就有"艺"的成分在其中。"艺"源于生活，自然高于生活。若在节目中看到的为原生态生活，观众自然没有期待感，甚至连围观的欲望也难产生。有了艺术的设计和加工，成为"秀"，才与生活本身有了距离，从而给观众以陌生感和未知，对节目才可能有期待。

2. 以事件为主的规则设计

以事件为主，则意味着内容呈现的主题是事件，而非人本身，遵从事件的内在发展逻辑，往往表现为以人承载社会活动。

譬如，《人说山西好风光》是一档季播（共 10 期）室内真人秀节目，山西卫视自称为"旅游品牌推介竞演"平台，其创意源于 2016 年"山西旅游发展大会主办城市申办评选活动"。实际上，这项原本不公开的评选活动经精心创意后演变为电视化、社会化、公开化的传播，也是山西卫视与政府资源对接的一次成功尝试。作为一档原创节目，其出色之处可用"四个一"来归纳。

其一，"一条线"串起多种社会元素。节目本身虽为旅游推介，事实上，成就了政治、经济、文化和旅游多重社会效益。因为，旅游是一张城市名片。人们的旅游却不单单为风景而来，尤其是当下深度游的发展趋势表明，游客更加重视人文、风土人情的了解和体验。

---

① 帅长华等.荆视《好人开讲》,短短一堂课,温暖一座城[J].中国广播影视,2016(11 下).
② 帅长华等.荆视《好人开讲》,短短一堂课,温暖一座城[J].中国广播影视,2016(11 下).

其二,"一个人"登台成就节目亮点。请一方主政官员登台为自己的城市进行 TED 式代言和推介,此节目为首创。官员的出场不仅拉近了与当地观众的距离,提升了自豪感,而且更重要的是,让意见领袖的个性魅力与城市旅游特色相结合,满足了当下融媒体传播时代公众对个性的追求,同时,进一步提升了城市形象的公信力。

其三,"一台戏"呈现多元旅游资源。节目设置"城市印象""城市好风光""城市体验""城市展望"等板块,以演讲、体验短片、导游推介、歌舞表演、情景剧等诠释城市独特的风光、习俗、传说、规划等旅游元素。

其四,"一点评"拉近域外观众距离。每个城市总想在一台戏中尽可能多地呈现其旅游资源,而事实上,观众能记住的是印象最深的某一点。专业人士对推介的点评,是站在一个外来客或影视传播专家角度,来得出对推介城市的判断,从而拉近域外观众的心理距离,提升观众观看时的参与感,产生前往旅游一探究竟的冲动。

《人说山西好风光》曾获得中宣部《新闻阅评》的高度评价:"一次地方性活动、一个地方台节目,要得到社会各界和新老媒体同频共振,要达到业内所称的'现象级'水准,是很难的,但是山西做到了。"① 政府的号召力,媒体的传播力,百姓的关注点,凝聚在短短的 10 期节目中,成为溢出当地影响的大事件。

再以中央电视台《我爱满堂彩》为例。《我爱满堂彩》是一档融中国传统曲艺、魔术等多种艺术门类与现场表演艺术为一体的综合性新节目,或者说新型曲艺节目。具有比以往综艺节目更加鲜明的特征:(1)弱化传统主持作用,增强节目内在逻辑性。主持人小尼和朱迅的临场发挥通常与情景有机地结合在一起,两人既做主持也参与表演;(2)强化场景和情景串联,增强故事性和节奏感。上一个节目与下一个节目自然地串联在一起,通过场景的过渡流畅转场;(3)邀请明星跨界,强化悬念与新鲜感。各路曲艺和演艺界明星轮番上

---

① 崔忠芳.《人说山西好风光》:开城市旅游推介竞演先河,助力山西旅游产业[J].中国广播影视,2016(12 上).

场，带来人气，也带来与剧场演出不一样的感受；（4）增强观众参与互动。红蓝两队的设计，使游戏和对战环节增加了，让观众不仅观战，也能参战，还能决定节目环节或游戏进程，增强了节目的代入感；（5）舞美设计时尚绚丽。过去曲艺表演者的单调舞台被炫目的灯光、高清的大屏组合和震撼的音响取代，在强化主题、烘托气氛的同时，渲染了情绪，又提升了内容感染力。

近些年，以事件为主的室内综艺内容视野越来越宽，归纳起来，主要呈现以下几个创意方向。

第一，科学综艺节目（简称：科艺节目，scitainment，即 science + entertainment）。科艺节目主要以科学知识和科学实验作为传播内容，以轻松愉悦的方式表现原理、以参与体验的形式呈现过程，从而达到传播信息、解读知识的目的。譬如，中央电视台播出的《是真的吗?》，意在揭示身边生活现象的科学原理，辨析事件的真伪。从形式上看似脱口秀，本体实为调查求证、现场实验的科艺节目。

2016 年 7 月，中央电视台一套播出了《加油！向未来》，这是科学与综艺相结合的全新探索，为一档典型的科艺类节目。科学内容是严肃的、理性的，如何以欢乐爆笑的形式呈现？其形式的创新十分重要。节目内在创意逻辑为："将严肃的科学知识以益智答题环节的形式表现出来，明星＋素人通过分组形式闯关竞赛，对问题的竞答充分调动了嘉宾的好奇心和积极性。"[1] 事实上，在现场紧张刺激的气氛下出现的意外答案常常调动起参与者的情绪和气氛，而这种高涨情绪和热烈气氛，无疑也会感染电视机前的观众，使观众在竞答投入与情感代入交互作用下，增强观众对节目的黏性和观赏的愉悦性。

《加油！向未来》作为一档 90 分钟的节目，怎样在如此长的时间内，让观众保持注意力，其中的结构设计就充满挑战。《加油！向未来》的基本框架是：两队答题—竞赛闯关—赢取大奖，这样一种结构非常符合观众对熟悉事物的认识发展逻辑。[2] 归纳起来，这档节目具有如下鲜明特征：

---

① 王蕾,王秀峰.从《加油！向未来》看科普节目的创新路径[J].当代电视,2016(12).
② 参见:聂乃知."任性"科学节目《加油！向未来》幕后大解密[J].媒介,2016(8).

其一，环环相扣的紧凑节奏。开场为实验环节：两队面对 7 个实验题目，包括 3 个 10 分实验、3 个 20 分实验和 1 个 50 分对抗实验；中间为黑洞环节：两队的明星嘉宾被 5 个磁力点吸附在黑洞装置上，每队的另外一名嘉宾回答抢答题，答对一题，对手的磁力点松开一个，答错一题，队友的磁力点松开一个，直到一方从黑洞装置上掉落；最后为疯狂联动：当联动装置被触发后，一位队员负责答题，答错将继续答题，直到答对，他的队友才可以冲入联动装置中修补特定环节，让联动效果继续下去。

其二，引人入胜的综艺元素。团队把喜剧的某些元素注入其中。从题面到选项，从脚本到情节，"都在营造一种出其不意的新鲜感"，主持人撒贝宁的幽默与调侃，亲自参与"冒险"的真实场景，更增加了代入感和紧张感。明星和素人的搭配，兼顾表现力和百姓风采——明星求知，观众探索，体现了以"实事求是"为核心的科学精神。

其三，贯穿始终的悬念设置。节目终极大奖——北极科考之旅，无疑有着巨大的诱惑力，也是节目最大的谜底。各队通过各环节，一步步接近谜底，但又充满不确定性，这让观众的心绪随着起伏，投入的情感也常常伴随着心跳加快。胜出者的情绪更能给观众以成功者的喜悦和谜底揭开的释放感。

更有记者对《加油！向未来》创意过程中的选题特征进行了剖析，得出如下三个判断。首先，选题的可感知性。科学主题从宏观到微观，可谓浩如烟海，"能被观众可感知的科学选题和实验项目本身就是有限的"①，能在实验室进行的，在演播室不一定能实现。因此，选题要能够在演播室有限的空间内安全可靠地进行，并且可以让现场的观众观察到，摄像机拍摄到。节目甄选了具有时代感、代表性的科学实验项目，以体现我国科技前沿水准、大主题、大战略。其次，选题的可包装性。节目制作者要在充分遵循科学原理和过程的基础上，"对每一个实验项目进行电视化的包装，在视觉呈现上加入危险性和悬念感"②，以便用丰富的电视呈现手法展现科学的奥秘，用最生动、最可感的方式

---

① 参见：聂乃知. "任性"科学节目《加油！向未来》幕后大解密[J]. 媒介,2016(8).
② 参见：聂乃知. "任性"科学节目《加油！向未来》幕后大解密[J]. 媒介,2016(8).

展现科学的意涵，用百姓关切的话题作为突破口，用趣味性和悬念感将科学变得触手可及。最后，选题的知识含量。解题环节的设计正是体现知识性的重要步骤之一。"请科学作家或科普达人亲临现场为观众进行解答。这些细节让节目在'information'的呈现上更加扎实、更多干货。"① 用寓教于乐的方式展现科学的快乐，具体表现为选题"沾泥土、带露珠、冒热气"，从而达到脍炙人口，易懂好学，这也是节目增强观众代入感、获得感的创新之一。②

《加油！向未来》比较突出的特点还表现在如下四个方面：（1）新奇性，传统正襟危坐听报告的宣教式科学节目被完全颠覆，代之以竞猜的主结构形态，这种形态让观众眼前一亮，很新奇；（2）绚美感，综艺的元素被无限制使用，光效、色彩、造型应有尽有，包括代表科学的"未来博士"，也是具有高颜值的在读博士生，让观众认识到，原来科学节目也可以如此做，很靓丽；（3）有趣味，无论是真人体验还是游戏对抗等元素，均为综艺节目常用的结构手法。节目充满了悬念与喜感，引发观众内心的参与性与求知欲，很好玩；（4）实用性，实验环节的设置，在看似紧张的情绪中，揭示了科学原理和实验的科学性与准确性，科学做到不再高深，很实用。

2017年8月，中央电视台再度创意出科艺类新节目《机智过人》。这是中央电视台综合频道与中国科学院科学传播局联合主办的国内首档聚焦智能科技的科学挑战类节目，也是中国科学领域与媒体领域再一次深度合作，更是全球顶尖人工智能研发精英和科技项目亮相的媒体盛典。节目再一次证明，通过综艺元素相关的创新，科学也可以很好看。

第二，教育综艺类节目（简称：教艺节目，Edutainment，即 education + entertainment）。美国知名传播学者威尔伯·施拉姆（Wilbur Schramm）曾说过，所有的电视都是教育的电视，唯一不同的是它在教什么。就此意义而言，所谓教艺节目，是指融合教育元素与娱乐元素于一体，传播有教育价值和意义的电视节目。

---

① 参见：聂乃知."任性"科学节目《加油！向未来》幕后大解密[J].媒介,2016(8).
② 参见：聂乃知."任性"科学节目《加油！向未来》幕后大解密[J].媒介,2016(8).

我国电视传播实践中，教艺节目常被称为"益智"节目，其中不乏许多曾经很知名的节目，从中央电视台早年的《三星智力快车》《开心辞典》《汉字英雄》，到江苏卫视的《一站到底》等。事实上，湖南卫视播出的《爸爸去哪儿》也应该属于此类的户外体验秀节目。生活中，许多家长没有太多时间陪孩子，尤其是明星家庭，由于职业的特殊性，更是难得有时间与孩子在一起。"在这样的背景下，《爸爸去哪儿》的播出满足了广大观众对亲情的渴求，唤醒了人们内心被忽视的父性教育。"① 为此，在社交媒体上，讨论最多的是明星的亲子教育话题，而不是花边新闻或娱乐话题。

教艺节目在创意过程中，最难避免的是"传道"惯性。笔者发现，许多创意人尤其是教育电视人，喜欢"主题先行"，即好为人师，把观众当学生，常常习惯性地把节目本身置于"传道"和"解惑"的角色中。教艺类节目具有"解惑"的功能尚可理解，而综艺类节目若带上"说教味"，则极易招致观众的内心抵触。

中央电视台《中国诗词大会》通过对结构的精心设计，有效地满足了解惑与愉悦两项功能，靠的正是核心的叙事卷入，即"悬念"和"有奖答题"。节目中，既有嘉宾人物之间关爱、照顾等所表现出来的人性情感光辉，也有事件主题所表现出来的励志、向上、不畏艰险、牺牲、担当等正能量的价值元素。这些都足以嵌入到观众思考、评价与判断过程中，从而成为或引发其他社交媒体传播的话题。山东卫视《我是先生》亦属此类，尽管节目冠之于"先生"，但其娱乐性仍然是第一位的。有研究者认为，"节目通过精心策划，实现了观众的叙事卷入和角色卷入，受到广泛好评。在收获观众喜爱的同时有效地传播了敬业、环保、团结等亲社会理念"②。这些理念，无疑把社会主义核心价值观以润物细无声的方式渗透其中，实为高境界创意的体现。

第三，体育综艺节目（简称：体艺节目，Sportainment，即 sports + enter-tainment）。所谓体艺节目，是指融合体育元素和娱乐元素，达到展示体育技能

---

① 彭一邺.真人秀节目的情感美学探究[J].中国电视,2016(6).
② 孙振虎、谢梓笛.浅析受众卷入度对娱乐教育节目励志思想的传播价值——以央视《了不起的挑战》为例[J].中国电视,2016(7).

和弘扬体育精神的电视节目。

显而易见，新节目创意离不开大的社会背景，因为大的社会背景往往是引发大众关注和期待的缘由之一。无论是 2008 年之前中国申奥的那几年中，还是在申奥成功后至举办期间，甚至里约奥运会期间，体艺类节目都层出不穷。

2015 年 7 月，北京联合张家口成为 2022 年冬奥会举办地。2016 年 8 月，里约奥运会举办。此时，浙江卫视体艺类节目《来吧冠军》应时而生。节目定位于"世界冠军和普通明星之间的真实对抗"。显然，这样的对抗是没有任何悬念的。解决办法就是通过道具设置"不对等条件"，给冠军们增加各种出乎意料的难度，降低其他明星的参与门槛。在冠军令人叫绝的表现或失误中，把冠军拉下"神坛"，提升普通明星的自豪感，让惊人的"实力"和真实的"娱乐"相融与碰撞。冠军明星的精彩表现与明星的"养眼"形成反差与悬念，有利于增强观众的内心参与和情感投入。节目将嘉宾分为两队，即"冠军队"和"终结者队"。通过三个环节，两队将差距努力缩小，实现平等对抗：第一环节，冠军能力展示——冠军借助特定设施，展现冠军顶尖技能，该环节，终结者队能够更加深入地了解对手。第二环节，热身赛——两队通过非正式项目的对抗，使终结者队有机会赢取锦囊，而锦囊会在最后的正式比赛中有效帮助终结者队挑战冠军队。第三环节，正式比赛——终结者队依靠热身赛赢取的锦囊和自己准备的道具，与冠军展开正式的激烈角逐。

《中国冠军范》节目更是把时尚变装、丰富的访谈和互动游戏组合在一起，形成了新的节目样式。杨余总结认为，本节目的核心是"通过互动展示才艺和创意游戏环节，在体验式和交融式的形式中实现有层次的内容表达——关于运动员的卓尔不凡的运动实力、意想不到的业余爱好以及细腻丰富的内心世界等"①。与其他综艺类节目不同的是，不仅节目制作在里约当地，而且播出时机也选择在 2016 年里约奥运期间，并且把新闻节目的时效性有机融入，借力并延续了体育明星的关注热度。

借助综艺的媒介化呈现，让人们习以为常的社会生活中不同的主题和侧面

---

① 杨余.《中国冠军范》：聚思传媒跨界体娱 IP，引爆奥运综艺季[J].中国广播影视，2016（12 上）.

变得生动起来。美国学者尼尔·波兹曼早就指出:"思考无法在电视上得到很好的表现。思考不是表演艺术,而电视需要的是表演艺术。"① 他还说,"不论是历史还是电视的现实情况,都证明反省或精神超脱都是不适合电视屏幕的。电视屏幕希望你记住的是,它的图像是你娱乐的源泉"②,"电视最大的长处是它让具体的形象进入我们的心里,而不是让抽象的概念留在我们脑中"③。更有学者指出:"不论是长篇还是短篇,电视真人秀都是以一种接近于戏剧的方式安排故事、讲述故事,这种戏剧性结构是真人秀吸引观众的一个重要原因。"④为此,可以说,社会事件故事化与故事呈现戏剧化,是室内表演秀综艺节目的核心,把台前的光鲜与幕后的付出有机结合则更彰显了价值的传播。

第四,文化综艺节目(简称:文艺节目,Cultainment,即 culture + entertainment)。这里,笔者虽然借用"文艺"两字,但赋予其新的内涵。所谓文艺节目,是指发掘传统文化资源,抽离和强化核心文化元素或载体,并以综艺的方式加以呈现的电视节目。博大精深的中华优秀文化宝库,是节目创意的源头活水,在浩如烟海的文化精粹中撷取适合视听觉传达的那部分,观众在愉悦、紧张、自豪、欣慰等多重情感参与下,重温和领略中华文化的意蕴与魅力,民族文化自信被激发起来,从而推进中华文脉传承。北京卫视《中国故事大会》(第9期)中,故事讲述人王佩瑜说:对于京剧,传承与传播同样重要。《中国故事大会》让讲述人将文化传承的故事娓娓道来,既挖掘了故事背后的故事,又进行多视角的观点解读,令人唏嘘的同时,发人深省。

黑龙江卫视的《见字如面》聚焦中国书信,打开历史节点,展现过往画卷,品读人生与社会、做人与做事的道理。中央电视台《中国诗词大会》《中国谜语大会》以及《朗读者》等,均以中国传统诗词歌赋等文学作品为基本元素,让观众能够体验文学作品之精巧、韵味之优美。中央电视台的《中国汉字听写大会》、山东教育电视台的《快乐汉字》、上海教育电视台的《我爱汉字

① 波兹曼.娱乐至死[M].章艳,译.桂林:广西师范大学出版社,2004:118-119.
② 波兹曼.娱乐至死[M].章艳,译.桂林:广西师范大学出版社,2004:156.
③ 波兹曼.娱乐至死[M].章艳,译.桂林:广西师范大学出版社,2004:159.
④ 苗棣,王更新.纪实话语与戏剧结构——电视真人秀的叙事特点[J].现代传播,2014(11).

美》等节目,均以汉字为主题元素,让观众在辨析过程中体会汉字的魅力,在生活中寻找汉字的乐趣。节目在强调语言文字准确规范的同时,展现汉字独特的文化意蕴。

第五,历史综艺节目(简称:史艺节目,Histainment,即 history + entertainment)。史艺节目即以历史题材为元素,以舞台表演、剧情演绎等形式为外壳,穿插纪实手法等其他形式,呈现历史事实和知识的节目。目前,此类节目还不多见,主要是因为历史题材多为厚重的高语境主题,难以轻松有趣地加以表现。然而,有着悠久历史的中华民族,既有崇尚历史的传统,又有传承历史的意愿,积极创意历史题材节目当为电视媒体的责任。

2016 年,湖南卫视播出了《博物馆奇妙夜》。该节目以"历史侦探小组"的情景表演为主线,穿插待探究的历史主题,层层推进,来剥开待解历史之秘。节目旨在提高观众对博物馆深邃历史知识的兴趣,同时倡导科学的历史观和严谨的史学精神。国家新闻出版广电总局有关部门给予的评价是:"节目情节生动、推理严密,做到了严肃性与娱乐性兼备。"① 2017 年底,中央电视台播出了《国家宝藏》。该节目将纪录片和舞台表演两种创作手法融合应用,以文化的内核、综艺的外壳、纪录的气质,创造了一种全新的节目模式。节目让厚重的历史钩沉转化为活灵活现的艺术表演,让沉寂千年的文物变得触手可及。当《国家宝藏》以"前世传奇"和"今生故事"穿越般相结合的方式讲述文物从古至今的历程时,观众从中看到了凝聚在文物身上的古人智慧和精神,自然而然地为中华文明喝彩,为身为华夏儿女感到自豪。尤其对于没有经历过国家艰难和困难时期的 90 后年轻人而言,他们在观看中,必然把今日国家成就之自豪感与过往的历史文明骄傲感相结合,其对民族、祖国的敬爱与热爱之情便被进一步激发出来。

(三)户外体验秀剖析

户外体验秀(或户外真人秀)是指参与者在既定的时空内,完成预定任务,并以纪实手法进行拍摄和制作的节目。户外体验秀大量借鉴了风光旅游、

---

① 摘自:国家新闻出版广电总局收听收看中心.收听收看日报,2016 年第 78 期.

游戏、电视剧和纪录片等节目的元素。相较演播室内节目，户外体验秀的特殊之处不仅在于节目参与者空间的拓展，更在于内容的差异。从某种意义上说，户外体验秀是比影视剧更难把握的一种节目类型，其主要难点在于情节不可重复，至多有一些补拍而已。一般情况下，户外体验秀节目创意制作由三个基本环节构成。

第一，设置台本。绝大多数的体验秀节目要撰写台本，没有台本的拍摄既不符合艺术创作要求，也难遵循制片规律。顾彩玉认为，"台本可以在拍摄过程中更精准捕捉细节，文字文案则可补充画面无法交代的事"[1]。一般情况下，一套完整的台本包括三个方案：拍摄方案、情绪方案和应急预案。

所谓拍摄方案是导演和摄像团队的工作台本，它由两部分构成：活动方案和现场拍摄方案。活动方案：体验秀主要有游戏、旅行、任务等活动，活动方案中包括这些活动的时间、地点、路线、交通工具、范围等等。对于这些所要到达的地方，节目组导演及主要拍摄人员都要踩点甚至进行过程模拟。现场拍摄方案：导演团队经过对活动方案细节进行研判后，对摄像机位的数量、位置、运动方式、特殊摄像、拍摄细节等进行预设。

所谓情绪方案，是管理体验秀嘉宾们情绪反应的预案，同时也是媒体宣传嘉宾符号化或标签化的必然要求。体验秀节目中嘉宾情绪不同于影视剧的表演过程。后者的情绪是导演和演员根据剧本描述和自身对角色的理解，进行释放、控制和平衡的过程。在体验秀节目中，嘉宾面对的是未知的场景，且导演组往往有意不让嘉宾了解全流程，以期待其真实的现场反应。为此，完善的情绪方案可以让摄像组更有准备，不漏掉有意义的情绪表现镜头。

2015年4月，湖南卫视播出了《花儿与少年2》。顾彩玉在透露其文案时说道："节目组注重七个人性格搭配，兼顾差异、相对性。比如演员宁静，性格开朗，'易出状况'，井柏然是暖男类型，情商较高，根据各自特点，我们会预判他们在旅行中可能出现的感受和反应。"[2] 节目组对嘉宾各方面的深入了

---

① 顾彩玉. 剖析《花儿与少年2》三四集文案[J].《综艺报》,2015(11).
② 顾彩玉. 剖析《花儿与少年2》三四集文案[J].《综艺报》,2015(11).

解，不仅能为准确地判断其行为模式提供帮助，也能为建立一套符号系统包括后期的"花字"提供素材和创作方向。譬如，在湖南卫视《爸爸去哪儿》节目中，"风一样的女子"成为田亮女儿的代名词，引发了许多话题。

《花儿与少年2》导演吴梦知还透露，每一个嘉宾都有单独方案，并标有专属情绪关键词，便于跟拍导演捕捉细节。比如赛艇训练时，节目组预设毛阿敏的情绪关键词是"担心"。"我们认为由于年龄、身体问题，她可能会表现出担心、忧虑。所以在拍摄时，导演会特别留意她流露的表情。"① 宁静因为性格洒脱，预设的是"兴奋"，而井柏然的跟拍导演会特别关注他"暖"的部分。

所谓应急预案更多的是工作安全性保障预案。户外体验秀有诸多的不可预见性，也就多了拍摄的不确定性，譬如：交通、天气、健康、粉丝、技术、情绪、危险等因素，所以，就要针对各种情况制订相应的替代方案。各因素的不确定性主要包括以下诸多方面：

交通。交通工具可能出现晚点、取消、事故、交通管制等。

天气。天气可能出现意外的大风、尘暴、雨雪、结冰、风浪等。

健康。健康可能出现的是，嘉宾与拍摄团队人员因异地气候、饮食等原因而生病，以及不小心受伤等意外状况。

粉丝。在城市中拍摄，若嘉宾是明星，很容易招来粉丝的围观，对拍摄计划形成巨大干扰。2014年11月，浙江卫视《奔跑吧兄弟》在重庆拍摄时，就因为粉丝太多，只能取消了拍摄计划②。

技术。体验秀节目越来越追求极限挑战，并运用非常规拍摄设备和技术。某些设备可能临时出现故障，甚至带来人身危险或伤害。如给小孩子配戴的胸麦和腰间的发射机，都有可能在孩子跑跳运动中造成意外伤害。2015年3月，阿根廷拉里奥哈省山区发生直升机相撞事故，造成10人死亡，其中8名为法国人。事故发生时，运动员在参加法国电视一台一档野外探险真人秀节目，法国游泳名将卡米耶·米法、法国航海家弗洛朗丝·阿尔托、拳击手阿历克西·

① 顾彩玉. 剖析《花儿与少年2》三四集文案[J]. 综艺报, 2015(11).

② 《奔跑吧兄弟》重庆开跑被围堵 市民上树追星节目取消录制[EB/OL]. (2014-11-21). http://www.guancha.cn/local/2014_11_21_301245.shtml.

瓦斯蒂内3人以及5名法国节目组工作人员、2名阿根廷飞行员登上直升机，两架直升机起飞不久相撞坠地发生爆炸，无人幸存。①

情绪。嘉宾们在参与体验秀过程中，面对的是真实的事件和场景，不是电影电视剧的虚拟剧情，因此，情感投入是必然的，更是必需的。这就可能因性格等原因，出现台本所没有预设的情况。是顺应新变化还是要求嘉宾严格按台本走？起了冲突又怎么办？节目制作方都要有预案。

风险。户外活动，随时可能出现意外。譬如，2014年4月，浙江卫视《爸爸回来了》在杭州野生动物园拍摄，李小鹏女儿奥莉给狐猴喂食时，就受到了惊吓。《花儿与少年2》的联合制片人廖柯说："有突发状况就任其发展，真实远比预设精彩。"② 当然，意外总是难免，这也是真人秀节目受欢迎的原因之一。在可控的范围内，"意外"的发生让观众觉得更加真实、更加动情、更具感染力。

第二，现场导演。体验秀节目有其内在的叙事结构。一般是让角色完成某种任务，导演根据"收到任务——采取行动——完成任务"的序列进行现场的叙事结构建构。如果电视播出版也按照上述叙事的基本序列编辑，故事就变得太过简单，所以导演还要根据台本增加难度，悬念等元素，以提升故事的变化和曲折性。

譬如，英国BBC拍摄真人秀节目《中国学校》（*Chinese School*），因其摆拍、过度干预拍摄对象的授课方式而受到大陆学者的强烈质疑。原因是中国"教师杨军在上化学课时尝试分组方法，效果很好，但是导演要求她不能分组，必须是老师讲（放PPT）、学生抄，也就是早已为我国教育界所诟病的那种'满堂灌'"③。导演为什么会这样干预教学过程呢？研究者认为，"对于英国民众来说，对中国教育的刻板印象早已形成，因而真人秀为了收视率是断断不能去纠正这样一种刻板印象的，它只有去附和一般民众的刻板印象，才有可能获

① 阿根廷两架直升机拍摄真人秀节目时相撞10人遇难[EB/OL].(2015-03-10). http://news.south-cn.com/community/content/2015-03/10/content_119727903_3.htm.
② 顾彩玉.剖析《花儿与少年2》三四集文案[J].综艺报,2015(11).
③ 聂欣如.说说真人秀的"真"与"秀"[J].中国电视,2016(6).

得高收视率"①。事实上，这是英国导演根据预设的台本进行的摆拍，"秀"的成分远大过真实的记录，是对观众的欺骗。

面对录像过程，上课的老师难道果真是平时的常态吗？教育研究者都知道，在有专家听课或者评课时，老师们上课的状态跟平时也是有区别的，就此角度而言，又怎么能责怪导演们呢？本来，电视节目的录制就是一个选择性记录的过程，哪些进入摄像机的"框"（frame）？哪些被屏蔽掉？在后期剪辑过程，哪些被强化？哪些又被舍弃？如此等等。……层层"把关人"都是为了传播的需要做出决定，而离"真实"有多远有时并不是体验秀节目所考虑的主要问题。

如果以新闻节目的真实要求来选择性地针对综艺节目，是不是有些偏激了呢？但是，如果从意识形态甚至政治角度去评析电视节目，那么则可以另当别论。

第三，后期剪辑。在综艺节目中，后期剪辑已完全不是传统专题片、纪录片意义上的编辑，而是超越了二次创作的范畴。以浙江卫视《奔跑吧兄弟》为例，创意不仅体现在前期内容策划中，每期设置一个主题，给观众很强的情感带入，而且体现在剪辑中，剪辑是电影式的正叙、插叙、闪回交叉进展，悬念迭现。②为此，关于户外体验秀的创意突破，浙江卫视战略发展中心主任俞杭英认为，"有三方面必须要抓紧：第一，更加真实化；第二，贴近生活化；第三，更加剧情化"③。实际上，不但要真实化，有时甚至要超真实化，例如大量特技、音效和花字的应用，把细节、卖点进行了放大与强化。

户外体验秀的核心是台本创作，其最重要的部分为任务设置。有研究者甚至认为，"无任务不真人秀，而制定任务就是为了让节目形成一个戏剧性结构"④，可见任务设置的意义和价值。我们可以观察到的体验秀大致可分为生存、游戏、角色交换、竞赛、约会以及生活类服务几种类型。

任务设置要根据需求分析而来，如何分析需求可以参考本书第一章。笔者

① 聂欣如. 说说真人秀的"真"与"秀"[J]. 中国电视, 2016(6).
② 参见: 许继锋.《奔跑吧兄弟》: 超越电视文本的现象价值[J]. 中国广播电视学刊, 2015(8).
③ 参见: 赵国红.《夏日甜心》: 电视综艺的突破性"直播"[J]. 综艺报, 2016(16).
④ 苗棣, 王更新. 纪实话语与戏剧结构——电视真人秀的叙事特点[J]. 现代传播, 2014(11).

主创的《一起走吧》节目（详见附录一）主要依据的便是对教育现象的观察。在传统教育理念中，"读万卷书、行万里路"是静与动两种学习方式的完美结合；而在现代教育体制下，人们似乎忽略了后者，重视学习书本知识，轻视社会体验和观察，使学生与社会甚至家庭生活相脱离，高分低能甚至影响了儿童全面健康成长。户外亲子游既可以融合亲情、体验社会，又可以动手、动脑、锻炼意志和体质；与此同时，让孩子经历一定程度上的挫折和进行问题解决的过程，可以提升其自我管理能力和团队沟通协作能力。

2016 年年底，教育部等 11 部门以教基〔2016〕8 号文联合发出《关于推进中小学生研学旅行的意见》，意见提出：为贯彻落实党的十八大和十八届三中、四中、五中、六中全会精神，深入学习贯彻习近平总书记系列重要讲话精神，秉承"创新、协调、绿色、开放、共享"的发展理念，落实立德树人根本任务，帮助中小学生了解国情、热爱祖国、开阔眼界、增长知识，着力提高他们的社会责任感、创新精神和实践能力，要大力开展研学旅行。意见认为：中小学生研学旅行是由教育部门和学校有计划地组织安排，通过集体旅行、集中食宿方式开展的研究性学习和旅行体验相结合的校外教育活动，是学校教育和校外教育衔接的创新形式，是教育教学的重要内容，是综合实践育人的有效途径。山东教育电视台被山东省教育厅指定为研学游基地的评估牵头单位。为此，笔者创设《一起走吧》节目，既响应了上级号召，又可以借助媒体传播让公众看到如何开展研学游活动以及认识到研学游的意义，还能把研学基地通过节目方式进行全方位展示。如此一来，不但有利于研学基地建设和推广，而且研学基地还能给予媒体财力支持，显然，这是一举多得的综合性开发项目。

体验秀设计的难点在于形成完善的戏剧结构，如简单一些的四个环节：开头、展开、高潮与结局；又如细致一些的多个环节：交代情境、展示人物、说明动机、表现行动、揭示冲突、引起悬念、走向高潮与告知结局。无论哪种结构，冲突都是必不可少的重要元素之一。"人为制造的戏剧性冲突决定并激发人物的行动，在行动中展示人物的性格，塑造人物的形象。"[①] 譬如，《一起走

---

① 苗棣，王更新.纪实话语与戏剧结构——电视真人秀的叙事特点[J].现代传播,2014(11).

吧》方案在"找玩具"游戏中，由于并没有给每个孩子准备一个玩具，因此其中必有一人找不到玩具，或者两个孩子同时发现了玩具而可能发生争抢。对于得不到玩具的孩子而言，他们的情绪可能会有一定的波动。如果发生争抢，孩子们会如何处理？家长又如何介入？这时，观众就能预见到不同性格的家长处理此类问题的态度和方式，从而引发观众的思考甚至是广泛讨论。深圳卫视独创的《饭没了秀》节目，其中体验者为幼儿，其独自的行为模式必然与成人世界产生冲突，尽管并不激烈，却让成人在忍俊不禁的同时，开始思考。节目让观众在轻松快乐的家庭式温暖中产生情感共鸣，关注并深入走进孩子内心的世界。孩子亦能够在不落俗套的娱乐方式中从"心智启蒙""个性塑造"和"社会感知"三个方面获益"价值教育"，提升自我。[①] 倘若幼儿观众能在家长的陪伴下观看，深度进入角色，进行讨论，那么亲子教育的效果则更佳。

近年来，户外体验秀开启了一波"慢综艺"新模式。这是人们处于社会快节奏生活中的内心向往，更是媒体人在真人秀热之后的冷思考，其特点是远离喧嚣的大都市，没有历险和惊险，追求的是活在他处的生命体验以及生活的美好；体验者并不是特别红或者话题明星；戏剧冲突也都比较平淡。节目中的任务虽看似平常和简单，但其实都是些人生可遇之事。譬如，2017 年，湖南卫视陆续推出经营体验秀节目《中餐厅》和《亲爱的·客栈》，节目追求的正是回归生活本身和生命价值本体。

《中餐厅》的任务是：明星在海外开办一家中餐厅，把各种中国传统元素呈现在餐厅中，最大限度地推广中华美食文化，并利用各种方式推广餐厅的知名度。其内在冲突为异域的语言障碍，挑战明星各自的沟通能力和在异国他乡生存的适应力；有限的资金和经验不足，挑战明星顺利运营的能力；客人需求与自身厨艺能力的差异。每一个问题的协同解决，都能展示出嘉宾在面对困境时的智慧，从而为给观众带来欣喜。

《亲爱的·客栈》的任务是：明星夫妻或普通情侣组成的搭档，一同前往具有浓郁人文特色的圣地——泸沽湖，接管经营一家民宿客栈，时间为 20 天。

---

① 刘雁. 媒体融合与国内电视综艺节目的变革[J]. 中国广播影视,2015(6 下).

体验者自主分工，做好各种吃、住、行的准备和定位，招待好客人，并满足他们的各种要求。节目记录体验者日常经营的管理细节和由此引发的小冲突，全景呈现湖区的美景和有味道的民宿生活。

慢综艺体验秀的热播，在迎合了国人对美好生活的向往的同时，也引导人们思考生活本身的意义和诗意到底是什么。

（四）综艺节目模式剖析

综艺节目应该有模式吗？根据艺术创作的规律和人们对艺术审美的不断变化，创意者如果用一成不变的模式应对万变的需求，显然是不成立的。但在一定时期内，根据人们的文化消费喜好，归纳出相对固定的节目逻辑结构，倒也不失为提高创作效率、降低运营风险的选择。为此，在这里笔者对综艺节目模式中的若干要点进行剖析。

1. 综艺节目模式的意义

几年前，花费巨资引进国外综艺节目模式还被视为成功的法宝，数档国外节目模式在中国市场的确成就了现象级节目，以至于"拿来主义"盛行一时。英国 Fremantle Media 公司中国区总经理尹晓薇认为："模式引进是一次学习的过程，通过一个个模式的引进可以教给中国制作人一套节目的生产流程以及建立一个节目的根本思维方法，而抄袭和剽窃是对一档节目的浅薄理解。如果一档节目，你看了觉得就会做了，这是非常肤浅的想法。"[1] 为此，引进模式应当为学习创意的方法和路径，而不是简单抄袭。更为重要的是，节目模式背后是成熟的商业模式。这种商业模式已从产业链升级到产业生态的建构。在引进模式过程中，"寻找契合度较高的衍生产品领域，采用适合的开发方式是决定真人秀节目衍生产品成功的关键点"[2]。同时，引进模式也是为了学习如何将国外的商业利益逻辑与中国社会效益相结合，使其既能承担社会传播功能，又可实现媒体再生产。

移植成熟的模式不意味着会成功。任何完美的方案都需要强有力的执行才

① 陈丹,祝媛莉.原创在路上,"新限模令"下国产综艺走向[J].综艺报,2016(14).
② 李星儒.真人秀节目:狂欢下的冷思考[J].现代传播,2015(1).

可能奏效。在视节目为产品的媒体运营意识主导下，节目制作过程若能被细分为不同的工序进行流水线生产，如同工业品生产那样，且各工种按照创意设计都有相应的质量标准，就可以有效降低各个环节的个体差异性影响，从而提高节目成功的可能性。

通过研究学习模式，如下两档节目可能创造出新的模式。以江苏卫视播出的两个节目《非诚勿扰》和《最强大脑》为例，均已通过国际模式认证机构的认证，拥有了海外销售的"通行证"。其制作方远景影视总经理王培杰总结研发过程时认为："选择大家关注的热点，围绕其进行调查和测试，再将这一热点研发成具有竞争力的形态，通过市场的检验，便有机会打造出成熟且成功的节目模式。"[①] 这是中国电视创意人由"引进"到"输出"的转折点，更是中国电视文化从低端产品制造走出去（如电视剧出口）到高端模式走出去的产业升级的标志。

2. 综艺节目模式的核心要素

显然，综艺节目创意的核心要素包括故事和人物（或角色）。节目中人物要完成的任务是故事的载体，而角色本身既是故事主角也是传播符号。

首先，怎样编个好故事？

被业界称为问题解决能手（Trouble Shooter）[②] 的英国电视节目模式专家罗伯特·瑟克尔（Robert Thirkell）认为，所有的真人秀节目都可以依照童话方式来讲故事：故事的起因是公主身陷危险，王子要去救她（节目叙事原动力）；在此过程中，王子会经历种种磨难（节目对挑战的设计），如果他失败了，就需要尝试其他的方法（节目主人公的塑造与改变）；最后王子突破关卡，救出公主（真人秀的结局要落在变化后的结果）。为此，他针对纪实真人秀节目和电影设计总结了一套名为 C. O. N. F. L. I. C. T（冲突）的真人秀节目制作"工具箱"，具体如下[③]：

---

① 陈巍巍. 远景影视：做一流的品牌模式公司[J]. 综艺报,2015(13).

② Robert Thirkell is the TV Troubleshooter with a proven track record in making hit TV documentaries and formats[EB/OL]. (2017-07-17). http://www.robertthirkell.com/Robert%20Thirkell.html.

③ 张帅. 英国经验：节目创意质量有基础、有工具[J]. 中国广播影视,2015(3下).

Character（角色）：找到合适并具有故事和表现力的人物。包括 Out（出格）：跳出传统思维；Narrative（叙事）：找到叙事原动力。节目往往是寻找答案之旅，核心问题需要给出大答案，而小问题和小答案则通过环环相扣而引出大答案。Front（前沿）：单刀直入，在开头制造一个叙事的"前沿阵地"，它需要突出人物角色和他们的动机，突出他们所要解决的困难以及背后的原因。Love（热爱）：爱上你所拍摄的角色，并将他们转化成正常人。Interview（采访）：追问角色的感受，针对一些事实写下简短的评论。Care（关切）：让观众保持关切，从始至终。Timeline（时间轴）：一开始就建立故事时间轴，要有一个精准抢眼的标题，并且呈现事实真相。

若用此工具箱剖析国内现象级的综艺节目，我们不难发现其中所蕴含的创意套路和相似的规律性。

罗伯特①还对上述每个部分都有进一步的展开，他归纳出更为精细的操作流程。譬如，关于构建故事，他的建议是：（1）首先要做的是找到合适的故事，而不是主题。（2）不要去选择那些已经成功过的事物。（3）选择那些具有灾难性但又有一线生机的事物。（4）选择一个传奇性的故事，并围绕始终。（5）给故事穿上尽可能新的外衣，但是继续讲述相同的故事。（6）去寻找一些别人没有试过的东西，并且强调它的不同之处。（7）节目不需要有引介的环节，只需要不断推进。（8）故事的主题应当足够宏大，但是又小到能去拍。

上述建议有不少跟国内习惯性创意不太一致的逻辑，譬如知名电视策划人刘熙晨认为："一档娱乐节目，首先，要有主题，在策划、创意的时候就要想这个主题是什么，它跟当代观众之间有什么关系，观众为什么要看这个节目。其次，娱乐置顶，就是做到顶级的娱乐，一定要让人喜欢看。"② 国内的媒体创意人经常是主题先行，而不是故事先行，这个主题可能来自上级或创意人根据观察到的社会问题而定。有研究者提出综艺原创工具为："社会存在的问题 + 节目样式"③，例如"残疾人家庭压力" + "音乐秀模式"，"少儿教育问题"

① 张帅.英国经验：节目创意质量有基础、有工具[J].中国广播影视,2015(3 下).
② 白丽.世熙传媒：职业化与价值观[J].中国广播影视,2016(12 下).
③ 张帅.英国经验：节目创意质量有基础、有工具[J].中国广播影视,2015(3 下).

+ "选秀"，"剩男剩女问题" + "竞技游戏"等。更进一步，可以梳理出更加规范的简单创意流程：（1）根据社会现象，寻找热门议题。（2）挖掘现象背后的原因，寻找解决方法。（3）设计节目创意方案的主要流程与环节。（4）细化流程各种要素，形成初步方案。（5）反复讨论初步方案的可行性与不可行性。（6）进一步完善方案，增加辅助设计。（7）形成完整方案。针对同一议题，创意者也可以采取多个小组分别提出方案的办法，这样更加有利于拓展思路、取长补短，形成最为合理的故事逻辑。在故事建构过程中，如何把各种因素有机地结合在一起，考验的是创意者的统合能力。

其次，该如何选择人物？

显然，好的创意方案中，主题跟故事要紧密结合，故事跟人物也要贴合。无论是以人为主的表演秀，还是以事件为主的体验秀，人物均为关键元素。为此，创意方案一旦确定，选择人物就成为特别重要的环节。人物的搭配往往跟编剧和导演组对社会阶层的理解与选择相关联，即通过组合来表现怎样的性格、家庭、男女和年龄等特征的人，呈现怎样的社会生活场景，传达怎样的人生理念。

关于人物，罗伯特的建议是：（1）电视的呈现方式会削弱人物个性，所以你的角色要有超越常人的潜力。（2）好的故事常常需要正在经历转型的人物，特别是想获得救赎的人物。（3）找到一个有趣的舞台去让你的角色做表演。（4）挑选角色时，对那些立刻就想被你拍摄的人持怀疑立场。（5）你的角色应当尽可能鲜明，同时又尽可能被广泛接受。（6）如欲制造胜利者，就让不同的类型碰撞在一起。（7）有权力的人都是孤独者，在他们面前自己要表现得谦逊一些。[①]

综艺节目的核心元素是人物形象，如果主角性格不突出，节目制作得再精细可能是事倍功半。有学者认为，"真人秀吸引观众的动力在于它的戏剧性，而戏剧性的核心不在于情节的曲折，而在于人物形象的独特、丰满"[②]。作为全

① 张帅. 英国经验：节目创意质量有基础、有工具[J]. 中国广播影视，2015（3 下）.
② 苗棣，王更新. 纪实话语与戏剧结构——电视真人秀的叙事特点[J]. 现代传播，2014（11）.

球最大的独立内容制作研发和模式发行集团，荷兰的 Endemol Shine Group 公司中国内容总监 Rebecca De Young 指出，选角可以参照如下步骤进行：第一步，第一印象。待选的人，是不是能用一句话概括其特征？也就是说能否有鲜明的标签。第二步，深入了解。如果制作人在长期接触待选人后还觉得他有意思，那么观众也会有同样的感受，有意思的人普遍能够吸引观众眼球。第三步，不同人格，混搭出挑。人物性格反差越大，越有戏剧性。第四步，与节目模式相匹配。如同电视剧导演要根据剧本选合适的演员一样，选角同样要跟节目模式相配，"好的节目模式加上合适的选角就能带出扣人心弦的故事，从而变成一个好看的节目"①。其实，节目创意过程预设的场景，在很大程度上就已经决定了其对角色的要求。

这里要特别指出的是，罗伯特的表述经过翻译后，由于语言折扣，并不能准确表达其内涵，甚至还有望文生义的可能，要理解其中的深意，不但要结合其创作的节目进行分析，更要结合节目生产与播出时的社会文化背景，为此，移植过程要充分重视文化折扣所产生的作用。

3. 综艺节目的理论分析

通常情况下，电视节目可分为两大类，即真实节目和虚构节目。显然，新闻节目均为真实节目，综艺节目往往兼而有之，影视剧属于虚构节目。

真人秀节目内容跟纪录电影有些类似，如电影版《爸爸去哪儿》，本质上属于真实节目。真人秀节目形式与影视剧类似，其中的人物、戏剧冲突、结构和节奏都是事先进行了精心策划和组织。然而，毕竟真人秀节目中的人物（或者说演员）是自我的真实表现，而非按照虚构的情景进行某种角色扮演，所以，有些演员在真人秀节目中带有表演的成分也在所难免。

伏尔泰在戏剧理论中提到，每一场戏必须表现一次争斗（戏剧冲突）。很多研究者也都强调过冲突在戏剧作品中的地位和作用。从艺术角度看，无论是室内还是户外，真人秀节目都是规定情景下的戏剧表演。为此，节目创意人员

---

① 参见：彭侃等.素人真人秀选角秘诀——专访 Endemol Shine Group 公司中国内容总监 Rebecca De Young[J].中国广播影视,2017(8 上).

要想方设法推陈出新，建构戏剧冲突的场景、设计人物之间互动的规则；在实际拍摄过程中，更要千方百计营造环境，让节目参与者全身心投入，忘却自我和拍摄器械等各种干扰，在预想之中和意料之外呈现"真人、真情、真事"，从而使节目更有核心感染力和吸引力。

从理论的视角分析，综艺节目都是把戏剧的"后台"搬到了"前台"，甚至是有意模糊了"前台"与"后台"。尤其是户外体验节目，会让观众觉得看到的不是表演。事实上，此类节目几乎都有详细的或粗略的剧本在支撑，有人为设定的规定性"剧情"发挥作用。"后台"情景的前置和呈现，"不单纯是人的窥视欲本性的一种体现，还蕴含着更为深层次的社会心理和媒介逻辑"①。在互联网时代，新媒体解构了传统媒体的传播权威，也为"前台"情境让位于"后台"情境提供了传播基础。这种"后台"情境的呈现，"弱化了前台演出的仪式感、神圣感、神秘感，使原本'高大上'的表演随之拥有了即兴性、随意性和浓郁的日常性和平民性"②。由此，电视艺术变得社会生活化了。

如此一来，所谓的"真"当然是打了一定折扣的。况且，针对儿童的观察研究早已证实，4 岁的儿童就能根据不同的场景和听众来选择说话的方式。③节目中的儿童面对围拍的摄像机和布满的灯光时，已不是自然的生活场景。尽管从镜头上看，他们似乎对此已熟视无睹，但事实上，其行为已发生了改变。所以，对教育研究者而言，若据节目画面本身展开儿童行为相关研究并试图得出结论，更要慎之又慎。对节目研发者而言，镜前的游戏就是游戏，表演就是表演，而不必振振有词地称其节目是"最真实""无删节""无死角"的记录。当然，电视节目中，"前台"与"后台"的串场，让观众看到演员所不知的"后台"场景，从而产生喜剧的效果，这倒成为节目创意者可用的手法。

从叙事角度来分析，综艺节目的叙事结构大致可分为如下几种：平行式、递进式、交叉式与混合式。无论哪种结构，冲突总是必需的元素，难怪英国的

---

① 董华峰,李茜.电视真人秀节目中的"后台"情境研究[J].中国电视,2016(12).
② 董华峰,李茜.电视真人秀节目中的"后台"情境研究[J].中国电视,2016(12).
③ 约书亚·梅罗维茨.消失的地域:电子媒价对社会行为的影响[M].肖志军,译.北京:清华大学出版社,2002:22.

罗伯特先生为此归纳出一个 COMFLICT（冲突）工具箱来。林沛认为："综艺节目的戏剧冲突是为了形成整体与部分、宏观和微观、外在加内在的戏剧张力。有的节目虽然花团锦簇，但观众看过之后百无聊赖。而有的节目形态虽然简捷，但是在观众心理上创造出一种起伏相伴的愉悦感。"① 这就是综艺节目的内在灵魂和魅力所在。叙事是为人物服务的，结构是为故事服务的，故事当然服从于人物的塑造。"在一些经典的真人秀节目中，由于设计巧妙，制作精心，其中人物的性格复杂多变，甚至超出一般戏剧中的虚拟人物，表现了更复杂更真实的人性，给观众留下深刻印象"②，其根本原因便是超越了戏剧假定性的"真实"与冲突在发挥作用。

成熟的真人秀节目具有十分鲜明的特征，主要表现在三个方面：一是故事内容的新鲜感，对未知世界的好奇心永远是吸引观众的重要元素之一。二是呈现元素的画面感。作为以画面呈现见长的电视传播，惊艳的画面无疑是引发注意力的强力因素。尽管不能以制造奇观作为综艺节目制胜的法宝，但在创意水平和投入资金许可的范围内，制作者要尽可能设计耳目一新的舞美。尽管追求舞台、演员甚至现场观众的"颜值"有时为人所诟病，但其对当代青少年观众传播效果的作用却显而易见，毕竟，追求愉悦和美感是正常的心理诉求。三是人物情感的代入感。没有情感的节目不能被称为电视艺术。譬如，浙江卫视播出的《中国梦想秀》就不失为一档以"情"为统领的综艺大片。整个节目以"情"为纽带，调动并串联起圆梦人、明星、主持人和观众的现场情感，用强化突出的圆梦人之坚贞的爱情、执着的真情、至深的友情等人间正能量的情愫，触动所有参与者的温情，从而引发共情的脉动。

4. 作为社会实验的综艺节目

在很大意义上，社会生活是电视节目产生的土壤，电视节目又是社会生活的镜子。当然，社会生活对于新闻节目，是平面镜，对于电视剧，就是"放大镜"，对于综艺节目，则是"哈哈镜"。参与综艺节目的嘉宾，都是在规定的时

---

① 林沛.《丝绸之路万里行》第二季：新思路 行万里[J].中国广播影视,2016 年(1 上).
② 苗棣,王更新.纪实话语与戏剧结构——电视真人秀的叙事特点[J].现代传播,2014(11).

空完成特定的任务。如此一来，的确如罗姣姣所言，"从广义上来说，任何真正意义上的真人秀节目都带有社会实验的性质，只是方式和程度的深浅存在差别而已"①。媒体人怎样看社会，就有什么样的节目呈现给社会，还包括如何选择性地通过媒体进行传播。当然，观众如何解读节目中呈现的社会则是另一番景象。

周云龙认为，电视生产的最高境界应该是"和谐"：一群有理想的人，有激情地做着自己喜欢、别人欣赏的事。他还提出"电视三原则"：观众看电视是为了放松、找乐，他们喜新厌旧、见异思迁，遵循快乐原则。总监、主编或主持人做电视，是有追求的，有寄托的，期望每档节目都是"有意义"和"有意思"的完美结合，遵循理想原则。而一线记者、编导做电视，做什么？怎么做？做得怎样？很多时候绝不是"心有多大，舞台就有多大"，遵循现实原则。② 为此，媒体创意人，常常也有奇思妙想，他们不但让嘉宾做其熟悉的本行业务，而且可能让其体验从未尝试过的其他经历，以产生强烈的心理反差，追求艺术景观和刺激。为此，在媒体人的操控下，户外体验秀的嘉宾人物要经历人性考验的三种时空，即"与自然""与社会""与自我"。参与者在遵循"规则"下完成既定"任务"，从而产生各种内在和外在矛盾甚至是冲突，悬念和戏剧性由此产生，并成为节目吸引注意力、增强观众黏性的核心。

尽管自称为生活服务类节目，但《玫瑰之约》《非诚勿扰》《中国式相亲》等节目实为室内情感碰撞实验节目，而《乡约》《七天爱上你》等则为户外情感经历实验节目。这些节目均为现实生活的场景模拟。近几年，电视媒体对户外体验类的空间拓展越来越广泛。2017 年，北京电视台《跨界冰雪王》邀请 8 位滑冰零基础的明星，入驻魔鬼训练营；在大牌"营长"张艺谋的带领下，由花样滑冰奥运冠军申雪、赵宏博亲自指导，并邀请国家花滑队贴身进行培训，意在引起和激发人们对北京 2022 年冬奥会的关注和对冰雪运动的喜爱，并以

---

① 罗姣姣.社会实验真人秀的爱与罪[J].中国广播影视,2015(1 下).
② 周云龙.电视三原则[J].中国广播电视学刊,2015(1 下).

此拉开北京冬奥会传播的序幕。在节目中我们可以看到，无论是艰苦训练的身体磨难，还是在现场观众注目下的真实冰上表演，明星们都在经受身体伤痛和心理压力。这跟演戏完全不一样，不可以重来，每一次都是唯一的；跟录播的户外体验秀也不一样，更加少了"秀"的成分，多了纪录的分量。为此，明星站上冰面后，其每一次表演是完美的滑行、旋转或跳跃，还是重重摔倒，永远都是未知的冒险和悬念。这更加激发了观众的好奇、关心甚至是担心，观众看节目的心理过程更像是在看比赛。这样的节目，离社会真实体验更近了一步，与其说是社会实验，倒不如说是社会记录。

《让世界听见》是 2017 年湖南卫视推出的大型原创音乐公益支教节目。汪峰、蔡国庆两位明星担任支教老师走进大山，当地学校的音乐老师担任教学帮手，以组建合唱团作为教学任务，在陪伴大山中的孩子们生活和学习的同时，帮助孩子们通过正规的音乐教学，把歌声唱出大山，从而让世界听见。这个节目也是对真实发生的事件的记录，无法摆拍，也不可能"秀"出完美。媒体的担当与责任体现不仅仅是传播，更是真实、有效、有益的社会实践。

总而言之，从媒体融合创意的角度探讨"真人秀"节目与社会之间的关系，如同"1"与"0"之间存在无限的小数一样，其奥妙之处就在于"真""似真"与"非真"之间的游离。研究者不厌其烦地解读"真人秀"节目的内在规定性，如杨余总结真人秀节目成功的秘诀是："'真'是根基，'人'是核心，'秀'只是手段。能否在'真'和'秀'之间寻求最大的平衡，是检验制作团队操作水平高低的试金石，也是吸引观众的制胜法宝。"[①] 杨立琴也认为："'真'是它的特色，'秀'是它的手段，而'人'才是它的主体和核心。"[②] 近年来，我们可以观察到，无论是室内表演还是户外体验，都把"真"作为其基本出发点。

总之，少一点"秀"，多一些"真"，求真务实不但是媒体回归社会现实与社会理想的融合创意路径，更是追求质朴生活意义和价值的人性追求。

---

① 杨余.什么是户外真人秀的最佳打开方式[J].中国广播影视,2016(9 上).
② 杨立琴.《跨界歌王》:彰显真人秀节目的戏剧性[J].当代电视,2017(4).

三、电视剧题材创意

何谓电视剧？给出定义似乎不难。有学者提出，电视剧（英文有：TV play，Teleplay，TV drama，TV serial）是专在电视媒体上一集一集地连续播出的有剧情的娱乐节目，它兼容电影、戏剧、文学、音乐、舞蹈、绘画、造型等现代艺术的诸多元素。[①] 显然，此定义已有些过时，网络剧（简称：网剧）的兴起早已引发业界和学界的广泛关注，电视剧也不再是电视媒体的专属艺术。由此，电视剧创意也并不仅仅针对电视平台的播出而制作。在电视或跟播的网络媒体上，电视剧每天播出若干集，直至最后一集，很少出现未完停播的情况。近年来，也有个别媒体在尝试边拍边播的美剧制播方式，如2012—2013年间，湖南卫视推出的《第一周播剧场》和《青春星期天》就是采用这一方式。按照学者胡智锋对电视剧创意流程的归纳，电视剧创意包括剧本策划、市场策划、制作策划和营销策划四个主要方面。[②] 剧本为一剧之本，而题材选择又是剧本创作中最为重要的环节。限于篇幅，笔者主要从受众心理和题材创意两个方面加以探讨。

（一）受众观剧心理剖析

电视剧或者说剧本创意的原动力往往来自对现实的关注和关照，编剧和导演生活在现实社会当中，无论是历史还是现实题材，创作必然或多或少地与现实发生联系。受众在观剧过程中，其思维更不会简单地停留在就历史论历史的层面，与现实生活的对照与联想是自然的心理过程。正如知名导演郑晓龙所说，"从《甄嬛传》《芈月传》到《红高粱》，我从来没有限制或设定过目标受众是年轻观众还是老年观众。我希望是一家老小、四世同堂可以聚在一起看，小学生可以跟着父母看。这些剧的共同特点是故事通俗、情节易懂、人物鲜活，同时富于正能量，符合大众审美"[③]。这也是多年前的电视剧《还珠格格》会受到中小学生喜欢的主要原因之一。有研究者认为，由于分屏和多屏观剧习

① 童清艳.媒体创意经济[M].上海:复旦大学出版社,2015:097.
② 胡智锋.电视节目策划学(第2版)[M].上海:复旦大学出版社,2015:127-128.
③ 何佳子.郑晓龙:电视剧需要现实主义的创作态度[J].中国广播影视,2017(2合刊).

惯的形成，"在创作电视剧时，创作者首先应当面对大众时尚、大众审美和大众价值观"①。毕竟，电视剧作为大众艺术，必须在迎合多数人心理的过程中加以引导，这是创作的重要法则之一。

1. 感性思维的支配作用

人们喜欢看电视剧的理由有多个，尤其是现实题材的电视剧来源于现实生活，经过艺术加工而成为作品，当作品被呈现在观众面前时，观众既看到剧中人物生活的酸甜苦辣与喜怒哀乐，也会自然地与自身生活相比照，且还会从中得到情绪的疏解和为人处世的启发。譬如，有学者这样评价电视剧《生活有点甜》："在剧中人物的生活状态下，喜剧成为他们对抗生活波折、命运坎坷的重要手段，这种手段能够让他们维护一些自己的尊严，能够让自己坦然面对生活。"② 众所周知，喜剧情节常常是艺术的夸张，"其实这种喜剧性并不完全是商业性的，很可能是创作者为了让剧好看一点，让观众可以多接受一点"③。事实上，若电视剧呈现完全生活化，少了艺术的加工与提升，观众是不可能买账的，即便是"真人秀"节目，也是经过编剧和导演的安排，经过剪辑等有意识的细节加工，包括图、文、音效、音乐、情节强化、转化等多种手段并用而成的，几无可能仅为原始的纪录。

生活是艺术的源泉，艺术来源于生活。尽管高明的编剧们挖空心思地虚构复杂的人物关系或社会背景，但吸引受众的主要还是故事和情节。为此，在观剧过程中，观众的感性认知和思维占据着支配地位。可以说，遵从生活原本的逻辑是编剧创作策划的原点。

知名电视策划人黄涵在其博客中透露了电视剧《大丈夫》最初的创意来源，④ 看似琐碎的以下这段文字，却也道出了创作之初是多么感性和有趣：

---

① 何佳子.郑晓龙:电视剧需要现实主义的创作态度[J].中国广播影视,2017(2 合刊).
② 本刊记者.平民喜剧的可贵尝试——电视剧《生活有点甜》专家研讨会综述[J].中国电视,2016(8).
③ 本刊记者.平民喜剧的可贵尝试——电视剧《生活有点甜》专家研讨会综述[J].中国电视,2016(8).
④ 黄澜.写在《大丈夫》开机之日[EB/OL].(2013-04-21).http://blog.sina.com.cn/s/blog_537600ff01019a0w.html.

　　故事的主线从真挚相爱的师生恋到走进婚姻殿堂，看他们如何遭遇家庭反对、社会偏见以及自身的感情障碍。当解决了"老少恋"的合理问题后，我才认识到曹总敏感的判断力，故事吸引人的关键，不在于表面的"话题性"，而是在于这组人物关系背后的戏剧性。年龄那么大的丈夫，怎么拜见同龄的岳父岳母？如何摆平前妻和女儿，如何 PK 年轻力壮的情敌？恋爱好谈，日子难过。男人日益衰老，女人却含苞欲放，怎么能把日子过下去？那时《辣妈》剧本也在策划中，两个剧的策划会常常前后脚地开。编剧秦美人听说我们在做"老少恋"，很轻描淡写地说："那采访我啊，我老公就比我大 16 岁。"她抖了几个生活细节，让我们捧腹大笑。在她的启发下，李潇采访了很多老少恋的朋友，组织了很多真实贴切的细节。每次阶段性剧本出来，我们都争相阅读，其结构严谨，人物生动，台词掷地有声，堪称完美。……而我们的男主角，"儒雅的高级知识分子"，王志文当之无愧。女主角李小冉。把他们的照片拼在一起，我再去问客户，他们都会觉得，这两个角色若是相爱，不仅能够接受，并且还有期待。……"老少恋"过关斩将，克服生活难题后，故事就到了更高阶段：爱情再美，可最多只能相伴二十年。大丈夫日暮西山，小女子如何度过余生。大丈夫爱到深处，是不舍得自私地占据爱人的青春，是不舍得生命短暂，而责任绵长，他，该怎么办？

　　这段文字自问自答，以常态（同龄人）的婚姻关系视角看"老少恋"提出疑问，以生活实际细节的场景充实情节，揭示了感性如何引导创作，生活如何绘就细节。源于生活的艺术创意，着实做到了新奇性和真实感的统一。

　　2. 感性思维与理性推理相结合

　　一些无厘头的搞笑影视作品在提供娱乐的同时，常常因其无逻辑而为人诟病。作品仅仅调动观众的感性思维既不足取，也会在一定程度上忽视观众的理性需求。两者有机互融方能相得益彰。

　　纵观我国电视剧播出史会发现，总会在某一时期出现某种类型题材的大热。究其原因，除了宏观的文化环境和社会心理之外，若从电视剧本身与观众的心理需求对应来看，也能得出一些判断。有一段时间，韩剧热播，并被称为"韩流"现象。童清艳分析认为，其"内容大多是健康向上的主题、生活化的剧情。爱情、亲情、友情和信义是韩剧的表现主题，也是打动观众情感的核心内容，剧中的人物就在爱情、责任和良心之间备受煎熬，同样也考验着观众内心的情感尺度……给观众带来'心绪转换作用'"[1]。张红在对韩剧创新模式剖析后指出，以编剧为核心的生产体系是其成功的主要原因。她还从故事、角色和细节几个角度进行了具体剖析。她认为，首先，关于故事，"用爱情故事与浪漫情结围住年轻观众"，"更容易激发年轻观众的情绪共鸣"。其次，关于角色，"擅长利用'角色情结'来塑造人物，能让年轻观众在最短的时间内喜欢上剧中人物"，同时，"善于吸纳与改造流行文化，让年轻观众在观看过程中不会产生距离感"。再次，关于细节，"用极致细节让年轻观众主动传播、主动跟随"，无论是服装、道具、化妆，还是场景设计，包括台词，均善于创造流行的经典，使观众主动地通过社交媒体进行传播和模仿。[2]

所谓理性需求，既包括微观层面对剧情故事的合理性推理，也包括宏观层面的群体心理。中国人在集体意识中希望，"国泰民安，乾坤朗日，君贤臣忠，清风明月，通过影视语言塑造荧屏中有血有肉的人物形象，映射出中国人丰富且真实的内心世界"[3]。正是这种集体意识，形成了观众对影视作品的期待。假如作品与这种意识相吻合，观众尤其是社会主流群体则认为其符合主流价值观，否则，则会认为其离经叛道，甚至导向有问题。

有学者深度解读观众心理，并从学理层面加以归纳后指出，"观众看电影和电视剧时的心理往往是很微妙的，他们对自己熟悉的生活容易产生亲近感，但太熟悉的生活又引发不了惊喜，从而失去好奇心。所以，我们在拍戏的时候既要使熟悉的生活陌生化，又要使陌生的生活熟悉化"。更有研究者总结认为，"凡是热播叫好的剧作，都是在还原生活、描述生活、发现生活方面实现了'像生活一样'的日常化效果。以家庭生活为主场景，剧中人物大多平凡，没

① 童清艳.媒体创意经济[M].上海:复旦大学出版社,2015:227.
② 张红.韩剧"有毒","芒剧"新思考[J].当代电视,2016(6).
③ 陈晓春,岳堂.电视剧项目评估的基本原理[J].现代传播,2016(5).

有惊奇和曲折的情节，却总是令人感慨"①。这些题材在平淡中贴近生活场景，在生活细节中让观众体悟多彩人生与美好。

电视剧作为媒介消费市场的重量级产品，只有做到题材的感性与理性诉求相互结合，才能实现电视剧创作的有意思和有意义之双重目的，也才可能达到舆论导向和价值引导正确的传播目标。

（二）题材创意的主要类型

2016 年，央视媒介市场研究（CTR）媒体融合研究院微信公众号②发布报告称，近年来，中国电视剧创作大致有三种路径：一是传统路径，硬剧本＋传统实力演员＋软营销，走大剧国剧的路子；二是新派路径，强 IP＋软剧本＋小鲜肉演员＋强营销；三是中间派路径，前两者结合，注重剧本＋演员，既考虑影响力活跃度，又要有演技＋强营销，探索一条既要品质又迎合市场的路子。无论哪一种创作路径，如何找题材、抓题材和定题材是第一步，也是最为重要的一步。近十多年来的剧目收视数据③表明，历史剧、传奇剧和现实剧三大类型占据了大部分的份额。剖析这些类型剧目的创作过程，探求一般性规律，于其他各种类型也有借鉴意义。

1. 历史题材创作

在中国的电视荧屏上，电视剧有着举足轻重的市场地位，其中，历史剧比重相对较大。此类剧主要以历史人物、历史时空为基本原型，尊重整体历史事实，运用艺术性的表现手法，真实再现当时社会的政治、经济、风俗、情感等方面。④ 历史剧往往采用宏大叙事方式，进行全局性、政治化的叙述，追求时空的大跨度，人物关系与人物结构也相对复杂。但是，这种宏大叙事因"高大上"的宣教和教条，越来越不受观众欢迎。为此，新的创意也出现了。以电视剧《于成龙》为例，总制片人王大林这样归纳这部剧"大事不虚，小事不拘、

---

① 杨乘虎.中国电视节目创新研究[M].北京:中国传媒大学出版社,2014:119.
② 引自:"德外 5 号"微信公众号。
③ 数据来源:美兰德咨询影视数据库。
④ 王卓.历史剧制造者:关于"分寸感"的实验[J].中国广播影视,2015(6 上).

注重细节"① 的新创作手法，已成为全新探索的典型作品，市场表现不俗。

王昕认为，"历史剧创作必须有相对坚实的历史根据，但也不必处处皆实，讲究无一字无来处"②。事实上，完全与历史相符的电视剧几乎没有，这是由于历史本身的真实性考察就很难做到。为了研究方便，王昕还从艺术事件所依赖的历史根据之充分性为标准，把历史剧划分为四类：（1）有根历史剧（七实三虚），即所谓历史正剧，如《楚汉传奇》。（2）无根历史剧（完全虚构），如《甄嬛传》《琅琊榜》。（3）小根历史剧（三实七虚），如《大明宫词》。（4）平根历史剧（虚实各半），如《芈月传》。③

这种简单的分类方法，也是一种创作思路，并为评判历史类电视剧提供了艺术与真实讨论更为科学的视角。譬如，《芈月传》"着力强化了人物命运的对立感、对比感、变化感。先是相感相爱、相辅相成，后是相憎相害、相反相成，彷徨于亲情，决杀于利害，形成了强烈命运和情感悬念，带给观众以无尽的人性沉思"④。事实上，此类历史故事是一个载体，而引发观众的却是对现实的联想，对事业追求、爱情梦想的反思，这就是历史题材的现实意义。譬如，电视剧《琅琊榜》，尽管故事是虚构的，但是呈现给观众的是荡气回肠的正邪之争和感人至深的侠骨柔情。故事"表达了作者和导演对一个民族强盛的渴望，以及民众最愿意看到的一代明君和国家强盛"⑤，这种集体意识中的情愫与作品审美过程结合在一起，强化了审美体验，审美共鸣自在其中，同时也彰显出剧情的独特魅力。

收视数据表明：严肃的历史剧吸引的多数为高知男性，家庭伦理情感戏更吸引女性。创作以女性角色为主的偏理性题材历史剧，在市场上要冒一定的风险。然而，电视剧《芈月传》的成功，无疑打破了过往的一般规律，

① 王大林. 做一部有担当的历史正剧——电视剧《于成龙》创作体会[J]. 当代电视,2017(4).

② 王昕. 人事情理说芈月[J]. 中国电视,2016(7).

③ 王昕. 人事情理说芈月[J]. 中国电视,2016(7).

④ 王昕. 人事情理说芈月[J]. 中国电视,2016(7).

⑤ 吴然,廖祥忠. 从《琅琊榜》谈中国影视剧的美学构建[EB/OL]. (2017-05-16). http://www.doc88.com/p-8932332029274.html.

"称得上是货真价实的雅俗共赏，堪称艺术商业全能剧"①。该剧既吸引了男性，也吸引了多数女性观众。从《芈月传》的受众分布来看，女性观众大概占57%，男性观众占43%。② 由此可见，题材的创新、故事的构建和角色的塑造要同时发力，电视剧才能受到观众青睐。有研究者对历史剧受到普遍喜欢做出的判断是："大量出现的历史剧是大陆电视文化冲突的必然结果。无论是国家立场、市场立场或是知识分子立场，几乎不约而同地选择了历史题材作为自己的生存和扩展策略。"③ 这一结论证实了本研究第一章中的对"需求"的详细论证。

事实上，被冷落的历史剧也不在少数。究其原因，"虚假"应当是首因。2016年11月30日，习近平总书记在中国文学艺术联合会第十次全国代表大会和中国作家协会第九次全国代表大会开幕式上的重要讲话中指出："戏弄历史的作品，不仅是对历史的不尊重，而且是对自己创作的不尊重，最终必将被历史戏弄。只有树立正确历史观，尊重历史、按照艺术规律呈现的艺术化的历史，才能经得起历史的检验，才能立之当世、传之后人。"同理，我们可以得出判断，如同综艺真人秀节目一样，求"真"亦为历史剧题材的创新之道。

2. 传奇题材创作

所谓传奇剧，是指以历史上的人物和时间为创作题材，经过创作者大胆想象，进行整体上的艺术虚构，不注重历史真实性的精确求证，更多地采取戏仿、夸张等手段，带有明显的主观随意性和假定性。④ 传奇并不是戏说，更不是胡编乱造，有其经得起推敲的历史背景以及人物、故事、情节的合理构思和内在逻辑。

电视剧《亮剑》，草莽英雄的叙事方式，却打造了史诗般的艺术风格；其

---

① 王昕. 人事情理说芈月[J]. 中国电视, 2016(7).

② 《芈月传》收官收视"冲顶"男性也爱看？[EB/OL]. (2016-01-10). http://sz.people.com.cn/n2/2016/0110/c202846-27506747.html.

③ 转引自：林承宇等. 大陆电视剧在台湾电视媒体的发展态势与未来想象[J]. 现代传播, 2017(3).

④ 王卓. 历史剧制造者：关于"分寸感"的实验[J]. 中国广播影视, 2015(6上).

历史观也趋于民间化的视角，不做过多铺垫，几个简单的场景就交代了战争的背景与事实；故事的主角塑造有血有肉，甚至有些"痞子气"，审美情趣的大众化使得"英雄形象"有些颠覆，反而愈加真实可信。在我国，抗战历史和抗战精神早已成为文化资源，即"正确价值导向＋市场资本追逐"，其核心为如何让历史资源以年轻一代喜闻乐见的形式呈现，从而实现中国民族精神文化的一代代传承。

以抗日谍战剧为例，其核心元素包括卧底、特务、情报交换、悬疑、爱情、暴力刑讯、惊险、刺激等。近些年来，经典剧目《潜伏》《黎明之前》《伪装者》等基本上涵盖了上述元素，并构架了故事的本体。早期的敌后抗战剧如《红灯记》《永不消失的电波》等，阐述视角多是从正义战胜邪恶展开，主人公也多以农民、工人为主。由于人们审美情趣在不断发生变化，改革开放前的宣教式、脸谱化的影视作品形式已被冷落，尤其是 80 后、90 后的年轻人对演员外表，如长相、谈吐、言辞、举止、形体、服饰等所谓"颜值"要素的关注度明显提升，甚至对人物出入的场景，包括家庭、社交场所等外在美的追求也在不断加强。

3. 现实题材创作

现实题材的剧目往往关涉社会生活的热点和痛点，因而受到广泛关注，对现实性的关照程度成为创作要把握的要点与难点。关注社会所关注的，呈现大众所热议的，正是此类题材入戏的要诀。以电视剧《好先生》为例，有研究者分析认为，其"触及了当下社会极受关注的养老问题。随着中国老龄化的加剧，老人的赡养便成为社会的重要问题。……空巢老人的情况变得越发严重"①。为此，养老题材或涉及养老的内容都是对社会的即时回应。尽管中国社会在不断探索新的养老方式，如居家养老、社区养老等，但人们还是希望从剧中得到某些启发、慰藉和理解，毕竟，电视剧作为艺术，不仅来源于生活，而且高于生活，甚至是理想化的生活。

对于现实题材的电视剧，毛卫宁将其划分为三种情况，分别关注"公共

---

① 刘家民.解析电视剧《好先生》对"爱"的新拓展[J].中国电视,2016(11).

生活""日常生活"和"私人生活",这三种情况介入公共事务的程度依次降低,显然,离主旋律和社会责任的担当也越来越远,其触及社会深层次矛盾、公共领域的话题性也在依次降低,社会意义和影响力也打上了一定的折扣。①

以2017年3月湖南卫视首播的《人民的名义》为例,该剧就是一部典型的关注"公共生活"的作品,可谓反腐题材淡出荧屏十年后的首部大剧,其大胆的创作所引发的关注度远超创作团队的预期。"该剧秉承着'不虚美,不隐恶'的拍摄理念,放开创作尺度,以犀利冷峻的笔调,直面现实问题,引发了社会各界的强烈反响。"② 调查显示,不仅是社会公职人员、普通群众,还是包括90后在内的年轻一代,都加入了追剧群体,主要因为该剧鲜活地甚至是惊心动魄地呈现了反腐壮士断腕的决心,"更是因为它能够代表民心所向,全面展现时代的变迁与人民的生活"③。剧中正反派人物不仅有原型,甚至拍摄手法也有纪录片的影子。

关注日常生活的电视剧包括生活剧和行业剧。有研究者认为,"《生活有点甜》是连续剧与情景剧的结合、正剧与喜剧的结合、工人阶层题材剧和生活剧的结合"④。简单归纳即:该剧的很多情节架构都是前面调侃+中间打闹+后面温情包装这样一种反复的框架结构。为此,剧目如同放大拉长的小品一样,引人入胜,也更能引发观众思考。一部典型的行业剧《心术》,业内人士在剖析其创作特点时提出,"做好各类行业剧的基础是对行业内容的了解和展示要具体专业。做好各类行业剧的关键是展示本真'人性'和构建出行业中真实的'人物'。做好各类行业剧的亮点是激发每个行业的理想和信念,使之变成整个社会的精神寄托和集体力量,从而宣扬社会正能量和发展的光明面"⑤。尽管此类行业剧在"行内人"看来,常常是不合科学流程甚至有违常理的,但毕竟能

---

① 钱力."白玉兰"展现电视剧行为"风口"[J].中国广播影视,2017(7下).
② 赵健.电视剧《人民的名义》的多线叙事结构[J].当代电视,2017(7).
③ 赵健.电视剧《人民的名义》的多线叙事结构[J].当代电视,2017(7).
④ 参见:本刊记者.平民喜剧的可贵尝试——电视剧《生活有点甜》专家研讨会综述[J].中国电视,2016(8).
⑤ 王倩.中美新闻媒体行业剧的启示[J].中国广播影视,2016(9下).

够基本呈现行业人物的原貌和规律，是社会不同行业之间互相了解与沟通的桥梁，更是疏解社会医患矛盾的"柔顺剂"。

分别于 2016 年和 2017 年播出的《欢乐颂》第一部和第二部，无疑是重点关注私人生活的电视剧。有研究者总结认为，"《欢乐颂》展现身居上海的五个不同家庭、职业、阶层女性的生存状态，呈现当下大都市年轻人事业与情感的多元景观，真实描摹而又超越现实生活，不断撞击年轻观众心灵，形成社会话题并引发广泛关注"①。观众在观看《欢乐颂》中"五美"人物的同时，不自觉地会与自身的境遇、理想或人生做对比，并产生情感共鸣甚至行为上的影响。

事实上，《欢乐颂》之所以受到热捧，还有两个十分重要的原因。其一是女性的叙事视角。《欢乐颂》"在人物形象、剧情设置、人物语言、叙事角度等方面进行创新，突破了以往都市爱情剧的俗套，将现实、都市、爱情、友情、职场、家庭等元素与女性主义巧妙地融合在一起"②。当然，一般的都市生活剧，也大多是这些元素的组合，但过往的剧目中，多数为男性视角甚至是男权视角，女性人物大多屈从于男性的支配地位。其二是具有代表性的社会阶层状态。引发情感共鸣的原因之一是剧中人物的社会地位与观众相近。《欢乐颂》中的曲筱绡就是女性主义的代表，中国当下的都市白领阶层，无论是处理职场业务，还是家庭关系，尤其是爱情取舍，都有着独立且有原则的主张。安迪则更胜曲筱绡一筹，尽管出身比不了富家女曲筱绡，一切都是自己打拼而来，但面对职场和人际关系的各种挑战，总能以冷静和理智的态度应对。剧中这两个人物隶属于社会精英阶层，而樊胜美、关雎尔和邱莹莹则代表了更多的中下层民众。尤其是关雎尔，她就是平凡的邻家女孩，她所遇到的初入职场生活的各种麻烦，感情上的暗恋与追求，都是以最平和的姿态出现的。这种平平淡淡才是真，且并不与父母简单妥协的行为方式，正是当下所谓"九千岁"们（90后以及 00 后的青少年）生活的真实写照。剧中人物形象能够无障碍地植入观众的心中，引发共鸣自是必然的结果。

---

① 胡智锋等.多屏时代中国电视剧的变局与困局[J].中国广播电视学刊,2017(3).
② 张晓琴.《欢乐颂》中女性主义话语权的建构[J].青年记者,2017(3 下).

事实上，《欢乐颂》还是一部传播正能量的作品。有研究者总结到，剧中的五姐妹心地善良，"有着永不服输的奋斗精神，虽然在最开始的时候，她们身上还有传统价值观中女性形象的映射，但这所有的女性弱点都在电视剧的最后被一一打破"①。有奋斗、有努力就有收获，有反抗和抗争就能改变，这些正是社会倡导以及人们所追求的主流人生观与价值观。

（三）题材创意的故事原型

为什么在电视剧《潜伏》热播时，社交媒体上频频解读出职场攻略？而在《西游记》中却读出了管理智慧？内中是否存在基本的戏剧创作逻辑或曰源头？20 世纪初期，法国戏剧家乔治·普罗蒂做了一次有益的尝试，他研究了 1200余部古今戏剧作品，找到并列出了 36 种剧情模式。受此启发，笔者在对我国各类电视剧进行题材内容、艺术表现形式以及戏剧逻辑分析后，归纳出七种基本故事原型，并从心理预期角度探究题材创意的思考路径。

1. 家庭生活型（Family & Life）

无论是历史题材、年代题材还是现实题材电视剧，都以其时代日常生活作为基本叙事原型。该类型电视剧往往通过构建离叛式或传奇式家庭成员的故事，并以时代大背景作为映衬，来表现中华民族质朴、善良、信义、正义、保家卫国等传统美德。剧中主要人物坚持与私欲、邪恶势力相抗争，包括直接或间接参与革命斗争等。如历史生活题材电视剧，虽常以家庭生活故事为主线，但观众感受到的却是顽强不屈的毅力，和除暴安良、崇尚革命的精神，以及伸张民族大义，给人以向上的力量，如《四世同堂》《大宅门》《刘罗锅》《勇敢的心》《乔家大院》《闯关东》《红娘子》《打狗棍》《少帅》《红高粱》等。而现实生活题材电视剧，往往采用"悲情故事、喜剧风格"。现实中的人物尤其是小人物基本上没有惊天动地的经历，难与重大社会变革直接关联在一起，想要吸引观众，"必须在艺术提炼和艺术加工上付出更多的努力……创作者对生活哲学的思考，是对平淡社会诗意的表达"②，如《皇城根儿》《生逢灿烂的日

---

① 张晓琴.《欢乐颂》中女性主义话语权的建构[J].青年记者,2017(3 下).

② 参见:本刊记者.平民喜剧的可贵尝试——电视剧《生活有点甜》专家研讨会综述[J].中国电视,2016(8).

子》《北京人在纽约》《正阳门下》等。

2. 阶层情感型（Love & Emotion）

爱情是人类最美好的情感，既古老又新鲜。每个时代、各个社会阶层都有其鲜明的特征，为此也成为永恒的主题。无论是青年、中年还是老年爱情故事，都往往与亲情、友情交织在一起呈现，进而成就催泪情感大戏。其中，都市情感和乡村情感戏折射出巨大的故事差异性，展现出中国社会阶层丰富多元的生活场景，如《花谢花飞花满天》《乡村爱情故事》《父母爱情》《北上广依然相信爱情》《欢乐颂》《杉杉来了》《我的前半生》《生逢灿烂的日子》等。此类剧目数量较大，剧中的故事或人物经历都给人以似曾相识之感，或感叹于人生命运的磨难，或惊叹于感情的执着与爱情的力量。这类剧目播出后，常常让人发出"又相信爱情了"的慨叹，并得到人生的启迪或感悟。

3. 谍战精英型（Special Agent）

谍战剧刚出现时，也曾被称为反特剧，一般呈现的是中共地下工作者鲜为人知的隐秘生活与工作场景，离奇、巧合是故事的重要特征。剧中正面人物胆大心细，神勇无比；反面人物则狡猾奸诈，冷酷无情。事实上，当年共产党地下工作的主要任务是在敌后领导工人运动，发动农民运动，推动学生运动以及统一战线工作。地下工作者更多是为了宣传共产党的主张，以争取更多支持者。但由于情报工作更难做，更具有故事性、悬疑性和紧张性，并更容易塑造出个人英雄，甚至是孤胆英雄，由此成为创作者的最爱，也为观众所喜爱，如《暗算》《潜伏》《悬崖》《伪装者》《风筝》《解密》等，堪称精品。然而，针对一些随意编造的剧情，与历史事实出入较大的剧目，也出现了不少批评的声音。这是创作者和传播者都要特别引以为戒并予以避免的。

4. 战争英雄型（War Hero or Heroine）

每个年代、每个民族都涌现过自己的英雄，在电视剧中正面塑造英雄、歌颂英雄自是必然。这是传承英雄精神的社会需要，同时，也是发扬人民群众英雄情结传统的需要。习近平总书记在颁发"中国人民抗日战争胜利 70 周年"纪念章仪式上的讲话中指出，"一个有希望的民族不能没有英雄，一个有前途的国家不能没有先锋。包括抗战英雄在内的一切民族英雄，都是中华民族的脊梁，他们的事迹和精神都是激励我们前行的强大力量"。此外，习近平总书记还强调，要"崇尚英雄，捍卫英雄，学习英雄，关爱英雄"。习总书记的话，道出了全国各族人民共同的心声。事实上，一代一代的创作者对英雄形象的塑造也在发生着变化，但其核心是不变的，譬如，从早期的《霍元甲》到《激情燃烧的岁月》《我的兄弟叫顺溜》《亮剑》等，这些剧目中的英雄人物形象接地气，而且可信、可爱、可敬。英雄精神早已成为中华民族的精神图腾，更是民族复兴大业的强大精神力量之源，激励着一代又一代人为国家强盛而奋斗。

5. 争斗心计型（Calculating and Struggle）

我国文化资源丰富，历史剧创作发达多产，其中便包括许多宫廷戏，此类型电视剧表现皇朝中钩心斗角、争权夺利的复杂生态，如从早期的《金枝欲孽》到近些年来的《宫心记》《步步惊心》《甄嬛传》等。即便是无历史背景的虚构剧目《琅琊榜》《封神榜》也基本上沿袭了同样的路数。这些剧目除了扣人心弦的情节外，依靠的是美女和帅哥来博取眼球。争斗心计型还包括破案、推理、政治生态类的剧目，如《省委书记》《绝对权力》等。剧目正面展示政府层面的运行逻辑、人际关系和政治生态，如公正与偏畸，公平与徇私。正反双方展开较量，法与理碰撞，律与情交织，但终究是邪不压正，公私分明，善有善报，恶有恶报。如电视剧《人民的名义》直指反腐热点，人物有原型，故事有来历。针对该剧的成功，其投资人之一的安晓芬总结认为："首先，该剧剧本是周梅森十年才创作出来的。其次，这部剧由最高检影视中心牵头，并由金盾中心保驾护航。第三，反腐剧已经十三年未见了，在当下的政治环境和大背景下，这样题材的电视剧类型很稀缺。第四，导演刷脸，那么多老戏骨愿意放弃高片酬来出演。"[①] 该剧再一次印证：好的本子加好的班子，一定能出好的片子。反腐不仅是中央高层所重视的，也是公众的内心期待。该剧尽管尺度之大前所未有，但是由于拿捏到位，既让观众既看到了反腐的决心，同时，也给了社会各界以强烈的警示教育。

---

① 高庆秀.《人民的名义》背后的投资逻辑［J］.中国广播影视,2017(4 下).

6. 欢乐喜剧型（Comedy）

众所周知，喜剧通过剧情设置，肯定正常的人生和美好的追求与理想，而对丑恶、滑稽的事物予以嘲笑、讽刺和鞭笞。喜剧主要是通过刻画鲜明形象的人物性格、运用不同于寻常的夸张的艺术手法、巧妙设置的叙事结构以及诙谐幽默的台词来调动观众的嬉笑怒骂等情绪。其本质是对旧事物的丑化与否定，对新事物的赞美与肯定。

喜剧能让人们在辛劳工作之余，释放精神压力，在身心得以放松的同时，明辨是非，明白事理，同时受到人生价值等方面的启迪或感悟。此类型电视剧一般包括情景喜剧、系列剧和连续剧三种，相对于正剧和悲剧，数量较少。情景喜剧如早期的《编辑部的故事》《我爱我家》《家有儿女》以及《武林外传》等；系列剧则更少，如《聊斋喜剧系列》《关东微喜剧》等；连续剧如《还珠格格》《我的体育老师》《贫嘴张大民的幸福生活》《马大帅》《刘老根》《恋爱先生》等。由于资本界、媒体界等相关机构对此类型存有一些偏见，认为喜剧难以成为大制作，导致该类型作品的创作不是很旺盛，作品质量和产量都亟待提升。

7. 名著改编型（Masterpiece Adaptation）

得益于丰富的历史文化遗产，中国可谓 IP 资源大国。其中，仅仅来自文学名著的改编，就已成为电视剧创作的途径之一，甚至某些经典 IP 一再被翻拍和再演绎，观众对其亦乐此不疲。该类型作品与当时的社会产生广泛的新对话，民族共同的价值观和守望的精神家园得以新解与传承。譬如，对于四大名著的改编，每一次都引发社会各界的广泛关注，其影响也会波及作品本身研究和媒体传播行业之外。

针对此类电视剧，邢星等人也提醒改编者，"在经典的影视作品和经典文学作品中，几乎都有让人难忘和津津乐道的人物形象，每一位人物都特点鲜明、辨识度极高"①。这些形象其实在观众心目中已经固化，重建的难度比塑造新形象似乎更高。为此，邢星等人提出，"将这些人物演绎得活灵活现、满足

---

① 邢星，王甫.巅峰的诱惑：电视剧翻拍、重拍的叙事学解读[J].当代电视，2016(7).

观众的心理期待，就成为一部电视剧成功与否的重要判断标准"①。为此，无论如何，改编名著都应当是一项慎而再慎的操作，但也并不是不可为之事，关键是要把握住如下两个基本原则：一是忠于原著，包括原著的基本叙事逻辑、人物形象、时代背景和人物关系等主要元素。邢星等人还认为，"不应该为了商业价值而牺牲艺术品位，将经典原著人物进行违背人物原有艺术特质的修改，对于化妆造型、服装道具的创新以及情感元素的调剂都不能动摇人物的基本形象……"②。近一个时期以来，一些对中国四大名著随意改编的影视作品，已经引发了艺术界和观众的很大争议与反感，被认为是对经典的亵渎，更是对影视生态的破坏。二是推陈出新，名著改编与当下时代结合，推崇思想高尚、精神鲜活和美好情怀，从而引发深省、启迪人生、塑造理想。经典之所以能超越年代、历久弥新，就是因为经典著作既诞生于特定时空，同时又不囿于其时代背景。那些为了迎合部分人的低级趣味、对经典进行随意庸俗化解读与重构的做法，无疑是对经典艺术的背叛甚至是亵渎，必然会受到主流社会和主流文化的抵制与唾弃。

上述七种故事原型的核心元素进行交叉，可以演绎出各种题材类型的电视剧，如国家新闻出版广电总局就把题材分成古代、近代、现代、当代和重大五大类，近三十个子类之多。笔者要指出的是，七种故事原型之间是以尽可能排他性的题材划分的，也仅仅是为了对艺术创作规律进行研究而做的尝试。众所周知，艺术创作规律可以指导艺术创作实践，但是按照艺术规律生产出来却不单是艺术，更可能是商品。为此，电视剧创作不会是循规蹈矩的流水线生产，而是鲜活的，充满丰富的人生、社会与文化积淀的艺术灵感积淀。

---

① 邢星,王甫.巅峰的诱惑:电视剧翻拍、重拍的叙事学解读[J].当代电视,2016(7).
② 邢星,王甫.巅峰的诱惑:电视剧翻拍、重拍的叙事学解读[J].当代电视,2016(7).

第四章　融合传播创意新策略

　　媒体的根本目标在于传播，而不在于内容生产。简而言之，无传播，不内容。媒体因传播而生，借内容而活，这就是媒体生活。在"内容为王"的口号下，当下的许多媒体人却无意间忘记了媒体存在的价值是传播。"内容为王，传播为道"，这才是融媒体时代的"王道"。传播策略或方案可谓是节目创意案的孪生兄弟，两者是一个有机的整体。在融合传播进入人们的视野之前，囿于制播一体的格局，多数的电视节目创意流程和方案，往往不涉及传播策略，而将其作为播出以后的环节。即便在当下，很多媒体机构在征集节目创意方案时，并不要求提供配套的传播方案。这是多年来电视媒体项目运作流程的短板之一。在融媒体传播环境中，没有传播方案的节目创意案已不是完整的方案。事实上，传播方案不仅包括电视频道的播出策略，而且已全面升级为包括各种宣推、地推在内的融合传播创意新策略。新策略包含融合传播理念、融合传播方案、接口设计以及融合传播流程的多媒体采集，共平台生产、多渠道分发以及跨行业营销等相关内容。

第一节　融合传播理念与现实转变

　　节目创意主要是针对内容本身而来的，为什么还要探讨传播策略呢？事实上，由于频道多、节目多，观众的注意力资源早已成为买方市场，若是在节目创意完成之后才去考虑传播，或者研发过程根本不涉及如何传播的问题，那也只是完成了部分工作。当下与未来的传播格局已演变为多种媒体、多种渠道的多元融合，融合传播理念是制定传播策略的前提。

一、融合传播理念

通过深度分析传媒行业发展现状与大趋势，我们可以发现，电视媒体市场竞争，已从节目层面延伸至全流程层面，从局部上升至体系。媒体之间，拼的不仅是内容吸引注意力的能力，更扩展至创意水平、制作能力、传播策略、传播渠道、营销与服务水平等各个环节的综合能力。

融合传播是数年前伴随着传播环境变化而出现的新概念，这是由互联网全面介入和深度影响人类的生活时空和方式而引发的。人类的生活状态究竟发生了怎样的变化？陈刚从哲学角度给出的结论是"数字生活空间"，即"在互联网上，每一个参与者，不论是个人，还是组织、机构等，都是以语义客体或信息实体的形式出现的，每个信息实体都可以发送和接收信息，创造语义内容。而更重要的是，这些语义内容可以不受真实生活中的空间和时间限制，不断交流扩散，共同构成了一个实在的语义世界"[①]。事实上，每一个个体或组织，在不同的时间和空间中，都在与媒介时刻进行着各种各样的交往，人与媒介也是利用和被利用的关系，甚至人本身就是媒介之一。"他们在功能上由其愿意并选择居住的语义空间定义"[②]，这意味着，传播的实施必须从传统的媒体组织的单方行为，转变为与媒介使用者共同生产或至少是留下可供其进行生产时空的行为。用更加通俗的语言来归纳便是，融合传播时代，人与媒介已重建起"网络相约、圈子相交、电视相见、活动相聚"的复杂多向关系，即渠道跟随、内容伴随和服务相随。这种关系使得传者与受者角色瞬间转换，传播行为线上与线下无缝对接。融合传播新策略必须基于这种深刻的变化而制定，并建立通过反馈信息进行适时调整的机制。

既然被称为融合传播策略，那就不是节目完成后的独立设计，而是应当与本书前述诸多环节紧密相连的创意融合。倘若把媒体内容视为产品，从产业功

---

① 陈刚等.创意传播管理——数字时代的营销革命[M].北京:机械工业出版社,2012:11.

② 弗洛里迪.计算机与信息哲学导论[M].刘钢,译.北京:商务印务馆,2010:28.

能角度来看，融合传播策略也为营销策略中的一部分，当然，营销策略的内涵会更丰富一些，因其从产品设计就已开始了。尽管传播策略关注的着重点是如何利用媒体渠道展开内容的宣传与推介，但是，融合传播的新境界业已出现，笔者将在本章最后部分展开进一步探讨。

二、传播模式转变

融合传播时代，传播学经典理论中的多种传播模式，正遭遇前所未有的挑战，已无法阐释全新的传播现象，更难以指导媒体实践了。从传播形态来分析，显著的变化表现在如下两个重要方面。

其一，从单向传播转向了互动传播。

电视媒体正从"播出通路"转变为"打造与观众和网友互动的平台"。因为，互动是公众表达自身情绪、愿望、分享和共享的本能需求。如何互动？从热线电话到短信平台，从扫描二维码到"摇电视"等，可谓层出不穷。当今信息传播技术不断升级换代，每一次技术手段的升级都能给观众带来全新的互动体验，简单、便利、实用是其主要特征。

在互动过程中，观众可在某种程度上体会到群体的归属感和参与感。新生代市场研究多年跟踪调查数据表明，国内电视观众中，在观看电视节目的同时，有超过80%的人群使用手机或平板电脑，通过社交媒体参与聊天互动。由此可见，跨屏行为已成为媒介消费者的常态动作，交互已成为传播方案中不可或缺的部分，甚至其本身已衍化为内容的构成要素。

辛向阳教授认为，交互设计，正从物理逻辑走向行为逻辑。[1] 通俗而言，交互更加注重应用过程中的真实体验，而不仅仅是科技的炫酷，如图4-1所示。辛向阳教授在深入观察分析具体的交互现象后，归纳总结出交互的五个要素，即人（people）、动作（actions）、工具或媒介（means）、目的（purpose）和场景（contexts），如图4-2所示。辛向阳认为，传统理解的设计，强调物的自身属性合理配置，是物理逻辑，而合理的组织行为，则为行为逻辑，交互设

---

[1] 辛向阳.交互设计:从物理逻辑到行为逻辑[J].装饰,2015(1).

计过程中的决策逻辑主要采用的是行为逻辑。显然，此结论对创意电视节目中互动行为设计很有启发意义。譬如，从动作的便利性和时间过程来分析，使用"摇电视"就比"扫描二维码"的体验要好很多。腾讯微信开放平台业务部高级产品经理孙博公开的实验数据表明，前者互动完成的时间要比后者节省一半以上。① 时间的减少意味着减轻观众互动的负担，更加有利于提升互动的便利性，降低观众参与节目互动的难度系数。

图4-1　交互设计的逻辑变迁

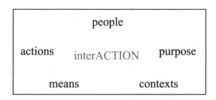

图4-2　交互设计五要素

岳改玲设计出了融媒体传播过程中受众参与阶梯，如图4-3所示。② 参与阶梯为节目创意过程提供了更为清晰的思路，即：（1）节目创意案中必须设计互动。（2）互动方式构成节目环节。（3）互动方式应自然顺畅。当然，参与互动的入口技术也是非常重要的，从打电话到发短信、从点赞到摇一摇，入口越来越宽，互动也越来越广泛。尤其是摇一摇正成为摇红包、拿礼品、购买行为的重要关联节点。

---

① 2015年6月16日，"TV+电视融合发展新生态高峰论坛"在中国传媒大学举行，此外摘自笔者在现场对孙博演讲的记录。

② 岳改玲.新媒体语境下受众的"参与阶梯"[J].青年记者,2016(11下).

7	原创UGC的制作及传播	7
6	文本拼接或再制作	6
5	评论或转发并评论	5
4	转发、投票应答	4
3	订阅(关注)	3
2	搜索	2
1	点击	1

图4-3　新媒体语境下受众"参与阶梯"

其二，新传播模式已然形成。

信息传播技术推动了传播的变革，而技术本身的革新则源于人们永不满足的对于信息获取更多，更快，更准和更易的原动力。正如湖南卫视《我想和你唱》节目总导演王琴所说，"现在年轻人的唱歌方式，是随时随地拿出手机录制唱歌视频，并上传网络与他人分享，它已经成为一种生活方式。是技术改变了我们的娱乐方式，而娱乐方式又改变了娱乐产品"[①]。这是新生代生活方式的组成部分，尤其是伴随互联网长大的网生一代，是互联网的"原住民"，他们的思维方式和行为方式均已互联网化。为此，新的5A传播模式产生了，即"任何人（anyone）在任何地点（anywhere）和任何时间（anytime）对任何事件（anything）进行任意公告（announce）"。此模式已在业界和学术界广为流传。新时代的传播形态，可以归纳为更为简洁的3W模式，如图4-4所示，即：谁——选择/应用何平台——发布/获取何信息（Who choose What platform deliver or get What information）。

---

① 唐潇霖.《我想和你唱》，"星素结合"破题[J].综艺报,2016(14).

图 4-4 3W 传播模式

这就是互联网时代的新传播、新生态，也催生媒体呈现出新业态，需要新一代媒体人以互联网思维统领传统媒体人的宣传思维、导向思维和经营思维，并代之以融合传播理念下的各种新思维和新操作。简而言之，中国传统电视媒体从改革开放前的"一次传播的宣传品时代"，迈向了"二次售卖的注意力时代"，正向着"N 次营销的融媒体时代"转型。有研究者指出，用互联网思维办电视节目，并不只是把节目联上网、送上屏就行了，也不只是做个 App 就算步入互联网 4G 或者已然开启的 5G 时代了，更为复杂的创意、生产、传播、互动、宣推、营销、数据等统合概念与操作等待媒体人去开发、掌握和应用。①

三、平台功能转变

在万物与互联网相连的社会变迁过程中，媒体本身正面临着剧烈的转型——从过往的"制播机构"升级为"内容＋分发平台"，通过内容分发，建立与媒介使用者的多元互动关系。

假若电视媒体人不重视渠道的铺设和媒介消费者入口的导流，那么，"传统媒体可能会沦为互联网公司的'内容提供商'"②。这绝不是危言耸听。事实上，互联网公司之所以能成为媒体，正是从技术途径向传统媒体发起进攻的。学者观察发现，"以脸谱网为代表的技术寡头将取代传统媒体而成为新的'信息把关人'和'议程设置者'，成为控制公共生活和媒介生态的决定性力量……互联网的深度发展彻底改变了以媒体机构为主导的媒介生态"③。现实的情况是，新媒体运营者掌握着先进的算法以了解用户喜好，并以高度的用户黏性控制了新闻等各种信息流向受众的主要渠道，其不断迭代的互联网内容产品更是令人目不暇接。

---

① 王晓红,谢妍.中国网络视频产业:历史、现状及挑战[J].现代传播,2016(6).
② 李良荣,袁鸣徽.中国新闻传媒业的新生态、新业态[J].新闻大学,2017(3).
③ 李良荣,袁鸣徽.中国新闻传媒业的新生态、新业态[J].新闻大学,2017(3).

电视媒体的频道宣传片、片花、节目预告、热点推介等"以片卖片"方式的作用大大降低了。这是由于传统的媒体作为固定的"店铺",至多是坐等客户上门的"百货公司",而在互联网时代,在需求多元化的环境中,电视媒体更应当成为一个类似于电商的服务平台。这个平台的功能要包括如下几个方面:生产内容、构建关系、融合传播与提供服务。

其一,生产内容。

内容是传播的基础,更是媒体存在的根本。媒体若抽离了内容,如同高速公路没有车跑一样,便没有了存在的价值。尽管传播为电视媒体的基本功能,但若弱化甚至是放弃了内容生产,一味地强调所谓"制播分离",电视媒体必将沦为空壳,更遑论竞争能力。从某种意义上,对于电视媒体,内容与传播是硬币的两面,只是由于在不同的发展阶段,在不同的竞争状态下,才出现了"渠道为王"或"技术为王"的口号,显然,这都是有些偏颇的观念。

电视,作为主流媒体,内容与观点是其实现影响力的最主要因素之一,无论是核心价值观的弘扬、主流价值观的引导、正确社会舆论的构建还是优秀文化的传承与传播等,均以丰富多彩的信息传播样式和电视艺术作品形态来承载。没有核心内容,意味着一家媒体没有品牌。在制播分离的政策影响下,社会制作机构纷纷抢占内容市场,传统电视媒体似乎只有招架之功。然而,作为社会公共服务机构的媒体,毕竟不同于其他社会节目公司,其党媒的政治属性以及政府背书的公信力,在聚合社会资源方面有着天然的公信力和比较优势,为此,在自身所能掌控的资源中,在与媒体特色定位紧密结合的前提下,创意制作品牌产品当为提升核心竞争力的基础。

内容,是电视媒体与观众发生关联的纽带和中介物,在融合传播时代,与其说电视媒体在做专业的内容生产(PGC, Professional Generated Content),倒不如说媒体在做关系的建构,只不过媒体在与用户建立关系时,所采用的方式有所差异,有的是通过内容本身,有的是通过信息平台互动,有的是通过面对面交流,等等。而用户本身参与生产的内容(UGC, User Generated Content)以及各种与媒体建立关系的传播,又可构成新的内容,产生新的联结,并激发更多的用户参与内容建构。为此,内容的生产变得更为复杂,产品也良莠不齐，更加需要专业的机构加以正确的判定、选择与引导。

其二，构建关系。

根据喻国明等人的研究，媒体与消费者所产生的"关系"，大致分为四种：时间关系、空间场景关系、社群关系和品牌关系。① 构建时间关系，就是媒体在设计产品和服务的环节中，加入实时或延时的信息共享功能，形成功能化的服务闭环，如粉丝团等；构建空间场景关系，就是以某一地理坐标为中心或区域，把群体凝聚起来，接受同一类服务，如团购等；社群关系，实质上就是网络群体的重新"部落化"，网络没有地理边界，共同志趣的群体通过互联网建立联系，成为朋友、邻居，分享一切，如驴友、吃货等；品牌关系，品牌既是频道特定内容所积累的观众（用户）忠实度的体现，更是观众（用户）黏性的具体体现。观众（用户）的这种忠实度通过需求分析和适当的开发转换，可以有效地形成价值生产和增值链条。

与观众（用户）建立某种关系联结是传播的关键所在，关系即传播力。传播学研究成果表明，在全球约 50 亿网民中，有一半分布在西方以外的国家和地区，"以出生于 1985 年后的'千禧一代'草根和基层网民为主，是'容易被影响的人'。他们容易被操纵和发动，形成'聚群效应'，是舆论场上的'新意见阶层'，在传播学上被称为'策略性受众群'（Strategic Audience）"②。针对此群体，实施策略性叙事，强化联结，或许为提高传播效果的有效方法。

无论构建怎样的关系，只有信任才能产生强关系。"信息来源的可靠性当然决定于多种因素，但其社会身份则是其中一个非常重要的条件。媒体的社会身份在一定程度上影响着人们对其所传播信息的信任度，进而影响着受众的解码立场。"③ 在互联网产品鱼龙混杂的网络生态中，不断强化和提升电视媒体的公信力，是建立强关系的根本，更是电视媒体强化主流地位的立足之本。互动是把弱关系转向强关系的关键，互动的前提是建立连接，没有连接就不可能有互动发生。连接的接口包括 OTT 盒子、手机、App、微信、网游、电商，甚至

---

① 喻国明.破解"渠道失灵"的传媒困局："关系法则"详解[J].现代传播,2015(11).
② 史安斌,廖鲽尔.国际传播能力提升的路径重构研究[J].现代传播,2016(6).
③ 胡正强.新闻传播中"对抗式"解码现象论析[J].现代传播,2016(10).

包括互联网金融等。电视内容在创意过程中，就要把这些连接建立起来，植入到内容呈现结构中。所谓"大屏收看、小屏互动"很快将成为过去时，新的无屏（虚拟现实技术）传播已在争夺人们的眼球了。

融媒体环境中，各种关系的连接方式与场景的搭建密不可分。喻国明观察认为，在移动互联网时代，场景的意义被大大强化，移动传播的本质是基于场景的服务，即对场景（情景）的感知及信息（服务）适配。场景成为继内容、形式、社会关系之后媒体在内容生产上的另一种核心要素。通俗来说，场景的选择和重建是内容生产中决定品质能否"接地气"和"有魅力"的一个至为关键的要素。[①] 新的场景即新的生活习惯，只有为生活习惯而定制传播方案，制定不同场景下的融合传播策略才可能有效。譬如，解放了双手和眼睛的无人驾驶汽车会成为下一个移动视频消费场景。

事实上，场景思维就是用户思维。只有准确分析和掌控了用户使用媒体的场景，才可能制定有效的传播策略。观众怎么看视频？在什么终端看？在什么场景下看？为什么看？对这些问题的不同回答也决定着内容创意的方案构成。唐潇霖[②]在观察各类影视内容场景营销的现象后，归纳出六种电视的全场景营销方式，非常适合 IP 大剧以及大型综艺节目的营销传播。六种场景分别是：

客厅场景。这是传统电视观看场景，全家人共同在客厅观看电视内容。尽管这类场景越来越势微，但合适的内容总会有家庭喜爱，毕竟，中国传统家庭文化依然在发挥着社会文化建构的作用。

个人场景。个人通过手机、PAD 等移动端设备观看内容。每年两次的中国互联网络发展报告均显示，此场景正表现出日益扩张的态势，也可能成为未来主要的消费场景。

视频平台。神剪辑、番外篇、搞笑视频等丰富多彩的内容出现在视频平台。移动终端的视频观看越来越多地替代了电脑端的观看。如一条、二更、梨视频、抖音、快手等移动平台正在俘获越来越多的粉丝。

---

① 转引自:张燕.论地面频道的场景运营[J].中国广播电视学刊,2016(7).
② 唐潇霖.场景即营销[J].综艺报,2016(17).

社交媒体。深度开发微信、微博等新媒体形态，设立官方微信公众号、微博。节目从前期拍摄阶段便建立粉丝通道，聚集人气，与明星、制作方包括主创人员等进行互动；通过视频直播平台宣推大剧，播放综艺节目发布会、拍摄花絮等。

App 平台。通过"视 + 游"联动等方式，用 App 平台把 IP 粉丝沉淀下来，提供深度服务。譬如，2016 年第二季度，湖南卫视推出了《我想和你唱》。这档大型互动音乐综艺节目，每期邀请 3 位专业歌手，先将录制好留白的伴奏视频上传，素人（粉丝）再通过芒果 TV 和唱吧两个 App 入口，将自己与歌手同框的合唱视频上传。在这些视频中，获得网友点赞最多的前 6 名素人，会被邀请到节目现场参与录制，并获得与专业歌手同台演唱的机会。

电商平台。将 IP 内容在电商平台做宣推，如拍卖道具等，促进衍生品销售；或者在播出过程中开启边看边买模式等。笔者将在本章的融合传播新境界中做进一步阐述。

比起传播环境，传播场景进一步具像化了，可操作性也变得更强，营销传播方案也更加具体化、精准化、可视化和可控化。浙江卫视总监王俊认为，场景与品牌消费关系密切，"互联网具有碎片化特质，虽容易扩散，但往往是独享的消费过程，导致其传播效应不够集中。相反，观看电视会营造一个分享的场景，冲击力强，电视的传播效应仍然具有优势"①。为此，在有线电视直播场景呈现萎缩态势的当下，如何拉长电视传播场景的长板，补齐其短板，正为融合传播研究的题中应有之义。

其三，融合传播。

有研究者认为，"媒体融合已进入了 2.0 时代，各家争夺的不仅仅是终端、平台、内容或服务的某一领域，而是一个良性的可循环的生态圈"②。在这个生态圈中，各要素之间互为发展资源，相互促进，互为依托，共生共荣。现阶段，融合传播往往指的是供给侧，即媒体机构一端的融合。这种融合是由消费

---

① 祝媛莉,秦霍然.八年传奇,"中国蓝"眼中没有对手[J].综艺报,2016(17).
② 黄佩,陈甜甜.电视平台:媒介融合的一种构想[J].中国电视,2016(6).

者选择终端的分散和分化特征倒逼的，即由新的传播场景所决定的。

按照郑维东的归纳，传统的收视行为模式即"谁、什么时候、看了什么内容，因为终端电视机确定了，家庭作为地点也确定了，过去考虑收视行为，主要考虑时间和内容"；若分析现时的收视行为，要考量的却是"谁、什么时间、什么地点、什么终端、什么内容"五个维度，这样才能构建起收视行为的模式来。"这五个关键的维度混合在一起就形成了四种模式，即电视机家庭（TTV）、多终端视频（TVV）、社交化圈层（STV）、消费化入口（CTV）。"①由此可见，若只按照传统的传播模式创意、生产内容，而不去认真考虑收视行为的多种维度，必然是无的放矢，错位配置资源，其传播结果可想而知，而且已为实践所证明。

这里，我们不妨借鉴一下互联网媒体的经验，即作为电视媒体的竞争者，他们是如何展开营销传播的，又是如何细化流程的。星联互动文化传播（天津）有限公司是一家互联网内容营销公司，这家公司总结出品牌内容营销的勾搭（GO DIRECT）方法论②，该方法论包括八个步骤，如图4-5所示。尽管"勾搭"二字并不是褒义词，倒也表达了建立关系的内涵。

图4-5 勾搭方法论

目标和基因。基于互联网的营销传播第一步就是考察分析品牌的基因与项目内容能否高度匹配。所谓匹配主要是指品牌价值追求、核心服务理念等

① 郑维东.供给引导需求,变化厘定标尺[J].收视中国,2016(8).
② 唐潇霖.品牌内容营销的GO DIRECT方法论[J].综艺报,2016(17).

方面。

资源优选。互联网内容繁多，如何选择其中的一个或多个与品牌进行捆绑？在哪个阶段捆绑？本环节也是上一个步骤的延续。

环节设计。上个步骤完成后，还要找到内容推进的关键点，即节目的模式眼，将其嵌入品牌。对网民内在的吸引力主要靠两点，即情感和利益。

整合传播。在上述环节基本完成，形成创意方案过程中，把各传播环节与时间节点、传播空间和平台组合起来。

权益谈判。这主要是指资源投放的分配比例、内容植入、宣传推广、硬广投入等各占比多少。

可控执行。一个项目的现场实施是十分复杂的，分为创意期、录制期、制作期和上线期四个阶段，且各环节由不同团队执行，科学合理的协调与衔接，可控性的调整是必需的。

实时校正。节目上线或播出后，还有后续的实时校正，即不断修正和完善原有的创意方案和执行细节。

效果追踪。由于各种互动手段的应用，实时的反馈才能够及时测量到传播效果。测量工具的使用，能够评判效果是否达到预期或超过预期，以改进不合理的内容设计和实施环节。

比较一下当下的传统电视媒体，也许除了央视与部分强势的卫视集团之外，许多机构尚未能做到上述传播流程管理的科学化、精细化。

其四，提供服务。

国务院颁布的《广播电视管理条例》（2013 年修订版）中，第一条就提出"发展广播电视事业，促进社会主义精神文明和物质文明建设"的要求，这意味着凡是有利于"两个文明建设"的服务，广电媒体均可以大力开发与提供。在设计服务型产品的过程中，必须以"互动"作为服务的关键要素。正如苏联著名文学理论家巴赫金在对话理论中所解释的世界那样，人类社会是观点多元、价值多元、体验多元的世界，相互对话是人类生存的本质。巴赫金提出的"对话—交流"模式可作为建立互动传播关系的基本原理。有研究者基于此理论提出，"节目制作方和观众之间的关系也是动态的，需要与观众不断地交流、解读并生成新的影像实践。节目不断地衍生出新的联想，这些联想会激发制作者的创造力，成为节目创新的源泉"①。在此互动传播模式中，互动不仅是节目叙事结构的必要环节，也是建立媒体与观众、观众与观众联系的桥梁，更是实现更大范围传播价值的基础。为此，互动可在两个维度展开。

其一，超越大屏空间制约。把线上内容传播为主的服务与线下关系营销为主的服务有机对接。仅仅以一次性的内容观看与媒介消费者产生联结，只能产生弱关系，建立不了强关系。为此，开发多种多样的媒体特色互动服务项目是实现多元联结不可或缺的步骤。与观众的联结与互动要随时随地，不受时空的制约和限制。所有内容创意都可以在研发中考虑 S2O（Screen to Online）互动模式，把"电视屏"与"电商"服务有机结合，达到所见即所购，在看电视的同时完成即时购买。节目不光要"做得好"，还要"卖得好"才行，从而实现电视媒体从"二次售卖注意力"的商业模式向直接售卖消费力模式的转型。

其二，跨越时间节点限制。以上线为关键节点，形成上线前、上线中与上线后分别开发适应性强的服务矩阵。新闻节目创意可从三个方面入手：一是"用互动吸引眼球、拉近距离"。通过各种互动平台，在严肃的主题报道中，加入互动，既能提升观众参与度、事件报道透明度，同时也能提升观众主体性，让观众把关注新闻作为参与公共事务的方式。二是"用互动实现主题报道的再发掘"。譬如，浙江卫视在严肃的环保主题中，设计了《寻找可游泳的河》新闻主题活动，让观众走起来，记者也就能动起来，"以大屏带小屏、小屏通大屏，线上线下多屏互动"，形成在趣味中实现参与，在参与中关注环保的良好社会氛围。三是"用互动来放大主题报道传播效果"。即便是重大和重要事件的新闻，"我播你看"的方式也已过时，观众要的是参与感、体验感和贴近感，基于移动端的"摇一摇"等功能为观众参与提供了便利，主题报道的传播方案中要在每一个环节都充分嵌入这些互动入口，以实现多次、多级传播，从而全方位实现服务效益。

① 刘艳.真人秀节目的互动模式——以《我们来了》为例[J].青年记者,2017(3 下).

四、流程重心转变

融媒体环境下，电视媒体的制播流程已从"以内容制播为中心"转变为"以用户为中心"。归纳起来，流程重心转变表现在以下四个突出的方面。

其一，节目传播转向产品集群。

在融媒体时代，观众、读者、网友、粉丝的注意力被大大分散，单一媒体或渠道聚集注意力变得异常困难。产品集群应以用户的需求行为与切身体验为目标，创意电视节目内容、设计服务内容、形式，策划实施与消费者的多种联结方式。

现阶段，电视"节目"本身演变为以电视版本为主、其他版本为辅的产品集群，包括核心产品、衍生产品、周边产品与沉淀资源四大类。核心产品依然是电视版节目，这是主流媒体的最重要产品，但不应为唯一的产品。衍生产品包括网络版长视频、短视频，节目的音像制品、图书、游戏等。周边产品包括基于节目元素和品牌开发的各类消费品和服务。沉淀资源则包括通过电视播出聚集的观众注意力、网络粉丝浏览量、衍生产品和周边产品销售服务所聚拢的消费者，以及其他通过传播行为交换来的资源等。这些资源均可以通过运作变现或者交换其他媒体再生产所需要的资源。传统节目生产过程中不被重视的"边角料""花絮"甚至"穿帮"等通常不在电视平台播出的镜头，经过创意加工，也能成为新的产品，这正是第二章所述 CGC 模式的具体应用。譬如，北京卫视曾经播出过《传承者》节目团队幕后创意的过程、演员排练细节、甚至包括总编辑徐滔在演播室现场指导工作的画面。这让观众既看到了难得一见的幕后真实场景，又能感受到电视工作者的职业精神，并为之感动。

其二，内容生产转向服务创造。

传统的电视媒体是以核心内容生产为主要目标的，至多同时生产一些节目推介类相关内容，为此，几乎所有资源的配置均围绕电视版节目而生产。这在融媒体传播环境中，已然不能满足媒介消费者的多元要求。以人民网"中央厨房"搭建为先导，广电媒体也纷纷布局实施中央厨房式新闻采编与分发新系统，相关的全新流程也得以建立。通过流程再造，同时提供"产品与服务"已具有同等重要的意义。中央人民广播电台诸雄潮认为，好的服务内容是真实的，态度是诚恳的，服务是周到的，传播效果也一定是良好的。① 由此可见，媒体服务已成为传播流程的有机组成部分，不是可有可无，而是必须做到位的营销传播行为。

其三，数字表达转向数据挖掘。

从电视技术的进路来看，完成由模拟向数字化的改造是第一次技术革命，而当下正在变革中的数据化，则是电视技术的第二次革命。这场革命的影响将远超上次，主要表现在：一，生产方式的转变，即由手工生产转向智能生产。电视节目作为艺术创作，很难全部实现工业化流程生产，但新闻机器人依托大数据以及实时信息抓取功能进行新闻写作已经出现。二，用户精准画像甚至照相的数据化。传统的用户抽样调查方式正面临巨大挑战，新的全用户大数据让传播者更加有效地把握目标消费群体的行为。三，传播效果数据可视化。融媒体制播平台整合有线电视、IPTV、网络电视各终端数据以及社交媒体各传播通路实时信息，并以可视化的方式呈现出来，能够随时了解和分析内容、渠道、互动等传播要素所起到的作用，并为及时进行产品设计和传播策略调整提供客观依据。

其四，广告客户转为合作伙伴。

依赖广告的单一赢利模式已严重束缚传统电视媒体的发展，依托媒体资源优势开发多元赢利模式、拓展全方位内容产业链，成为电视媒体发展的方向。为此，许多广告客户正越来越倾向于作为投资方参与广电项目创意，共同开发产品、提供服务、拓展目标市场。打造媒体产业生态圈不仅决定着电视媒体未来的存亡，也影响着当下媒体产业项目的决策，更为重要的是，媒体传播过程已悄然衍化为全方位和全流程的竞争，即技术推动媒体运营各环节不断升级，艺术创造内容以吸引观众注意力，营销传播促发受众购买力。

值得注意的是，广电媒体在与商业企业的多元化合作中，也必然带来更多未知的市场风险。过去的广告模式多数是预售形式的，而产业链的构建往往是

---

① 诸雄潮.有好的服务才有好的传播[J].中国广播电视学刊,2017(11).

与合作各方先做项目，后分利润。多元合作对传统电视媒体人而言，是全新的挑战。对于任何一家广电媒体而言，由"频道经营"转为"经营频道"，不仅是由时段资源开发转向平台资源开发，而且考验的是传播系统资源整合能力、产品集群组合能力与贴身渗透服务能力。

第二节　融合传播方案设计

传统的电视频道编播方案主要考虑季节、日期、时段、竞争态势、卡位等因素，以及"压头"式、"吊床"效应等编排技巧。在传播渠道已然过剩和转移的媒介生态中，科学合理的融合传播方案已成为包括宣推等在内的手段实现更大传播效益的路线图。汤集安认为，"宣推是一种市场营销，存量是内容，增量靠宣推"①。为此，融合传播方案的设计可参照下述三个步骤进行。

一、独特的话语体系

融媒体传播环境中，信息过载导致人们的选择变得困惑而盲目，媒介使用者的第一关注点变得离散且不稳定。传统的以内容、主题、思想、理念为诉求点的内容创意设计也已很难适应。为此，对于传播者而言，其传播符号选择与设计应当采取新思路和新方式。创意设计个性鲜明的符号，并构建独特的话语体系，才可能从众多的渠道丛林中和繁杂的内容海洋中凸显出来。

首先是符号设计。

所谓符号，是指为了表达核心节目内容理念和承载传播艺术追求的各种视听觉元素。一般情况下，符号应具备如下几个基本特征。

一是新奇、有个性。在视频观看过程中，"眼前一亮"是吸引眼球的第一印象。节目的关键符号，如 LOGO、舞美、道具、主持人体态语的造型、色彩等要整体创造与设计。符号系统的建立能够更加强化原初的角色设计与元素搭

---

① 杨余.总局召集了一场节目新媒体宣推"头脑风暴"[J].中国广播影视,2017(7 上).

配，更加有利于话题制造、形象传播，从而增进观众记忆。

二是有趣、易上口。一档节目或许因其中一个语言元素就能给人深刻的印象而让人经久不忘。语言的口语化甚至是网络化，诙谐有趣味，则更加符合年轻受众的喜好。这方面的案例已有很多，譬如，央视二套的"《第一时间》，第一印象"栏目宣传定位语，配上悦耳的音乐，清早时分，给人心旷神怡的第一感觉。符号如同人的姓名，应当直观形象而不拗口，且没有歧义或不好的联想。

三是实用、有内涵。信息消费基本上是人们自主选择的行为过程。如何与人们生活中最为有趣甚至是实用的环节相结合，是提升被选择概率的关键。譬如，在2017年的"两会"报道中，东方卫视开发了系列的H5产品以解读两会所涉及的领域，其《问政中国》推出民生"卡包"，包括"消费服务卡""医疗养生卡""就业服务卡""扶贫托底卡"以及"绿色生态卡"等。把庄重和严谨的政府工作报告以一种易读、易理解的方式呈现在网友面前，使得较为宏观的报告有了实用的价值以及获得感的内涵。

四是正向、有情感。消费心理学的研究表明，积极的心态有利于消费行为的发生。就传播过程而言，传播物料是传播符号的组成部分，为此，设计能够引导媒介使用者正向情感介入与扩散的物料是必要的前提，毕竟，产生互动意愿、驱动消费行为来自情感的投入和迁移。实践表明，"只有围绕节目的核心理念，预设和提炼能够引发大众最广泛情感共鸣的内容、话题、物料，才能有效引发真实的社交媒介转发，并带来最大的精准传播效能，形成源源不断的'自来水'传播声浪"[1]。人是感情动物，让物料有温情、传播有温度，才能打动人，提升感染力，助推影响力。

符号是构建特色场景不可或缺的元素，也是构成利于受众识别的标识体系。譬如，北京电视台自2015年开始播出的季播节目《音乐大师课》，其节目整体设计理念围绕"课堂"，在校服、书包、毕业徽章、纪念册等形式化内容的包装下，四位音乐大师带领十六名学生学习音乐，让孩子们在温暖、轻松的氛围下学习，他们经历了《音乐大师课》的入学面试、老师培训、毕业典礼等

---

[1] 杨余.总局召集了一场节目新媒体宣推"头脑风暴"[J].中国广播影视,2017(7上).

学习过程，节目真实记录了小学徒们成长的全过程。① 无论是演播室的场景还是室外的活动，都有意识地强化教学场景，突出教育过程，教学细节的呈现更成为观众关注的重点。

其次是构建话语体系。

话语体系即一套品牌识别和符号体系。构建话语体系的目的是强化观众的记忆，更是区别其他产品的标识，也有人将其看作节目包装方式。纵观当下的传播格局，大屏收看、小屏互动已成常态，话题的制造、引导与扩散也主要基于小屏。为此，设计一套节目的话语体系，对强化电视传播尤其是网络传播的意义自不待言。

媒体实践早已证明了话语体系的有效性。几乎在所有的明星体验秀节目中，人人都有鲜明的符号，这些看似"浑号"般的符号常常承担了话题传播的功能。譬如，在浙江卫视的《奔跑吧兄弟》中，节目给每位明星贴上了一个标签，如：李晨——"大黑牛"、陈赫——"天才"、杨颖（Angela Baby）——"女汉子"、郑恺——"小猎豹"、王祖蓝——"捡漏王"、邓超——"学霸"、包贝尔——"草食动物"；围绕这些核心符号，还设计了相应的音效系统和花字体系，如李晨出镜时的牛叫声等。

无论是在湖南卫视《爸爸去哪儿》还是在安徽卫视《我们的法则》节目中，观众都能看到"花字"。这在过往的传统专题、纪录片以及综艺类节目中基本上是没有的。无疑，"花字"是一项创造，成为一种新的视觉表达元素，为画面增加了看点。《我们的法则》总导演李浩总结道："《我们的法则》花字主要分为三大类——说明性、叙事性和趣味性。"② 说明性的文字主要是因为是野外环境，必然出现很多陌生的事物，用来解决画面本身或者囿于时间长度不易表达的抽象性、知识性的概念、过程等；连续的花字其实本身也参与了叙事，"不仅要对节目里出现的动植物做出说明，还要让观众明白节目在讲什么故事"③。趣味性更是此类真人秀节目的点睛之笔，如在湖南卫视的《爸爸去哪

---

① 薛少林,姚小莹.打造有情怀的音乐课堂真人秀[J].综艺报,2015(14).

② 秦霍然.安徽卫视创新综艺新模式 极端环境下探索"我们的法则"[J].综艺报,2016(14).

③ 秦霍然.安徽卫视创新综艺新模式 极端环境下探索"我们的法则"[J].综艺报,2016(14).

儿》节目中，田亮的女儿"森碟"因为行动敏捷、善于奔跑、不计劳累、助人为乐，节目多次出现花字"风一样的女子"，让人忍俊不禁，印象深刻。

"花字"作为话语体系的组成部分，是创作者审看节目素材时即兴情绪的产生、凝练和表达，作为后期剪辑人员的二次创作活动，几乎不可能事先设计与谋划。之所以令人拍案叫好甚至称"妙"，正是创作者灵感的体现。在《我们的法则》节目剪辑中，"后期撰写花字的工作人员年龄分布在70后、80后和90后三个阶层，大多数人之前并没有过撰写花字的经验，而这也是节目组刻意为之的，'没有经验才不会按部就班'"①。年轻团队的不循规蹈矩，才更加会呈现出人意料的创造。

话语体系的构建尤其利于网络传播。河南电视台第二季《寻找新主播》分别给三位评委冠以"另类名头"，形成个性化的标签，分别是"麻辣教授"张绍刚、"家政女皇"方琼和"武林大佬"郭晨冬。贴切的"名头"正是三人性格的鲜明写照。高航的总结是："张绍刚以其一针见血的毒舌点评挑起冲突，为节目制造看点；'老少通吃'的美女主持人方琼以亲和力见长，在家政服务类节目的点评指导上颇具权威；本土主持人郭晨冬以其特有的'郭氏幽默'，在一柔一刚的两位评委之间形成平衡。"② 事实上，在很多室内表演秀节目中，评委成为与台上主角同样重要甚至更为重要的元素。

二、具象的传播目标

媒体实践表明，综艺和电视剧在社交媒体渠道宣推过程中，着力点若能聚焦于某些看似小的"点"上，更易形成爆点话题，会比高调的面面俱到式主题宣推效果更好。

一是突出"一个人"。选秀、真人秀、竞秀等综艺节目，重点选取其中一位参与人"深挖"和"猛炒"，形成鲜明的人格化和突出的标签化，集中所有渠道共同指向与媒体使用习惯相一致的群体，目标是让参与人成为"网红"和

---

① 秦霍然.安徽卫视创新综艺新模式 极端环境下探索"我们的法则"[J].综艺报,2016(14).
② 高航.河南广电《寻找新主播》的牵手共赢思维[J].中国广播影视,2016(10 上)

热议的人物。当然，正确的导向一定要把握好。

二是强化"一件事"。深度发掘有传播穿透力的事件，譬如，个人不寻常的人生传奇、家庭故事，鲜为人知的参与节目背后的故事等，目标就是使其成为办公室讨论、校园热议和社会公众争论的主题，成为网络媒体广泛议论的话题。

三是主打"一首歌"。音乐类节目是近年来比较热的类型之一，无论是原唱还是翻讲，发现歌曲的内涵或特点与观众情感交融的"共鸣点"就是宣推的"沟通元"。不仅如此，节目中的主题歌、片尾曲、电视剧中的插曲、背景音乐都可以成为宣推目标。方案执行到位，就可能产生广泛的传唱、点击和点赞。

四是主推"一句话"。尽管在宣推中，"标题党"常为人诟病，然而，能够抓住第一眼的却经常是节目中不经意间的一句话甚至是一个词。2016 年 8 月，王健林在参加东南卫视播出的一档节目中说："有自己目标，比如想做首富是对的，……但是最好先定一个小目标，比方说，我先挣他 1 个亿，你看看能用几年挣到 1 个亿。"没承想，这句话在网络上引发潮水般的共鸣与传播。姑且不论其传播价值有多高，但此传播现象却是值得探讨并对宣推颇具借鉴意义的。

总之，归纳近几年的传播实践，我们可以发现，在融媒体传播时代，并不是渠道铺得越广越好，面面俱到的宣推也未必能取得预期的效果。郑蓉认为，"自发、精准、有效、真实"是成功的四大要素[1]。在追求"快、准、狠"的原则下，通过传播符号的精心设计，结合"四个一"的具体实施，完成小而具体的宣推目标，有利于受众记忆和再传播，就有可能出现宣推的引爆点，甚至病毒式传播效果也是可期的。

三、关联的环节设计

以电视节目为核心的产品集群，在传播与扩散过程中，承担着多种社会功能。不同渠道对应着不同的媒介使用群体，其功效也存在很大差异。融媒体传

---

①　杨余.总局召集了一场节目新媒体宣推"头脑风暴"[J].中国广播影视,2017(7 上).

播环境更使得不同渠道的功效变得复杂多元。任何一家传统媒体尤其是电视媒体，在与互联网媒体的竞合中，单一的渠道早已不能满足随时随地的传播需求。那么，在内容与广告相糅，活动与内容相融，线上与线下相接的传播格局中，电视媒体如何统筹多元的传播时空，实现相加的传播功效呢？无论是多元产品融合、渠道的多元聚合，还是线下活动的结合，都是在试图与媒介消费者扩大接触频次、延长接触时间、深化接触强度。笔者主要以真实案例为对象，剖析线上与线下环节关联结合的内在规律性。

其一，以互联网思维统筹方案设计。

摒弃传统的媒体对公众"讲话"语态，采用"说话"和"对话"语态，把互联网思维中的"分享""参与""体验"和"平等"等传播新理念体现在传播方案中，把社会主流诉求软化在宣推细节中。互联网思维还有一个重要的理念，即"羊毛出在猪身上"，在某些情况下，传播目标群体未必是真正的目标消费群体，而可能是与其相关联的其他群体。众所周知，面向小学生的节目，直接的购买行为会发生在家长身上；而面向老年人的产品，购买主体可能是其子代或孙代。

以央视《开学第一课》为例，节目"从策划之初就确定了全媒体传播的拓展思路，在主题确定、线索征集、交流互动、扩大宣传等方面充分发挥传统媒体与新媒体的融合优势……通过官方微博、微信、手机客户端等途径，构建立体新媒体营销传播网络……2015年以'英雄不朽'为主题的《开学第一课》，更是在微博上开通了'我向老兵敬个礼'的线上线下活动，吸引大批社会知名人士和网友参与"①。小小的活动切口设计，参与门槛很低，更容易让公众加入活动当中，进而激发公众高度的情感参与。

再以广东广播电视台（以下简称为"广东广电"）珠江频道为例。频道策划团队发挥融合思维，把"传统媒体 + 新媒体"联动、"明星艺人 + 素人体验互动"和"社交分享 + 事件营销"充分结合。三大手段如磁石般形成强大吸引力，似黏合剂般形成吸附力，使分散的观众集结于街头活动，引流至频道大

---

① 卢小波. 主流价值的创新表达——开学第一课导演阐述[J]. 中国电视,2016(8).

屏，流连于手机小屏，展现出融合传播的强大影响力和传播力。

其二，把地推活动变为观众引流入口。

通过突破性创新，传统的电视频道自我推介也可以转化为观众引流入口。2016 年，广东广电珠江频道融合"体育"和"娱乐"两个时尚元素，打造出了口号为"粤味珠江更精彩"的彩跑嘉年华品牌街头活动。"为保证节目的可视性，导演组设计了艺术游戏区、健康跑和音乐嘉年华三大部分，邀请本土歌手'东山少爷'、奥运冠军、时尚达人、Cosplayer、知名主持人及珠江频道签约艺人共同参与，将跑步这一种健康的活动与综艺、娱乐融合在一起，同时对珠江频道的节目进行推介，一举多得。"① 这种创新的安排，能让百姓在热情加入过程中，以一种体验的方式参与频道活动，以一种自然的方式接触到频道内容，以一种潜移默化的方式理解频道内涵。

其三，把宣推活动化为营销活动。

"粤味珠江更精彩"本是广东广电珠江频道在全省各地进行的地面推介活动，但是，通过精心的设计后，不但有效地把参与群体变为了观众，而且本身也延伸为营销活动，获得了直接的经济效益。在人们的注意力被日益争夺的当下，由于活动十分精彩，合作企业客户主动参与进来，一起营销，从而更好地把企业理念融进表演作品中，把企业品牌 LOGO 植入物料中，把企业产品投入游戏过程中。活动实现了艺术与产品、生活体验与精神享受的无缝对接，推介渠道本身也变成了内容，助推电视直播收视大幅提升。

其四，把社交媒体变为联结纽带。

"粤味珠江更精彩"的每场地推活动都动员了传统媒体与融媒体传播资源。其基本流程由两步构成："首先，在活动开始前一周，联合当地电视台、网站等媒体进行资源互换、开始预热活动；其次，紧密结合频道官方微信号，并以其为第一出口，除了活动预热之外，还在节目中增加微信互动游戏环节，且在活动现场设立'扫一扫送奖品'活动"②，小小的奖励能大大激发观众参与的

① 赖昊峰,古晓燕.地面频道的突围新动力[J].中国广播影视,2016(8 上).
② 赖昊峰,古晓燕.地面频道的突围新动力[J].中国广播影视,2016(8 上).

热情。该活动由于在节目开始前两个小时进行，一方面可以让提早到场的观众在等候时添加珠江频道的官方微信号，参与微信号的互动游戏，增加他们对珠江频道的了解；另一方面，也延长了现场宣传的时间，拉近与观众的距离，同时为频道的官方微信号增加关注度、订阅量，可谓一举三得。[①] 传统媒体的公信力结合社交媒体的黏合力，呈现出线上与线下活动叠加的融合传播效果。

其五，把现场数据积累为用户资源。

地面推广活动不仅可以让观众参与一场狂欢，了解频道内容，还可以让观众有更多的收获。媒体人心里有观众，观众才能变为用户。在"粤味珠江更精彩"的每场活动中，微信小组都能"在现场留下参与活动观众的基本资料，例如推广地点，发出去多少物料，新注册用户的数量、年龄与性别，峰值人数到哪里，关注数据等，一一做好记录，为下次活动以及日后的节目观众数据分析留下宝贵的真实资料"[②]。通过这些有针对性的活动，真实的用户资源沉淀下来，不仅为后续的传播设计与营销打下了基础，而且也降低了下次传播操作中的门槛与风险。

第三节　融合传播接口设计

融媒体传播环境下，人与媒介是通过各种各样的界面接触而发生关联的。如何把目标群体从其他界面引流到目标界面，这是界面接口交互作用设计的关键所在。就接口呈现的具体功能而言，其大致可以分为外拉、内联和共振三种。线下活动多为"外拉"式，线上聚合多为"内联"式，两者的有机结合，可以形成"共振"效应，具体表现在传播媒介接口的创新设计思路上。

一、媒介接口主要功能

媒介接口（interface），即与人直接发生关联的媒介交界面。当下的传播实

---

① 赖昊峰,古晓燕.地面频道的突围新动力[J].中国广播影视,2016(8 上).
② 赖昊峰,古晓燕.地面频道的突围新动力[J].中国广播影视,2016(8 上).

践中，可与电视媒体相融或相加的媒介接口主要包括如下几种，按其主要功能分述如下。

其一，电视媒体。电视媒体所能提供的接口包括播出线、演播室与转播车三个主要空间。观众在电视屏幕上看到的前景图文、语音、动画和视频都是通过交互技术手段实现的。无论是个体的意愿，还是群体的意愿，统计结果都能形象地进行呈现。其互动方式包括：（1）即时互动式，通过微信或电话以文字或直接话音表达；（2）延迟留言式，主要通过短信、微博、微信以文字或语音留言表达；（3）接口进入式，通过扫描二维码、手机摇电视进入设定页面，开启相关交互功能。总之，电视媒体是以提高认知度为基础，以提升影响力为目标的，其引爆点主要包括第一事实披露、主流话题引导和独家深度分析等若干方面。演播室和转播车两个接口通过引导现场观众，开启手机直播，或者官网开通网络直播，就可以进行频道上线前的预热式社交传播。

其二，社交媒体。社交媒体以社交圈子为传播空间，一般通过圈层中的意见领袖实现群体参与和互动量的提升。操作过程以设计、引发话题为核心，以提高热议度为目标，也可通过打赏提高趣味性和娱乐性，通常选择和利用微博大 V 号、官方微信公众号、媒体个人微信号进行传播。其互动方式包括上述的即时互动和延迟互动两种。

其三，视频网站（含移动端）。视频网站作为平台服务，以下载、浏览和观看为主要提升入口流量的方式，也有即时和延迟两种主要互动形式，其引爆点包括：短视频点击、留言评论、弹幕评论、打赏等。

其四，其他媒介。其他相关渠道以贴吧、论坛、App 等为补充，拓展外围人群入口。这些渠道通过提供产品集群信息和服务信息，也能够实现目标群体的有效导入。当然，也有电视媒体开发了 App，并成为与电视频道相并列的媒介，以聚拢大量注册用户，探索流量销售和付费观看等相关功能，使接口效益大幅提升。

当下的传播环境中，媒介对用户的赋权越来越多，越来越广泛。媒介权力越大，对他人影响越大，责任也就越大。有营销传播界的人士指出，"刷屏频次在达到一定量时确实会起到催眠的效果，或者说人们会不由自主地受到影响，去观看正在推广的剧，去验证说法和评价的正误"①。群体的从众心理被激发，而这些参与者更可能成为新的信息传播源。业界人士韩浩月指出，"媒体是一定要引导舆论的，做公众号不是为了讨好粉丝，而是为了传递观点……换句话说，获取粉丝最有效的方式就是揭晓真相"②。众所周知，真相是观众最为期待的宣推内容之一，在观众媒介素养尤其是其分辨和批判能力日渐上升的过程中，通过八卦的噱头博取眼球终究不能成为电视媒体主流和主导的宣推方式。引导正确舆论而非迎合舆论是电视媒体永远不变的职能。

二、外拉——媒介的叠加功效

如今，对于任何一个频道和任何一档节目而言，"酒香不怕巷子深"的时代早已一去不复返了，"酒香还须勤吆喝"已成为业界的共识。这"吆喝"是在自家"店门口"呢？还是在"巷子口"呢？显然，应该首选"巷子口"。这就是通过电脑屏、手机屏以及其他媒介平台的"外拉"式宣推，其中包括入口的争夺、群体的转化等方面。

首先，抢占入口先机。

广视索福瑞（CSM）通过对连续的收视数据分析后发现，观众每晚收看电视频道平均数为 15 个，平均分配给每个频道的观看时间是 15 分钟。这种收视习惯慢慢形成了所谓的"双虞效应"，也就是市场的 20/80 效应，即大量的观众形成对少数喜爱频道的依赖。由此可见，要把观众从已习惯的频道中"夺"出来，抓住遥控器搜索的几秒钟入口十分关键！观众停留在某个频道的特定节目上，有深刻的行为动机在其中。其优先序列为：优质内容 > 优先频道 > 其他频道 > 相关内容。根据此规律，频道要想挤进观众喜欢的"篮子"，须有精心策划的入口争夺策略才可能奏效。

在新闻节目宣推过程中，有不少地面频道采取"敲门送惊喜""收视抽大奖"等方式，通过记者入户，向正在收看其节目的观众给予奖励的方式，在客

---

① 何佳子.水军、10 万 +、九千岁:电视剧产业背后的隐形江湖[J].中国广播影视,2017(4 下).
② 何佳子.水军、10 万 +、九千岁:电视剧产业背后的隐形江湖[J].中国广播影视,2017(4 下).

厅中直接争夺观众。在综艺节目宣推过程中，人海战术的"海选"环节不仅是挑选优秀的才艺表演者，同为重要的是，通过前期的地面人海战术，让更多的潜在观众获知节目信息，关注播出动向。在电视剧宣推过程中，利用自媒体圈子（如微博大 V 号）主动释放信息、权威好评等相关操作，其效果早已得到了验证。更有人指出，"一般说来，电视剧宣传靠口碑驱动明显，强关系渠道更有效。其中，电视剧的热播期和预热期的宣传物料到达效果最好"①。当然，宣推进程的操作也要拿捏得当，当一部剧在网络热议时，适当地在主流平面媒体发布有分量的评论，能起到更好的效果，一是给网络媒体的声音做了背书，二是把平面媒体的读者引流到电视大屏前。

其次，有效转化网友与粉丝。

电视观众流失后的主要去向是网络媒体，如何让网友和粉丝回归大屏？更进一步，如何将网友或粉丝转化为电视有效的消费者？这是电视媒体和电视广告主的共同期望。只有他们的回归和转化，才能实现传播效益，把注意力化为直接经济效益。广视索福瑞的相关研究还发现，网友对于网络视频的选择依据如下的优先序列：题材 > 故事 > 品质 > 场面。这实际上是一个从"好看""爱看"到"必看"习惯养成的过程。为此，在创意研发各类节目过程中，均须注重这种群体收视的习惯，在宣推的过程中，结合各渠道群体特征，有针对性地强化引爆点。

电视剧和综艺节目在内容策划和演员选角阶段就应当充分考虑到粉丝的转化，这方面的成功案例已有很多。有研究者指出，"无论是《解密》中的陈学冬、颖儿，还是《麻雀》中的李易峰、周冬雨，抑或是《胭脂》中的赵丽颖、陆毅，每一张青春偶像的面孔背后都是无数粉丝，借助于偶像庞大的粉丝群，谍战剧打开了更为广阔的市场"②。因为，这些剧充分考虑和揉进了能够打动和牵动年轻人心思和心灵的那些东西。"青春、动作、爱情、悬疑、成长等元素一同构筑起年轻观众心中的谍战英雄，说教和口号已很难奏效，尊重市场规

---

① 何佳子.水军、10 万 +、九千岁：电视剧产业背后的隐形江湖[J].中国广播影视,2017(4 下).
② 胡智锋等.多屏时代中国电视剧的变局与困局[J].中国广播电视学刊,2017(3).

律、尊重年轻观众的审美需求才是取胜之道。"① 由此可见，要想把网民向大屏导流与转化，关键的第一步就在于了解其内在真实的欲求。

社会学的相关研究提供了一定的理论支持。美国社会学家兰德尔·柯林斯（Randall Collins）曾提出"互动仪式链"来阐释传播机制，指出人的具体行为就是追求情感能量，在互动仪式市场中进行资源交换，并不断强化群体成员身份的过程，以创造一种"共同的象征现实"。② 事实上，我们可以把这种"互动仪式"看作人类本性冲动在网络虚拟空间的体现。人是群居性动物，交流和互动是其生存本能的驱动。在现实生活中，个体很难生存，在网络世界中当然也不能孤独地存在，自己写的博客、微博希望他人看到，"点赞""留言""好评""顶""打赏"等，更是每位博主和微主都期待的结果；另外，根据系统论的观点，人作为一个系统，必须要与其他人或组织进行物质、能量和信息的交换，才能保持系统的生命力，交换一旦停止，孤立的系统将面临死亡。为此，通过信息技术，设计依托媒体平台进行"人与人""人与媒体"之间的互动是建立和提升用户忠诚度与黏性的必要传播环节之一。尤其是当粉丝把互动作为生活中必不可少的组成部分时，用户的转化基本上就是可期的了。

2016 年，星联互动操作了特步与李易峰的合作营销案。本案以李易峰网络直播作为事件的核心目标，展开了分步骤的营销传播活动。"从 7 月中旬开始活动预热，第一轮启动倒计时海报、15 秒贴片 TVC 广告传播，将发布会信息广泛告知。第二轮策划'花絮互动——李易峰的每一步都有你'持续推高事件营销热度；第三轮推出 50 秒 TVC 互动广告'你是哪一 π（派）'，赠送发布会现场门票；在发布会召开的前一天，还通过网红和粉丝传播了一支全息投影的预热广告，并进行线上、线下门店的配合宣传。"③ 显然，主题活动中，"步""π（派）"为核心要素。这个以明星代言人为主线的营销方案，持续发酵了一个月，覆盖人群几千万，取得了显著的传播效果，甚至超出了预期。

新闻纪实节目《人间世》的宣推方案更为别具一格，特点非常突出，具有

---

① 胡智锋等.多屏时代中国电视剧的变局与困局[J].中国广播电视学刊,2017(3).
② 兰德尔·柯林斯.互动仪式链[M].林聚任,王鹏,宋丽君,译.北京:商务印书馆,2009.
③ 唐潇霖.特步新媒体营销 把粉丝转化成消费者[J].综艺报,2016(17).

启发意义。

一是平台组合多元化。《人间世》调动了包括：看看新闻网、Knews 24 小时互联网电视、上海观察网、文汇报、微博、搜狐、腾讯、毒舌电影等各类型媒体，以实现各司其职、各把入口、定向导流的功效。

二是宣推产品差异化。《人间世》总导演周全总结道："我们做内容分享时想的是，如何生产出更好的产品。电视端的产品是怎样的，互联网端的产品是怎样的，新媒体端的产品又是什么样的。但和一些自媒体'炒作式'宣传心态也不一样，我们的推送没有标题党，而是以影响力为导向，我们思考的是如何真正把片子中有影响的内容挖掘出来，并生产出符合不同舆论场需要的产品。"① 在各平台上，"没有采取发通稿这种简单粗放式策略，而是给他们提供素材，媒体自由发挥、自找角度去生产符合自己舆论场的产品"。

三是平台产品系列化。根据不同平台，对内容进行多元化处理，包括全集回看、碎片回看、台前幕后，编导手记、H5 页面、网络小调查；电视正片播出后的两到三场访谈式直播、与医学院合作的线下活动互联网直播以及 Knews 24 小时互联网新闻频道的每周一场直播，等等。这些属于传播者主动发布的内容。事实上，网络传播的内容还成为话题来源和引爆点，并由此引发其他媒体的跟进，如央视《新闻联播》《人民日报》《光明日报》等，赢得了主流媒体和社交媒体的集体点赞，成为意外的惊喜与收获。

事实上，媒体融合早已打破媒体传播介质之间的界限，不仅是电视媒体在向融媒体转型，电台亦如此。2017 年 3 月 2 日，中央人民广播电台新闻频率精心策划上线了小场景视频 H5 作品《主播朋友圈都有啥?》。作品以主播抠像视频与虚拟朋友圈方式呈现，在"中国之声"微信公众号发布，目的是为 2017 年的北京"两会"期间频率所开特色节目进行预热式宣推，甫一亮相，便受到热烈追捧，当日即达 120 万次的浏览量，传播效果可谓出奇制胜。

众所周知，新媒体的使用者多为 80 后和 90 后年轻一代，为此，电影界有专业人士总结认为，"抓住年轻人最关心的入口和渠道，就会触达核心用户，

---

① 参见：赵国红.《人间世》：融媒体时代爆款纪录片生成记[J]. 综艺报，2016(17).

这是拉近用户的手段。投出去只是一个告知，告知后还要看是否形成了关注，关注后是否形成了转化，这才是关键。中国人情感细腻，要跟他的内心建立联系，如何打动他们，这体现在宣传标题上、微博话题上、预告片的广告语上，要渗透在每一处细节中"①。尽管上述做法是针对电影营销而言，其实对于电视媒体传播也同样适用。

上述多个案例充分证明了，在融合传播环境中，媒体产品必须由"核心产品＋周边产品"共同组合而成；传播设计也必须由"主动平台＋跟进平台"融合而成。"内容"与"平台"更是不可分离。传统传播观念中，所有平台通发一稿的情况不再受欢迎，取而代之的是以核心 IP 下的多元创意产品系列。

三、内联——大屏的聚合功效

每个电视频道都有宣传推介体系或曰包装体系，也称为 VI（Visual Identity）体系。很多频道设计了每天几十档的"宣传片、推介片、花絮片、预告片"，从几十秒到几分钟不等。追溯起来，可能最早的节目预告是中央电视台播出的《每周荧屏》。然而，如果认真地对频道进行分钟收视分析，我们就会发现这些宣推片的效果早已打了折扣。

频道宣推片功能弱化的主因是给观众留下的"入口小"，难以形成有效的导流。为此，"内联"操作（即内部有机关联）须强化，方可能补齐这块短板。一是本频道内联。频道作为一个整体，是观众的"大入口"，要充分利用各个节目的小入口，实现"内联"，形成"内聚"，让观众在本频道间"由彼及此"和"由此及彼"地流动，增强观众黏性，这是每个频道都必做的选项。二是频道间内联。这种一般是以项目为抓手，设计频道间的内联方式。河南电视台《寻找新主播》中就有这样的方案，让 20 名选手分别模拟主持各频道挑选出来的 20 档知名栏目。"这个过程大家不仅使出浑身解数争取优秀主持人才，贡献精彩的节目内容，也让《寻找新主播》成为河南广电品牌栏目展示的

---

① 唐潇霖.案例解读好莱坞大片营销策略[J].综艺报,2016(14).

舞台。"① 各栏目在此一档节目中扩大了入口，实现有效导流是显而易见的。

这里，笔者依然通过案例说明内联的具体方法。

安徽卫视《我们的法则》② 早在开播前就做足了"功课"，并分别在播前、播中和播后三个阶段（下节将详细讨论）中，实施了不同的内联策略。这种策略大致上可以归纳为如下三种方法。

其一，元素植入法。

《我们的法则》首播日期为 2016 年 6 月 11 日。为此，安徽卫视提前一个月，在 5 月 12 日的《男生女生向前冲》节目中，把舞美主题换成了"丛林风"，从空间布局到仿植物、动物道具设计，以及色彩搭配等，都与过去的风格形成巨大反差，看上去像是来到了卡通世界的丛林里，在引发观众兴趣的同时，加深丛林印象，从而与《我们的法则》形成元素的关联。

其二，曝光增强法。

《我们的法则》共有 7 位明星主角。安徽卫视安排这 7 位明星以"丛林家族"的名义集体参加频道大型全明星综艺秀《超级大首映》。通过参与红毯秀、超嗨游戏、火辣访谈等环节，在一个多小时的节目时长中，7 位明星的曝光度得到全方位增加，以便把栏目粉丝关注点有效地引导至对《我们的法则》的期待。

其三，衍生产品法。

《我们的法则》节目还制作了正式开播前的预热片《法则前传》以及播后的纪录片《我们的丛林日记》两部衍生节目，拉长了节目周期，延续了话题热度，并有效扩大了观众和粉丝入口。

实际上，我们还可以观察到，湖南卫视的《爸爸去哪儿》（第二季）也采用了类似的方法，在正片播出后，又播出了由村长李锐讲述的《我的纪录片——和爸爸在一起》，还上线了同名手机版游戏以及大电影。这些措施都有效延长了节目生命周期。

---

① 高航.河南广电《寻找新主播》的牵手共赢思维[J].中国广播影视,2016(10 上).
② 秦霍然.安徽卫视创新综艺新模式 极端环境下探索"我们的法则"[J].综艺报,2016(14).

总而言之，无论何种方法，本质上都是在利用作品的"互文性"原理，通过某一种或几种元素呈现在其他传播时空中，实现连续的传播价值。

四、共振——多屏的联动功效

无论是从"三屏"（电视、电脑、手机）角度统合还是从"三微一端"（微视频、微博、微信、客户端）角度聚合，这些步骤均已成为融合传播的大通路。打通"三屏"的传播立交桥，进行无缝对接是实现融合传播价值的基础。多屏联动可以实现传播效果共振已是不争的事实。

那么，如何衡量多屏传播效果与价值？

多屏传播效果评估研究即综合影响力评估研究，已成为业界和学术界共同关注的新领域，尤其成为新传播形态研究的新课题。目前，国内比较有影响力的两家机构都在做相关的研究，提出新的研究方法，并形成了相关产品和服务。一家是人民网研究院，提出了融合传播指数[①]，发布了相关研究报告；另一家即广视索福瑞公司，它推出了跨屏收视报告和微博电视指数。

2016 年 12 月，人民网研究院发布了首份融合传播指数报告[②]。该报告综合考虑媒体在传统传播渠道和新媒体传播渠道的内容数量、用户数量以及影响力等关键要素，并设定传统终端、网站（含 PC 网站和手机网站）、微博、微信、客户端五个维度的一级指标，以及相应的近 30 个 2 级指标进行测评并按百分制打分、排行；利用设定的指标体系，对国内 382 家报纸、140 家杂志、37 家电视台和 250 个广播频率的融合传播进行了测算，得出了各家媒体的融合传播指数。报告根据电视媒体特性，设计了电视台融合传播指数指标体系，并选取电视台、网站、微博、微信、入驻聚合新闻客户端、入驻视频客户端、媒体自有 App 等 7 个一级指标以及 30 个二级指标，对拥有上星卫视的 37 家电视台的融合传播情况进行考察。

[①] 融合传播指数是对节目在电视、视频网站、微信、微博、手机客户端等渠道上的传播效果进行综合评估的指标。

[②] 2016 中国媒体融合传播指数报告［EB/OL］.（2017-01-02）. http://wemedia. ifeng. com/6634105/wemedia. shtml.

　　显然，融合传播指数的推出，打通了新媒体与传统媒体的测量边界，指标的统一，使得不同媒体传播力之间有了一定的可比性；与此同时，也更加客观地显示出新传播格局的突出特点；融合传播指数使得传播市场价值交易标的物有了新的参照。尤其是对于电视媒体的收视率，有了现实的可替代性选择。

　　该报告显示：（1）央媒走在媒体融合前列，多种终端齐发力；（2）京、广、浙地区势头强劲，中西部地区取得可喜进展；（3）传统传播渠道式微，但传统媒体内容影响力不容小觑；（4）报纸 PC 网站内容传播以量取胜，影响力有待提升；（5）移动端成为媒体融合传播的主战场，纸媒融合传播度高但还有待挖掘的潜力；（6）媒体自有 App 成为融合传播发力点，两极分化严重。

　　诸多的案例为报告提供了论据支持。譬如，2017 年上半年，央视播出的《朗读者》在数个大城市如北京、上海、西安、杭州、济南等地设置了朗读亭，记录下普通人作为朗读者的情感流露瞬间，让激发出来的观众情感有了新的出口，也给节目提供了更多演播室外的观众入口。这些感人瞬间的电视传播又如同投入情感池塘的石子般激起更多人的情感涟漪，形成更广泛、更深层次的情感漩涡，线上线下传播的效应相互激荡，有机互动与叠加，这就使看似"高冷"的节目变成"高热"的节目。节目内容不但可以被观看，还可以被模仿。这种由大屏的"眼耳参与"转化为全身心"体感渗透"的做法，无疑受到游戏的启发，传播效果层级向上推进了一大步。显然，朗读亭成为新的话题源和多屏传播的源头。

　　2017 年上半年，CSM 立足于其擅长的受众和内容两大研究领域，确立了渠道传播力、内容竞争力、品牌影响力和媒体融合力四个研究方向，把电视用户抽样调查数据和网络大数据相结合，来综合评估媒体竞争力。为此，该公司推出了《跨屏收视报告》和《微博电视指数》两款新产品。郑维东把其理论分析架构解释如下：

　　　　若记收视率指标为 R，基于网络播放量转换的收视率为 P，公共/社交媒体影响系数为 W，则融合传播指标 C 即表示为（R + P）＊W。从当前电视节目的传播过程来看，电视屏仍是主传播渠道，而互联网端则形成碎

片化传播的长尾效应，这个长尾的部分可以看作是 R 的扩展，即 P = m *
R，m 是网络传播增益比，那么（1 + m）* R 就计量了一档节目的跨屏总
收视量。如果不是采取数据融合的方法，而是以同源样本调查结果计算跨
屏总收视，就可以视 m 为一个有确定意义的真值。启动对 m 比值的基于不
同分析维度的研究，将十分有助于揭示融合传播格局当中用户跨屏流转的
模式与规律。这样，电视融合传播的问题，就简化成了一个融合数据中的
m 值问题。①

以下是该公司依据本理论架构展开的具体业务，新的报告综合运用了 CSM
全国网电视首播收视数据、全国网时移收视数据、微博电视指数、PC 端数据
（简称：电视端直播、时移、微博、PC 端），建立了电视剧《人民的名义》收
视的多维度、立体式数据模型。

2017 年 3 月 28 日，《人民的名义》登陆湖南卫视晚间金鹰独播剧场，
4 月 28 日收官，电视端直播收视数据屡创新高，整部剧全国首播平均收视
率是 3.05%，市场份额是 10.24%；单日最高收视率为 5.58%（2017/4/
28），单日最高市场份额为 18.62%（2017/4/27）；单集最高收视率为
5.92%（第 51 集），单集最高市场份额为 20.53%（第 51 集）。从竞争力
来说，此剧成为 2017 年开春之后收视率突破 3% 的重磅大剧。该剧在全国
市场的观众规模累计达到 4.71 亿，在全国 12.84 亿电视观众中，到达率为
36.7%。数据显示，该剧播出后 7 天内，观众通过电视机点播或回看功能
进行的时移收视率达到 0.42%，时移收视与首播收视的比值是 13.66%，
即时移收视已经达到首播收视的 1/7。

PC 端数据显示，该剧排重后的累计观众规模达到 7626.5 万人。周观
众规模高速增长：第一周，该剧吸引观众规模为 374.3 万人，第二周增加
了 3 倍多，达到 1563.3 万人，第三周持续增加到 2050.2 万，第四周规模

① 郑维东. 电视的融合传播与融合数据[J]. 收视中国,2017(04).

达到 2754.1 万人，最后一周也约有 2500 万人。

微博指数显示，全天时段，该剧的微博提及人数为 337.8 万人，提及次数达到 575.4 万次，总阅读量达 94.7 亿次！从当天 18:00 至次日 18:00，平均每天有 2025.4 万人阅读有关该剧的微博消息，平均每天有超过 1.5 亿的微博阅读量，平均每人阅读 7.6 条相关微博信息。如此海量的阅读量充分表明该剧已经成为全民关注的热点。在长达 32 天的排期中，该剧第一天仅位居电视剧榜单的第 10 名，第二天即已攀升至榜单榜眼位置，此后 27 天一直雄霸电视剧微博榜首。①

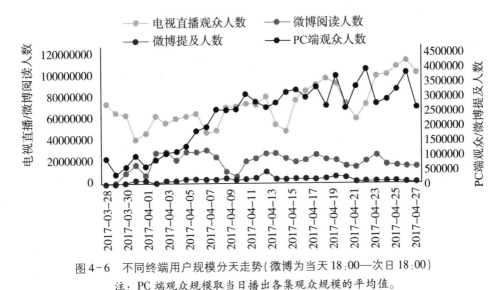

图 4-6　不同终端用户规模分天走势(微博为当天 18:00—次日 18:00)

注：PC 端观众规模取当日播出各集观众规模的平均值。

若干维度的对比分析，可以更加清晰地表明不同数据之间的相关性。图 4-6② 则显示了电视直播、时移收视与微博阅读、提及人数规模之间的关系与走势。很明显，各终端用户之间不仅趋势一致，且为叠加态势，这就是共振的效果。

从传统的收视率指标来分析，电视剧《人民的名义》在电视直播收视和 PC 端时移的收视同样呈现出收视趋势的一致性，如图 4-7 所示。但也可以看

---

① 李红玲.《人民的名义》多终端传播效果浅析[J].收视中国,2017(05).

② 李红玲.《人民的名义》多终端传播效果浅析[J].收视中国,2017(05).

出，电视直播前几集是高开低走后，才出现了持续的上升，数据表现的稳定性表明观众有较高的忠实度。而时移收视是在忽高忽低的交错中渐次上升的，呈现出不稳定性，表明时移收视的忠实度有所欠缺。

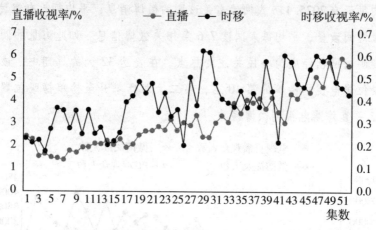

图 4-7　分集观众收视率走势（2017 年 3 月 28 日—2017 年 4 月 28 日）

总而言之，电视媒体传播面对的不仅是媒体之间的竞争，更为重要的是，所面对的是媒介消费者传统习惯的改变与新习惯的养成。在 90 后们纷纷拆除有线电视而转向互联网电视，时移收视量大大增加的趋势面前，在他们从大屏转向小屏，随时随地收看成为现实面前，电视"播出"策略早已超出传统的编排、宣推技巧范畴，转向了融媒体总体策略，对总体策略的实施效果分析也依赖于新测量技术的出现与不断完善。

因此，电视媒体人面对的是新传播、新市场，更加需要新观念、新策略。

第四节　播发流程剖析

在融合传播环境中，电视媒体不仅要作为频道播出，而且要与其他渠道有机结合，形成多元分发的新传播格局，为此，"播发"成为更加准确的"播出"与"分发"传播流程用语。笔者将播发流程分为三个阶段，即播发前、播发中与播发后，并分别对其功效加以剖析。事实上，具体操作中，各个阶段有时很难被清晰地划分,对此,读者切忌机械地理解流程的阶段性。

一、播发前形成期待

播发前的时段为预热期,主要解决两个问题:"如何与受众的内在欲求形成某种关联?""如何与观众形成约定?"这样做的目的是让受众形成期待。当然,这个时段安排多长也要有所考量,是播发前1个月,还是10天,抑或是3—5天?这些都要结合当时的传播环境,具体项目具体分析,进而形成方案。

在此阶段,主要宣推目标是让更多的人知晓节目,一旦知晓度打开了,就能形成更强的收视或参与期待。主要方法包括:一要调动尽可能多的手段,增加信息与目标观众的接触面;二要曝光相关信息,当然,也可以故意遮蔽某些关键信息,留下悬念,吊起潜在观众的胃口;三要在具有衍生产品的节目中,通过网络电商平台,预售相关标志性产品,给粉丝以占有感、身份感和归属感,增强粉丝的圈子意识,从而提升忠诚度;四要为粉丝提供"沟通元",借助粉丝微信、微博等自媒体的传播,形成涟漪般的传播放大效应。

这里,笔者以全国两会报道为例,观察有关媒体的策略与行动。

随着中国国际影响力的不断提升,作为重大政治生活和媒介事件,我国每年的全国两会报道既是国内事务,更是全球瞩目的焦点。国内媒体对于两会的全方位报道也成为舆论阵地的争夺战。

以中央电视台为例,融媒体传播形成了"无缝打通大小屏,实现全民真互动"的格局。2017年两会期间,其主要新闻栏目平台是央视新闻频道中午12:30—13:30播出的《两会有啥事 我们帮你问》。[1] 该栏目于2017年3月2日—14日持续上线,共13期。移动传播技术的开发利用,让手机小屏端征集的问题直通演播室大屏,主持人看到的实时信息可以直接由现场嘉宾或连线代表解答,不能即刻回答的,也会在下期节目中予以答复。节目平台为观众或网友提供了草根与高层的直接对话机制。节目中的设置为"双真",即"真问

---

[1] 参见:祝媛莉."轻快"融媒体 报道"动"起来 两会电视新闻创新互动形式[J].综艺报,2017-3-25.

题"和"真回答"。网友可实名也可匿名，但回答人却是可见的本人。

各大卫视在两会期间的表现也非常抢眼，通过归纳广视索福瑞的相关监测分析报告①，我们可分析其传播策略的基本特点。

作为 2017 年全国两会新闻栏目融合传播中的"实力派"，《湖南新闻联播》和《东方新闻》除了在电视端常有上佳表现外，更在多元的传播渠道中呈现较强的优势。

在监测的 12 家视频平台上，《湖南新闻联播》多次位居单日播放量前列；其中，2017 年 3 月 10 日的播放量更是拔得头筹。《湖南新闻联播》栏目内容创新和传播渠道的稳定性均有亮点。在内容方面，栏目新开辟的版块《加油！我的国》对两会进行了特别报道，而《两会约访》，则对全国人大代表和政协委员进行了热点议题专访。在渠道方面，《湖南新闻联播》依托独播平台芒果 TV 对节目进行稳定、持续的网络分发和常态化更新，传播优势十分明显。

《江苏新时空》尤其重视微信平台上社交化传播方式的打造，3 月 4 日微信公众号"江苏新闻"一则《你们关心的北沿江高铁，又被点名了！人大代表们这样说……》消息，把全国的事件本地化阐释，高举高打与接地气相结合，阅读量表现良好。

《江苏新闻》还就百姓关注的"高铁出行"进行了全面细致的剖析，并在内容中融入公众号互动专区"两会我参与"，以洞察与反馈群众呼声。新颖报道方式的运用，使得社交媒体"沟通互动"与"内容分发"的功能相得益彰。社交平台用户参与内容生产与创造表现突出。

《广东新闻联播》在客户端方面的布局之广可谓令人赞叹，旗下客户端传播渠道包括"啪啦啪啦""荔枝电视""媒资推送""触电新闻" 4 个之多，如图 4-8 所示。各端分别以社交化新闻、节目内容分发、短视频资讯、聚合类新闻见长，形成了矩阵式传播格局。

---

① 辛悦,黄鑫.复盘全国"两会"省级卫视新闻栏目融合传播[J].收视中国,2017(3).

图4-8　《广东新闻联播》客户端传播渠道一览

广视索福瑞的监测分析也发现，个别栏目由于欠缺融合传播渠道布局，未能打开多元化传播的局面。尽管栏目在电视端有上佳的收视表现，但在融合传播方面难以形成全面竞争力。其实，这也是众多电视栏目乃至频道在媒体转型当中遭遇的共同难题，为此，电视媒体只有在融合传播实践中不断更新迭代，才能打造出符合当下和未来媒介生态的新型电视媒体。

二、播发中实时互动

播发中的时段为进行期，实时互动的目的是持续地留住和增加受众。这一时段需主要回答两个基本问题，"如何让观众参与?""满足观众怎样的体验感?"

如何制造话题是本阶段的核心任务。自媒体传播时代，人们对信息渴求非常强烈。尤其是80后和90后们，每天都在不停地刷屏，寻找新鲜的、刺激性的信息源，并以早知、多知和深知为骄傲，以图成为某一话题的意见领袖。为此，宣推需要创意话题种子（也可称之为"病毒"），即自媒体传播的源头。话题种子可谓五花八门，并不断地进行着演化，大致可分为事件、图片、矛盾、意外、金句、趣味等几类。受众通过参与话题、分享话题和内容转发，实现话题演绎和内容再创造，由此提升传播的主导性和存在感，尤其是越被网友"顶"，越能增强其骄傲和自豪感。

譬如，湖南卫视《花儿与少年》节目中的7位明星嘉宾在旅行中出现了种种摩擦。"这些摩擦不仅会在节目进行过程中不断升级，而且会在社交媒体平台上引发各种评论"[①]，这些评论正是传播本身所需要的围观效果。"评论代表着不同的价值观，在讨论和冲突中的相互碰撞，必然引发更大范围的关注和讨

---

① 黄佩,陈甜甜.电视平台:媒介融合的一种构想[J].中国电视,2016(6).

论,这就直接拉升了节目本身的关注度。"① 围观易于形成电视大屏与移动小屏间的相互补充和激荡,把话题、故事的互动抬升到更高的热度,从而在更大程度上吸引多屏使用者的注意力,并聚合起能够把注意力变现的相关资源。

在《花儿与少年》第二季第一期中,湖南卫视总编室推广部设计了两组病毒图片,一组以登机牌为主题,另一组结合英国著名人物漫画。② 节目组还将"花少"成员们的卖萌表情制作成 GIF 图像和表情包用于微信、微博传播。这些种子的发明创造,并不是随意的,而是在对粉丝需求深入了解的基础上,应运而生、应景而生。在第二期节目中,推广团队抓住了井柏然美观的手写字体做种子,并设计了有他手写文字的空镜头图片,网上流传甚广。其广泛的传播力,被某科技公司看中,并以相当高的价格买下电脑字库开发权。

再以湖南卫视《爸爸去哪儿》第二季为例。在四个月的传播主周期内,该节目与湖南卫视《快乐大本营》《天天向上》等强势节目相互打通,与杂志、报纸、网络多平台联动,其官方微博阅读量破 200 亿。与此同时,节目播出期间,在电视屏幕下方与观众实时互动,手机客户端"呼啦"推动粉丝聚合和粉丝文化发酵。湖南卫视还与视频网站联合推出相关亲子栏目,让观众在播出间隔期回顾节目细节。③

总之,《爸爸去哪儿》宣推的核心聚焦于"情",这高度契合了互联网宣推主要诉诸非理性方式的传播环境。当然,值得注意的是,非理性的网民有时也会出现表达失控,因失去理智而出现负能量的言语甚至是不良行为。这些都需要传统媒体采取有效措施净化传播环境,担负正确引导舆论的职责,积极主动引导传播正能量。

三、播发后沉淀资源

播发后即节目延续期。笔者把节目从电视渠道播出完毕作为延续期的开始,延续期与进行期的划分只是研究的需要,并没有严格意义上的区隔。某些

---

① 黄佩,陈甜甜.电视平台:媒介融合的一种构想[J].中国电视,2016(6).
② 参见:陈丹."互联网+时代"真人秀宣传秘籍[J].综艺报,2015(9).
③ 刘雁.媒体融合与国内电视综艺节目的变革[J].中国广播影视,2015(6下).

话题本身可以延续很长的时间，从第二阶段自然过渡到第三阶段。延续期是资源沉淀的重要阶段。随着时间的推移，视频消费已不是主要的行为，各类话题的热度也会大幅下降，更多地表现为长尾效应。电视版的节目除了在网络上可能被"复习"之外，剩下的就是对花絮等相关视频的点击了。过往的媒体实践和学术探讨大多更关注预热期和进行期，而轻视延续期的作用。事实上，在延续期参与的受众往往是"铁杆粉丝"甚至是"死忠粉"。他们会探究幕后，且喜爱深度参与，因此，很有探讨的价值。这个阶段也要回答两个基本问题："如何把这些资源沉淀？""如何在需要他们时，再次唤醒？"

其一，开发常态化、动态化和可持续性的服务。

迪斯尼可谓延续期开发的集大成者，生产的动画、电影等在全球各渠道播发后，视频中的各类主要元素，以实物方式沉淀于迪斯尼乐园中，供全球各地的人们持续地甚至是重复性地消费。反观国内的模仿者，如西游记宫，在全国各地建设了好多个，其中位于河北正定县的一座，于2017年3月被拆除，其他各景点平时也是门可罗雀。分析个中原因，或许可以成为一项文化产业的大课题，然而，国内的类似景点仅仅能静态地浏览，少有参与性和体验感，却是事实。若从动态性服务角度来看，迪斯尼因其不断地推出新动画和电影，而且园内设施众多，新鲜感、刺激感不断升级刷新，自然能够持续吸引游客。

再以2017年两会新闻报道为例。中央电视台在两会期间开展的工作并没有因会议结束而终止，而是把电视"线上"的服务转场至网络"线上"继续进行。身边看似小事情的提问，有时却反映了大民生问题，因而能得到央视新闻报道的持续重视，因此，在有关两会的新闻报道中，由网友提问所设立的议程，常常带出大批网友的跟帖。这当然会进一步引发人们对栏目的关注，由此联动代表、委员的关注和回答，更加调动起观众和网友参与话题讨论的热情，从而形成舆论的漩涡。在电视与网络双渠道的共同激发下，过去"沉默的大多数"不再沉默。这在一定程度上颠覆了传统的传播理论，也就是所谓的 T2O（TV to Online）传播新形态。两会期间不能立即解答的问题，对接到央视新闻移动网上，@"央视帮您问"矩阵号，网友仍然可以继续提问，并持续得到相关权威人士的回应，从而使媒体服务常态化和持续化。

2017 年，湖南卫视《爸爸去哪儿》已拍到了第五季，同名手机游戏也在不断升级。在火爆的播发进行期偃旗息鼓后，观众被引流至手机场景中。尽管游戏本身相当简单，但节目中的核心元素（包括人物、场景）都有所保留，给粉丝提供了回忆和相互切磋交流的空间，有效地维持了一定的热度。毫无疑问，在新一季节目上线时，这些粉丝将又会被"唤醒"，进而迁移至电视大屏或移动端。

由此可见，利用核心元素，开发持续性、动态性的服务，并使之常态化，将是媒体播发空档期的传播策略之一。

其二，举办参与性、主题性和常态性的活动。

近几年，各地电视媒体探索举办"观众节""粉丝节"，把演播室搬进活动现场，让各栏目主持人走下荧屏，让知名嘉宾、明星亮相现场，请观众近距离参与节目，评论节目，参与现场互动游戏，以提升观众的服务主体感受。更进一步，在观众节上，跟媒体合作的厂商也参与相关活动，以媒体的公信力做背书，销售广告产品，提供相关服务，甚至推出媒体订制产品或服务，实现了媒体扩大影响、商家赚取利润和公众获得实惠的"三赢"局面。

各媒体举办的主题性活动可谓琳琅满目，都在沉淀粉丝资源方面做出了有益的探索。譬如，《花样姐姐》团队从原始素材中选取精彩内容剪辑成花絮短视频，组合成"女神行李箱系列"以及"马天宇与林志玲温情互动"等主题强化片，在播出档期中，每周组织与网友的互动活动，举行"花样晒泳衣大赛""花样秀厨艺大赛""花样舞步"等，以激发粉丝的参与热情和热度，并把粉丝上传的内容剪辑进花絮片尾，提升粉丝自豪感和满足感。[1]

2015—2016 年，安徽经视连续两年主办"寻找天之蓝"大型活动，为"洋河"品牌量身定制营销传播新模式。活动两次荣获"中国广告长城奖营销金奖"。2016 年的第二季主题为"寻找天之蓝 燃烧吧卡路里"活动，强化"运动 健康 环保"生活主旋律，与"天之蓝"品牌完全吻合；活动包括直播8 场万人跑、8 支素人健身队参与的 12 期原创全民健身真人秀。由于市民参与

---

① 参见:陈丹."互联网＋时代"真人秀宣传秘籍[J].综艺报,2015(9).

度高，活动到哪儿，都成为当地人关注的热点。"这样一种点到点的引领、点到线的牵头、点到面的覆盖、面对面的扩散形式，让'寻找天之蓝 第二季 燃烧吧 卡路里'在短时间内成为焦点话题，万众参与之下，助推了一段公益佳话。"① 2017 年，活动主题再一次升级。"寻找天之蓝"第三季正式更名为"我爱天之蓝"，媒体活动变身社会活动。第三季邀请安徽省旅游集团联合主办，并在芜湖、六安、阜阳、安庆、宣城、宿州、滁州、合肥 8 座城市，分别举办 8 场户外长跑和 6 场户外音乐节，时间跨度从 4 月持续到 10 月，极大地扩展了传播时间和空间的覆盖率。

由此可以看出，媒体主推有益社会的活动，常常会在社会各界的参与下，衍化为市民自主自觉的行动，从而使媒体对社会舆论的引导力以及媒体活动本身的溢出效益更加彰显。不仅如此，一些由媒体主办的活动，也许是从聚拢粉丝、沉淀资源的初衷开始，却激发出、聚合起更多相关资源，进一步增强了媒体动员能力，提升了亲和力和影响力。

四、融合传播新境界

融合传播会如何发展？媒体机构会走向何处？本节中，笔者将从需求、内容、互动和平台四个角度加以剖析，并认为未来媒体运营的基本方式为：需求驱动创意、内容聚合流量、互动提升黏性、平台变现利润。前两者主要针对媒体运营的目标导向，后两者主要针对媒体与消费者的关系建构。这四项主张是基于对互联网不断渗透所引发的融合传播新境界的分析和对传播生态变迁趋势的判断而提出的。这种趋势正引领融合传播新业态的形成，新的细分业务门类也正处于成长之中。

1. 互联网重构传播形态

就传播形态而言，互联网究竟改变了哪些方面？

首先，互联网释放了个体传播能力。

传统的媒体传播以组织机构为基础，是一种以社会治理权力进行的传播分

---

① 许梦凡，翟梓坪.安徽经视的生存王道："沉浸"本土内容创新[J].中国广播影视,2016(12下).

工，更是以传播渠道的专有和专用为基础的传播架构。这种架构保证了传播行为的高安全性，体现了社会精英治理阶层的意志，保障了主流社会价值观的传播平台。但是，囿于媒体传播资源稀缺性和组织传播的把关特征，个体多元的传播意愿被屏蔽在传播通路之外。互联网的出现与普及，赋予个体广泛的传播权利，并激发个体不断释放其媒体创意和传播的主观能动性。喻国明认为，"互联网激活了我们社会底层的元素级基础，使它焕发出完全不同于传统社会新的样貌。互联网所创造的所有价值、机会其实都是在对个人这个基本社会元素运用某种技术和社会模式的基础上，对这种元素激活之后所产生的'奇迹'——蕴含于每个个体身上种种资源、价值和能力在互联网的连接之下被检索、被发现、被激活、利用和整合，这就是互联网"①。互联网的发明在美国，但互联网的领先应用开发却是在中国。"我们都看到，互联网所搭建起来的新的社会中，最盛行的一个字就是'微'：微内容、微传播、微价值、微创新等等一系列的'微'就是我们上面所指的，对于个人这个社会元素激活后所产生的现象和机制。"② 互联网所激发的个人创造力不仅催生了诸多新产业，更是对传统媒体服务的有益补充与延伸。如果说，传统媒体满足了多数人的共性诉求的话，那么，互联网则满足了更宽泛的个体诉求，并促发了新的媒体产品形态和服务方式。

为此，传统广电媒体的机会，就在于以"广播式"传播满足共性诉求的同时，通过互联网满足无限的多元的个性诉求。

其次，互联网融合了所有媒介形态。

近年来，互联网融合了平面媒体、广播媒体和电视媒体的专长，似一个巨大的黑洞，快速扩张传播的地盘，但也即将到达规模经济的"天花板"，进入饱和的下半场。第 41 次《中国互联网络发展统计报告》③ 显示，截至 2017 年 12 月，我国手机网民规模达 7.53 亿，网民中使用手机上网人群的占比由 2016

① 喻国明."平台型媒体"或是未来媒体发展的重要模式[N].人民日报,2015-04-19.
② 喻国明."平台型媒体"或是未来媒体发展的重要模式[N].人民日报,2015-04-19.
③ 第 41 次《中国互联网络发展状况统计报告》[EB/OL].(2018-01-31).http://www.cnnic.net.cn/gywm/xwzx/rdxw/201801/t20180131_70188.htm.

年的95.1%提升至97.5%；与此同时，使用电视上网的网民比例也比上年提高了3.2个百分点，达28.2%；台式电脑、笔记本电脑、平板电脑的使用率均出现下降，手机不断挤占其他个人上网设备的使用空间。以手机为中心的智能设备，成为"万物互联"的基础，车联网、智能家电促进"住行"体验升级，构筑个性化、智能化应用场景。移动互联网服务场景不断丰富、移动终端规模加速提升、移动数据量持续扩大，为移动互联网产业创造更多的价值发掘空间。手机小屏渐渐蚕食电视大屏和电脑等中屏而成长为超级媒介，原本线下的服务供给方式正想方设法地挤进线上进行。人们生活所需的物质和精神诉求正越来越多地通过手机媒介得以实现和满足。

手机媒介，关联着人们生活的方方面面。人们的行为轨迹也越来越多地留在手机的各类应用上。听音频、看视频、玩游戏、购物、订票、订座、金融、交友、导航等，其原本的通讯功能早已让位于这些应用。显然，传统媒体若不能与这些应用建立高强度联结的话，将被这个超级媒介所屏蔽，甚至丧失进入个体媒介消费选择之"购物车"的可能性。移动通信5G时代的到来，使伴随手机长大的新新人类对手机的倚重性更强，这将推动手机媒介进一步提升其地位。这也使加拿大传播学者麦克卢汉名言"媒介是身体的延伸"之论断的前瞻性愈加得到印证。为此，围绕手机应用所产生的大数据，以及基于大数据的智能化应用开发，将成为媒体发展的风口。能否站在风口，抓住风口机遇，决定着传统媒体的未来。

2. 电视媒体的新机遇

电视媒体面对新的风口，要想在融合发展中变被动为主动，化危机为机遇，须强化如下四个方面。

第一，以需求驱动创意。

媒体传播的起点和驱动力是对各类需求的分析，这部分笔者已在第一章做出详尽的分析。没有科学、细致的需求分析，创意便是无本之木，而成为主观的臆想或一意孤行的任性。人们的行为大数据正越来越多地被记录、沉淀与聚合，云计算成为对媒介消费者画像甚至照相的强大工具，据此可实现针对性的创意并进行智能、精准地分发。传统媒体人须掌握互联网式媒体运行规则，积累、获取、分析和开发用户大数据，方可能占据创意高地，不被淘汰出局。喻国明认为，"从消费者洞察和市场洞察的角度来看我们应该做什么，再去很好地满足新的需要，这才能形成新的价值和影响力，这才是正本清源的解决之道"①。譬如，网购作为公众的习惯，已成刚需。为此，电商利用"议程设置"原理，制造"热点"，形成"节日"，激发或创造"需求"。热点通过短期大量多渠道的宣推，在中小城市较容易形成，但形成节日则需要更大的平台和更多的资源，尤其是能调动广泛的需求，才可能具备节日的特征。"双11"和"双12"购物节就是天猫和淘宝网始于购物需求策划而逐步成就的"节日"，已可与西方社会传统的"黑色星期五"购物日相提并论，甚至有过之而无不及。"电商＋电视"，以电商庞大的流量，引流至电视，实现了双赢。

在需求驱动创意过程中，能借势最好，"势"包括社会上的文化热点、教育热点、体育热点，与之巧妙结合，更容易形成借力打力的效果；如果不能借势，则可自己造势，但造势需要连续性的行动才可以。譬如，央视的"最美教师"活动、"开学第一课"节目、"感动中国人物"评选等，早已成为自主创意的成功典范。事实上，我国电视媒体由于本质属性的内在规定性，不可能成为完全的市场媒体，被市场所左右，为此，应当把满足市场多样诉求与正确舆论引导要求有机结合起来，用各环节的创意统领内容生产与播发。

第二，以内容聚合流量。

无论是国务院颁布的行业分类标准，还是用于人口普查的职业分类标准，都将广播电视划归服务业。事实上，电视媒体就是以内容采集为产品、以信息传播为渠道、以服务媒介使用者为目标的行业，其舆论导向、社会动员和环境监测功能都是通过内容与服务的提供来实现的。

我国的电视频道中，大部分所谓的专业频道貌似提供专业内容，实质上是具有某种特色的频道，大部分频道都在播出影视、综艺、新闻三类通用性强的内容。事实上，这些内容要有创新已经非常困难，而场景性的和个性化的垂直

---

① 摘自：广电独家微信公众号[EB/OL].独家专访喻国明：互联网进入"下半场"，传统媒介的机会在哪？

内容却供应不足。譬如，新高考对教育类内容就催生了新需求，如何选择高校？如何选择专业？如何选择城市？电视媒体泛在的专家指导节目并不能解决每个考生和家长的问题。这是基于个人场景的服务，只有依靠互联网才可能做得到。互联网传播打破了电视频道传播的地域性局限，也能突破卫视的覆盖局限和时段局限。众多类似的垂直类内容聚合起来，就能在互联网上支撑起可观的同质群体流量。有了看得见的流量，对接、开发针对性强的产品与服务就不难变现，专业化的服务平台也可得以建立。喻国明指出，内容方面，也要建立类似这样的一个内容分销的平台，这才是符合互联网逻辑的媒体构建。基于互联网这种'高维'媒介上的媒体融合，一定要有开放、激活、整合和服务这几个关键词，这就是我对于未来传播新模式的理解。[①] 以湖北垄上频道为例，该频道因其精准把脉农民需求，把"三农"所需的各种内容、产品与服务不断引向纵深，已成为运营垂直类市场的先行者。

第三，以互动提升黏性。

作为群居性动物，人与人之间的交往与互动是其本性使然，任何割裂人与人之间互动的媒介产品都不会存在太久。譬如，只能单人玩不能联网或分享的游戏，就不会太流行。主动性的互动是互联网产品的重要特征之一，网购下单时可以与商家沟通，收货后可以评价等。互动可以提高对产品和服务的认同与使用依赖度。互联网的做法和发展逻辑，是先满足非常单一的基本体验，如早期的电子邮件、QQ 聊天等；经过上线测试，得到了市场验证后，迅速扩大应用群体，产品才会启动下一轮设计，否则，就推翻重来。此为互联网企业所谓的快速迭代模式。爱奇艺 CEO 龚宇认为，"随着移动终端和智能手机的发展，互联网媒体不再只是简单的连接人和信息，而是向连接人与服务演进"[②]。他认为，互联网媒体的发展会"以内容 IP 为核心，让视频的文艺作品、游戏、授权产品、电影票等都关联起来，把跟视频相关的服务跟人连接在一起"[③]。为此，视频将成为互动的载体和界面，成为媒介本身。移动视频平台一条、抖

①　喻国明."平台型媒体"或是未来媒体发展的重要模式[N].人民日报,2015-04-19.

②　王卓.龚宇:互联网媒体是在连接人和服务[J].中国广播影视,2015(5 下).

③　王卓.龚宇:互联网媒体是在连接人和服务[J].中国广播影视,2015(5 下).

音、快手的崛起，使其已成为有分析价值的案例。

简单地取悦或满足用户的观看需求，已然不够了，"我们比你更了解自己的需求"应当作为媒体的目标。这取决于媒体人的创新智慧和数据分析能力。微博活跃度、微信阅读量和转发量、搜索指数、视频点击量、产品销售量、点评量、留言支持率与反对率等网络传播新指标已经成为观察用户和评估传播效果的重要维度。

第四，以平台变现利润。

胡正荣说过，"电视频道迟早要取消的"①。换言之，"电视还在，台没了"，此种判断不无道理。或许作为一种机构名称，"电视台"依然存在，但其产品和服务将不会再限于频道，而是一个平台（platform）。媒体平台化的案例早已出现，远到英国广播公司（BBC），近到国内湖北垄上频道，已然蹚出了平台化服务的路径，所谓平台即入口。平台化服务可以理解为，媒体开始以某种单一的产品和服务引导目标群体流入，进而不断提供其所需要的其他产品和服务。平台化服务也将成为差异化竞争的体现，更是变现利润的基础。譬如，河南电视台都市频道提出定制传播的概念，并在实践中探索出如下的基本做法：（1）品牌理念与定制节目深度融合；（2）加强与目标观众互动；（3）线下海选营造消费体验场景；（4）打通线上线下；（5）打通新媒体渠道；（6）户外媒体配合。② 显然，这已符合平台媒体的理念与运营方法。平台媒体既能规避红海市场的残酷竞争，又能实现资源利用的最大化，还可以分散经营的风险。从经济角度分析，传播过程也是媒体产品的营销过程，要按照一定的商业模式来进行。传统的电视媒体以内容生产为核心建构自身的商业模式，其以栏目为核心的运作逻辑是："需求→内容→传播→广告→衍生品。"这是一种单向线段模式。在此简单的模式中，内容居于核心，风险也聚于内容。在收视市场上，内容一旦表现不佳，其脆弱的商业模式即失效，运营中断，从头再来，因而难以沉淀媒体再生产所需要的其他相关资源。

---

① 摘自：2016年11月21日，胡正荣在中国电视大会（北京）上的演讲。胡正荣，现任中国教育电视台总编辑，中国传媒大学原校长。

② 丁莉萍. 品牌如何在地面频道实现定制传播[J]. 中国广播影视,2015(6上).

为此，基于融媒体传播环境，传统媒体需要借鉴"互联网＋"思维模式，重建运营逻辑。吴殿义总结认为，互联网产品的发展，包括由简到繁、环环相扣的四层，更是一个螺旋上升的发展步骤：（1）依靠基本的体验和少量资源满足用户要求，搭建商业模式；（2）进一步优化体验，追求极致以巩固市场；（3）随着竞争激化，则开始搭建开放平台，以资源搭建壁垒；（4）当原有商业模式趋于稳定，又基于需求的延伸，开拓新的商业模式。[①] 吴殿义还分析，"无论是媒体类的互联网产品，如新闻、视频或者电商，又或者实体类的互联网产品，如房产、汽车网站，都离不开体验、资源、模式这三个核心"[②]。如此下来，媒体平台化的运行模式，不但利润点分散，风险也得以分散，更能实现可持续性发展。

---

① 参见:吴殿义."互联网产品的核心逻辑"[J].广告大观(媒介),2015(9).
② 参见:吴殿义."互联网产品的核心逻辑"[J].广告大观(媒介),2015(9).

第五章　融合项目创意的评估

如何决定栏目创意案成为项目并投入生产？这必定是一个复杂且须慎重的问题。大的项目可能涉及数千万元甚至上亿元的投资，一般的也要数百乃至上千万元，而且往往还涉及众多员工的岗位问题。事实上，作为创意案的评判者，所关心的核心之一就是基于传播效果的观众行为预判。如果结果为乐观的，则方案通过的可能性较大，反之，方案可能被直接否定或者被要求继续完善。

无疑，新节目的不及预期甚至是失败会对原创积极性产生消极影响。为什么会有很多新节目的失败？业内研究者方世彤介绍说："美国 CBS 研发机构 CBS VISION 的总裁在中国讲学，详细介绍过 CBS 的原创过程。我们看到的是成千上万的创意被枪毙的过程，这种高淘汰率背后还有借助高科技的大量播前测试。在商业上的成功推销和制作团队的精心努力下，真正的好节目才会原创而生。"[①] 因此，对靠一个点子想一鸣惊人的幻想必须放弃。对创意案的评估与分析，对节目的测试也并不是随意可省略的环节。

在当下的广电媒体行业中，以央视为代表的几家领先型的媒体集团具有较为开放完善的节目研发体系、评估体系和筛选机制，而大多数省级以下媒体，新项目方案主要依靠内部征集这种相对单一的方式，且方案大多来源于少数人的"灵感"，而非来自扎实的用户调研、数据分析与科学推断。因此，方案的水平和数量很难适应研发创新的要求。

围绕电视节目运营的所有活动通常被称为"项目运作"，有的媒体还推行

---

① 方世彤.原创电视节目的夏天来了[J].综艺报,2016(14).

"项目人负责制"运行机制。项目的创意方案一般由创意文案、传播效果、市场效益和运作机制四部分构成。在具体的实践中，由于每个部分需要不同的能力和资源，各个部分可能由不同的小组进行创意、调研和起草。为此，项目创意评估对象主要针对上述四个方面。

第一节　项目创意方案评估

按照学者邵培仁的媒介生态学基本原理，无论是新闻节目、综艺节目还是电视剧目，其生产过程都类似于"十月怀胎"，上线意味着"出生"，能否健康成长、长命百岁，要看项目对应的媒介生态位是否合理。换言之，项目的内容与形式，项目的构成与编排，项目运作的人才资源、信息资源、受众资源、技术资源、财力资源等的使用和调配，能否形成最优组合以及能否形成可持续的循环，这些都十分关键。如何对这些要素进行综合评估呢？当然，每个评判机构甚至评判者都可能强调不同的角度或侧面，几乎不可能有一个统一的评判标准。笔者以为，至少如下四个层面是必不可少的。

一、项目价值性

电视节目作为用以传播的精神产品，其内容首先要求具有社会价值或社会意义，其次是相应的经济价值。北京国际电影节纪录单元终身评委杨澜认为，"一部好的纪录片可以达到三层境界：第一，它讲了一个令人感动的故事，第二，它可以引起观看者的强烈情感的共鸣；第三，它会让我们在思想和行为上有所改变"①。纪录片如此，我们所关注的新闻、综艺和电视剧又何尝不是如此呢？

对传播价值进行预判是一项复杂且风险很高的决策行为。早在 2009 年，浙江广电集团王同元总裁就提出"导向金不换，收视硬道理"②的辩证观点，

---

① 杨哲.纪录时刻:风云变[J].中国广播影视,2017(5下).
② 祝晓虎,杨芳秀."中国蓝""蓝"动天下——夏陈安访谈录[J].新闻战线,2009(12).

通俗形象地阐释了电视媒体的价值观。事实上，新闻、综艺和电视剧三大类节目价值取向各有侧重，若抽离其内在的共性价值，这三大类节目大致包括如下三个主要方面。

社会认知价值。媒体有着监视环境的作用，观众从新闻节目中能获得政治、社会、教育、产业、军事、外交等方方面面的信息，增加对国家、社会、民族的了解、理解和认同，从而促进社会稳定，凝聚个体向上的力量和正能量，对个人、家庭、社会组织的行为决策起到重要的参考作用。

文化传承价值。各类综艺节目的创新，无论是涉及主流文化，还是流行文化，甚至是亚文化，既是对传统文化的继承，也是对新文化的创造，传统文化的精髓总是会通过某种传统艺术形式呈现，也会通过新艺术形式表现，不变的是对中华民族优秀文化艺术宝库的持续发掘和新解读的探索。按照孔令顺的表述，"作为电视媒体，要时刻意识到肩负的文化责任，并善于在点点滴滴的信息传播中进行文化的播撒与渗透"①。既然是责任，那就责无旁贷了。

艺术欣赏价值。电视作为第八大艺术，既能集纳前七类艺术于一身，构成电视艺术作品内容，又具有传播渠道特性，有力地助推其他艺术传播，如新闻、综艺的直播等形式的零时空差传播。电视剧作为独有的综合艺术表现形式，成为观众花费时间最多的视觉消费品。为此，在其艺术欣赏价值之外，甚至也包括社会认知和文化传承两种价值。

综观近几年的现象级节目，其往往在注重三种价值的同时，还具有如下的叙事特征，即从关注宏大叙事主题范畴的民族自豪感、国家意志、历史记忆和集体仪式等为主的仰观视角，转向平民生活、身边细节、百姓日常以及人与自然等俯瞰视角。镜头、细节、故事以小见大、耐人寻味、回味无穷。从实际传播效果看，现象级节目的创新一是符合主流价值观要求；二是有非常高的传播率；三是同行关注并引起跟风。② 为此，在评判创意案的过程中，这些都是重要的参考角度。

---

① 孔令顺. 中国电视的文化责任[M]. 北京:中国传媒大学出版社,2010:18.
② 吕焕斌. 以我为主 建设新型主流媒体[J]. 中国广播电视学刊,2016(1).

二、内容导向性

导向性是所有精神产品的共有特征，这是我国社会主义制度要求的必然结果，是不容置疑、削弱或忽视的。正确的导向是创意立意的根本。归纳起来，导向性包含如下几个方向。

政治导向。方案中是否出现有可能涉及政治安全的元素？如人物、事件、观念、观点、故事、叙事、背景、逻辑等。尤其是要与社会主义核心价值观相对照。

文化导向。方案是否为媒体主管部门所倡导的文化、文艺创作方向？是否涉及亚文化或边缘群体文化？是否为非主流文化或仅适宜学术场域探讨的主题？譬如，2017 年 8 月，国家新闻出版广电总局下发《关于把电视上星综合频道办成讲导向、有文化的传播平台的通知》，对上星综合频道明确提出七大要求，鼓励上星电视综合频道在黄金时段增加公益、文化、科技、经济类节目的播出。无疑，响应上级要求，研发相关项目，文化导向自然不成问题。

社会导向。方案中是否涉及家庭伦理，社区邻里，婚姻、亲子关系？如何展现与把控节目或互动中的人物言行、评价、传播过程？新闻、综艺和电视剧三大类型节目中，绝大多数都会涉及上述社会导向。譬如，民生新闻的评论，综艺节目中的议题和主题等。2017 年，一档以婚姻情感为主题的节目《一转成双》，因其过量展示第三者、非婚关系、非婚子女、重组家庭甚至乱伦等边缘生活话题，引发了观众和网友的反感与诟病。

教育导向。广义而言，任何节目都会涉及教育问题，尤其是社会教育和家庭教育节目。方案的环节中如何引导正确的道德观、公民观、素养观、法制观、信用观等，要有可靠的流程掌控。其中有关儿童身心成长、社会规范教育、育儿成长成才观、同学相处沟通方式等，更要有专家指导。

表5-1 节选了电视媒体《内容安全相关规定速查手册》中的部分内容，手册把抽象的、弹性的甚至难以准确判断的导向把控过程，细化为可快速判断并操作的具体条目。[①]

---

① 节选自：山东教育电视台.内容安全相关规定速查手册,2017:119.

表5-1 节目导向问题检查表（节选）

现象	可能的表现方式	判断依据
1-1 质疑或反对"四项基本原则"的言论或讨论	采访、访谈中出现	《广播电视管理条例》
1-2 妄议中央领导、领袖，历史已有定论人物	讲座、报告中出现	《广播电视管理条例》
1-3 擅自对有定论历史进行评价	讲座、报告中出现	《广播电视管理条例》
1-4 危害国家的统一、主权和领土完整	地图中版图不完整，言语中把港澳台与国家名称并列	《广播电视管理条例》
1-5 危害国家的安全、荣誉和利益	言语中贬低党和国家形象，妄谈国家领土事宜	《广播电视管理条例》
1-6 煽动民族分裂，妄议民族政策、宗教政策，破坏民族团结	对国家民族政策质疑，强调不合法民族自治、宗教信仰自由	《广播电视管理条例》
1-7 泄露国家秘密（政治、经济、军事、外交、科技等）	单位、机关和行业不可公开的内容和程序等	《中华人民共和国保密法》
1-8 诽谤、侮辱他人，脏话	当面或背后的人身攻击、诟病，负面网络语言等	《广播电视管理条例》
1-9 宣扬、暴露淫秽、色情、迷信或者渲染暴力	镜头过于血腥、暴露；言语淫秽、下流；鬼神论	《广播电视管理条例》
1-10 擅自对他国政权或外交进行不实、不妥的评论	制造外交矛盾等	《广播电视管理条例》
1-11 不正确的价值观、人生观和世界观	宣扬金钱至上、对师长不尊、对父母长辈不孝等	《民法通则》《电视剧内容制作通则》总局相关通知
1-12 不正确的伦理观、隐私权或隐私观	言辞、故事情节、采访行为等	《民法通则》《电视剧内容制作通则》总局相关通知
1-13 歧视残疾人或特定人群	取笑、嘲弄残疾人或少数民族、方言区群体等	《中华人民共和国残疾人保障法》

通过表5-1我们可以看出，若没有一张致密的内容安全过滤网格为依据，没有具体的操作流程为抓手，导向把关极容易出现安全漏洞。

三、形式新奇性

在电视频道出现过剩、节目内容日趋丰富的传播生态环境中，"内容大于形式"的传统观点似乎已不合时宜，而更多的观点认为，"形式吸引，内容驻留"才更贴合传播实际。毫无疑问，形式成为吸引注意力的第一落点，没有好的形式，再好的内容也可能变得乏味。况且，形式本身作为艺术创造，已成为电视艺术作品的有机组成部分，追求形式的新鲜与奇观乃题中之义。形式的新奇性该如何判断？

形式原创度。这是指节目形式所包含的实质性要素，是形式要素的总和。艺术个性鲜明的形式往往是此节目区别于彼节目的重要方面。本节目要素区别于彼节目要素的多寡，是衡量节目原创度的重要指标，即与其他节目要素区别越多，原创度越高。事实上，完全原创的节目形式十分鲜见，绝大多数节目都会包含有其他节目的某些要素。在创意方案评判中，要注意可能存在版权侵权行为。

节目形式的原创往往会在节目规则、节目框架、节目流程和节目道具四个方面展开。譬如，新闻节目会因播报式、访谈式、对话式、评说式等主要叙事方式不同而加以区分；综艺节目往往在规则方面创新，如竞演式、晋级式、淘汰式、展演式等；近几年，个性十足的舞美和规则道具设计更成为综艺节目创新的亮点。

产品关联度。以"双11"为例，这个节原本是淘宝网2009年11月11日首次举办的促销活动，后来与卫视合作"双11晚会"，即2015年在湖南卫视播出，2016年在浙江卫视播出，2017年更是实现北京、浙江、深圳三家卫视联播，覆盖规模空前。"双11晚会"即是在电视节目与产品销售关联方面做出的独特探索，不仅取得了可观的经济效益，更产生了巨大的社会影响力，甚至在某种程度上影响到人们的生活消费节奏与习惯。11月11日，俨然已成为中国家喻户晓的知名"购物节"，更有向全球蔓延之势。自2014年8月起，东方卫视播出的《女神的新衣》也与线上产品密切关联，进而形成节目好看、产品畅销的创新业态。为此，节目尤其是综艺和电视剧与产品的关联度成为判断一档节目是否具有新奇性的新指标。

四、传播针对性

融合传播时代，媒介使用者可谓"人以媒分"。不同的媒体渠道上聚集着各异群体，而其媒介接触习惯又有着明显的差异。为此，完整的项目创意案，仅有内容策划部分显然不够，考量创意案中的传播设计是必需的。

时至今日，"内容为王"还是"渠道为王"的争论依然存在，相信今后还会继续下去。笔者以为，对特定的电视媒体而言，其所处的发展阶段不同，优势和劣势也各有千秋，譬如，卫视媒体和城市媒体对渠道的重视程度就有所不同。为此，针对项目预定的目标群体，设计相应的传播方案当为创意案的有机组成部分。多年的媒体实践表明，传播方案的针对性可从如下几方面判断。

目标群体精准性。传统受众群体研究方法一般使用年龄、性别、规模、媒体接触习惯、消费习惯、消费水平、地域分布等社会学统计指标进行描述。这方面常以国家统计部门公开的数据及有关媒体市场研究公司数据做参考。要注意的是，传统的抽样调查数据分析与大数据挖掘往往存在一定的差异，研究者对其数据来源和调查方法要有所了解与比较，以避免数据误读和误用。

传播方案精细性。在融媒体传播环境下，传播方案肯定不仅仅是电视频道的时段、暴露频次与编播技巧的组合那么简单了。方案中要有线上的动作，如核心节目露出方式，伴随节目传播渠道与方式，相关视频的社交媒体病毒式传播方案，话题挑起与引导的策略与执行预案等；也要有线下的动作，如地面推广活动时间、地域选择、组合，相应的参与群体安排与自媒体传播引导，全流程时间线控制与引爆节点设计等。

效果评测精确性。尽管对传播效果进行预测和评估复杂而困难，但也有一定规律可循，重要的是研究要对目标群体的行为发生过程有所洞察、分析与测量。为此，在创意方案形成过程中，遵循科学合理的评测步骤十分重要，同时也是不可轻视的。

第二节 项目传播效果评测

传播效果研究一直是传播学的重要分支之一，历史上有过许多学说，如"子弹论"等。在融媒体传播时代，这些理论也只是学术界所要梳理的传播发展史的资料而已，对传媒实践的指导意义微乎其微，传播效果研究亟待高维度的总结和提升，以适应日新月异的传媒实践。为此，探讨传播效果的评测还是要从传播实践本身寻找突破口。对于评测，通常的方法是：由专家小组先进行小样本抽样或在传媒实验室中进行较为主观的评判，继而针对规模化用户进行大样本科学抽样测量或者大数据挖掘，获取推及用户的总体数据，从而对传播效果进行推断。此方法的运用前提是要对传播方式进行科学合理的分析。

一、传播方式巨变：从 TV 到 VT

知名学者喻国明认为，研究传播效果，有三个标准可以用来衡量传播是否有价值和未来。这些标准均建立在"以人为本"的基础上：第一，它是否增加了人与人、人与物之间的连接性；第二，它是否扩大了人的行为和生活半径；第三，它是否使人对复杂社会变得更有把控力。[①] 此三条我们可以简单对应为：第一，是否强化了互动内容和手段；第二，是否提供了广泛的参与性活动；第三，是否提供了认知社会的知识、信息和行动。

学者陆地也曾用"T"和"V"高度概括传播实践的巨大变迁，他认为，"T"有两个含义，即本身的广播特性（Telecast）和电视媒体的教师偏好（Teacher）。[②] 在市场细分的今天，用一种广播的形式满足多数的需求，越来越难；电视媒体作为体制内的媒体，长期受政策保护，好为天下人师的情结十分浓厚，习惯于高高在上地发号施令，而服务意识较为淡漠。"V"的含义较为

---

① 喻国明在第 23 届上海国际电视节白玉兰主论坛上的报告。摘自作者现场笔记。
② 陆地. 自信、智慧与创新[J]. 当代电视,2016(2).

丰富，一是指电视媒体要有强烈的观众意识（Viewer），二是要有鲜明的、独特的观点（Viewpoint），三是要有持续不断的活力和创造力（Vigor），四是要占据善、德等普世价值观的制高点（Virtue），五是要有超凡的眼光和想象力（Vision）。电视媒体人观念的更新最为重要，陆地曾形象地解析电视媒体的发展方向，即淡化"T"，强化"V"。

TV 是 Television 的缩写形式。当电视遇上互联网，"颠覆"成为热词的时候，电视的自我革新、自我革命、自我重生成为必然，甚至是无奈的选择，TV 也便有了诸多转型的可能性。其中之一，TV 变成了 VT。VT 是 Video Transformation 的缩写形式，可理解为"视频转换"。这一顺序的颠倒，为电视媒体发展打开了无限的想象空间。那么，转换什么？如何转换？转向哪里？

方向之一：视频交流平台。网络视频点播的自由和便利性自不待言。这是其历时性视频消费的特性，是颠覆传统电视被动收看的撒手锏，但也是它的短板之一，即没有共时感的群体同享效应。毕竟，作为群居动物的本性，个体要感受到其他人的同时存在，才有安全感和共享的快感。为什么会出现弹幕？弹幕是让处于个体时空的用户，有了虚拟的、与他人同在的共时感与交流感。当网络视频既有历时性，又有共时性时，电视的共时性特征便被进一步消解。在融媒体环境下，视频交流平台将是电视媒体的未来。

方向之二：视频交换平台。既然视频成就了自媒体，成为人们表达思想、展现才艺等的承载物，那么，它必然可以脱离人本身而存在，并且成为能够交换的物品。视频网站的兴起与繁荣，无一不是这种社会需求和技术进步的产物。视频网站之所以成为风险投资的目标，自然是被看中了其商业价值，即以免费的视频换取注意力和用户数据，同时把这些无形的资产加以变现。电视媒体因职业媒体人的能力等，其聚合的注意力价值日趋下降，加之共时收看的天然障碍，使其无法满足人们历时性要求而受到冷落或抛弃。台网结合，打造视频交换双平台或融平台必为不二的选择。

方向之三：视频交易平台。人类从农业社会进入工业社会，再次进入信息社会，人与人之间、人与机构之间以及人与社会之间的联结方式发生了巨变。承载人类信息的符号和物质载体也从象形符号、抽象文字逐步过渡到图形、视频（含动画），读书让位于读图，读图让位于视频交易。傅园慧等"网红"的火爆，即时通信工具中的"表情包"产品，便是视频交易的真实体现，更是网络进化到一定阶段的产物。人在网络上被物化和符号化，使得人本身也正在沦为交易的标的物。

当然，主流的价值观和传播观并不希望看到人被物化的情形。从交流、交换再到交易，创意案势必会涉及对上述层面的认知、实施和效果测量。学者时统宇认为，在电视人文教育方面，要坚守文艺的审美理想，保持文艺的独立价值，合理设置反映市场接受程度的发行量、收视率、点击率、票房收入等量化指标，以免被市场牵着鼻子走。[①] 为此，主流媒体不能沦为赢利的工具，这是我国政治和社会制度所决定的媒体本质属性使然。

二、评判标准升级：从收视率到融合传播指标体系

传统的电视"收视"研究，在逐步向"观众"的"用电视"行为研究转变。依据与电视的互动程度，用户可分为：电视观众（TV Viewer）、电视回应者（TV Respondent）、电视对话者（TV Communicator）三种主要的细分群体。

在互联网时代的融媒体传播格局下，基于单一电视终端的收视率测量显然已不能客观准确地反映其实际的传播效果，更难以评估其传播效益。事实上，专注于媒体市场调查的公司也在积极地探索新的研究方法与工具，一批新指标也相继推出。安徽卫视总监张阿林认为，"随着媒体环境的变化，评判一档综艺节目，需从三个维度综合考量，即收视率、新媒体热度和视频点击量"[②]。事实上，许多媒体已这样做了，并逐渐得到了广告主等合作方的认可。

以 2016 年 5 月湖南卫视推出的《我想和你唱》节目为例。该节目的传播"通过台网合作，将音乐社交平台与电视节目捆绑在一起，产生了'互联网＋音乐＋电视'的合力"[③]。事实上，为了形成这种合力，湖南卫视整合了芒果TV、唱吧 App 小咖秀、酷我音乐、酷狗、新浪、温莎 KTV、荔枝 FM 等 11 个

---

① 时统宇.不忘中国电视人文教育的初心[J].教育传媒研究,2016(4).
② 秦霍然.安徽卫视创新综艺新模式 极端环境下探索"我们的法则"[J].综艺报,2016(14).
③ 唐潇霖.《我想和你唱》,"星素结合"破题[J].综艺报,2016(14).

平台共同参与初选。我们可以用一组数字来描述这场传播盛宴：从播出开始，其后的连续 8 周，全国网平均收视率 1.12%。截至 2016 年 6 月 26 日，网络播放量 4.3 亿次，微博相关话题阅读量 21 亿，用户口碑 96.46%。其中，小咖秀前 7 期节目总浏览量即达到 1.3 亿次，酷我音乐中的歌曲播放量为 2814 万次。这使得节目在播出前已收获大量互联网热度，为节目成功打下基础。① 电视媒体与其他平台的交互激荡、互为引流，出现了相互叠加的效果。

再以安徽卫视《我们的法则》为例。该节目于 2016 年 6 月 11 日上线播出。当日的 CSM35 城市网收视率为 1.226%，在卫视同时段位列第三；全网独播平台爱奇艺 12 小时点击量破千万；新浪微博阅读量 17.9 亿次，首播当晚在微博综艺榜排名第一。自 6 月 11 日到 7 月 5 日，爱奇艺平台总播放量超过 1.2 亿次。②

上述各项高传播指标的取得，显然是因为有精心设计的传播方案，同时也是科学开发与配置内容与渠道资源的综合结果。事实上，为了有效降低风险，国外的成熟做法——节目测试，也值得效仿和尝试。

英国，作为全球电视节目创意领先的地区，已形成一套较为成熟的试验研究体系，尤其是节目公司与电视频道已形成紧密的合作关系，其方式就是通过观众调查来了解市场的需求和喜好，然后进行节目模式测试，包括节目的设置、顺序、游戏的选角，以及进行试播等，这是健康的做法。③ 据英国 OM TV 制作公司总裁安德里亚·汉密尔顿（Andrea Hamilton）介绍，该公司与英国广播公司（BBC）合作的一些节目，在电视台认可之后，就会付费制作样片，电视台组织一千位或几百位观众看样片并进行打分评价。如果样片得到观众好评，电视台便会再投资制作一季节目。④ 据了解，国内一些电影公司已在利用此类方法进行测试。公司会在影片粗剪后，邀请小部分观众试看，观察观众反映，听取观众意见，调整剪辑思路、宣推以及发行方式。

国内亦有较大的传媒集团建立了观众测试研究机构，例如上海 SMG 观众

① 唐潇霖.《我想和你唱》，"星素结合"破题[J].综艺报,2016(14).
② 秦霍然.安徽卫视创新综艺新模式 极端环境下探索"我们的法则"[J].综艺报,2016(14).
③ 何佳子.中国模式日:年年谈创新,今年有何不同[J].中国广播影视,2017(7 下).
④ 彭侃等."付费开发"机制是发展原创的保证[J].中国广播影视,2017(8 上).

测试中心。该中心由专门的研究人员主持，集团的新节目样片可送到该中心，中心对目标观众进行观看测量，其方式类似于焦点小组法（Focus Group）。在尽可能无干扰的观看环境中，用视频录像等科学方式记录观众的表情与情绪、参与互动的意愿与表现，同时，观众还要接受访谈，进一步自述观看过程中的心理活动等；再由专业测量人员对获得的资料进行详细科学的分析，其结论可作为预测规模化目标观众群体行为的重要参考依据。[①]

显然，从观众行为研究角度，传统电视媒体与网络媒体之间已形成"你中有我，我中有你"的格局，融合传播模式已成为常态。

三、项目综合评判：从数据分析到针对性策略

信息技术的不断进步给电视媒体与观众提供了越来越多的交互手段，然而，对于复杂交互行为的定量研究尤其是互动效果的经济效益转化研究较少，理论性成果更为少见。媒体调查也已不能仅限于抽样、调查、统计、数据可视化等流程。传统的收视调查及收视率相关的概念渐渐被许多电视媒体忽略乃至放弃。为此，作为传播效果预判的要件，创意方案中必然会涉及如下四个方面的问题。此处，笔者对其进行阐述，以便综合评判时有针对性和价值性。

其一，观众的动机和偏好。观众为何选择 A 频道而不选择 B 频道？为何想看某类节目？为何爱看某个节目？创意方案要给出充分的理由。

其二，节目的内在结构逻辑。传统收视调查中有一项重要指标，即人均收视时长，这项指标能够在一定程度上反映观众停留在某节目的时间。方案中要回答：如何让观众坚持看到节目最后？即要清晰表述吸引观众的内在结构逻辑是什么。

其三，话题的源头设计。人们看到热播的电视剧时，也常常会在报纸和网络上热议。尽管不排除某些软文的刊发（实际为发行方主动的宣推行为），但在许多情况下，是其他渠道自发的话题跟风。为此，方案中应阐述的是：当人们看到设置的话题，会跟朋友分享和讨论相关内容吗？

---

① 资料来源：摘自笔者 2017 年 6 月对该中心的访问记录。

其四，期待感的设计。传统收视指标体系中，忠实度和平均收视时长都是非常重要的指标，节目黏性就是两项指标通俗的表达。如何吸引观众期待下一期节目，形成约会意识？方案要给出让观众继续收看的充分理由。

一般情况下，前两个问题解决节目的定位和故事线索、叙事方式，后两个问题解决每一期节目的选题与内容之间的关联性。不仅如此，节目创意人在确定节目的某些重要指标过程中，还需要有更加科学的论证。譬如，一档节目的时长，一定不是某个人认为多长就可以，或者通常是多长即可，应当是以观众收视测量数据作为依据。英国成熟制作公司的模式开发经验早已证明这一点，他们"在与其他国家联合研发制作时，在节目规划的过程中就有一个非常明确的数据作为支持，过去二十多年至今，他们在如何严格控制节目节奏以抓住受众这方面，很大程度上来自于对于数据的理解"[①]。为此，正是由于传播的复杂性才催生了融合传播效果描述指标。

图 5-1　电视剧《幻城》在微博上的提及人数与被提及次数
数据来源：CSM 与微博合作的微博电视指数

自从"电视 + 网络"传播新格局形成以来，国内媒体调查公司提出了一系列跨屏收视的传播效果测量指标。譬如，以 2016 年 3 月播出的《欢乐喜剧人》为例，该剧的时移平均收视率达 1.15%，平均每期节目的时移收视率对直播收

---

① 本刊记者.中国团队研发的十大 Bug[J].中国广播影视,2017(8 上).

视率的提升比例达到46.96%。① 以国内主要的媒体调查公司为例，广视索福瑞不仅采用传统调查手段来提供直播节目收视数据服务，而且推出社交媒体电视指数、时移收视、跨屏融合以及大数据的分析服务，努力对媒体使用者提供全景式消费行为描述，如图5-1所示。泽传媒也研发出一套指标体系，包括微博指数、微信指数等，在一定程度和某些层面上，为创意提供了可参考的价值，如图5-2所示。

省广电相关微信号

榜单时间:2017年10月08日-2017年10月14日

清博指数 gsdata.cn 中国新媒体大数据平台

	公众号	发布	阅读	头条	平均	点赞	WCI
1	山东教育电视台 mysdetv	7/28	23W+	15W+	8397	938	883.26
2	山东电视综艺频道 shandongzongyi	7/39	23W+	92680	6027	2444	853.19
3	齐鲁新闻眼 qltvmrxw	7/20	15W+	84594	7758	1905	844.11
4	山东卫视 sdtvchina	7/41	19W+	88332	4676	1193	816.37
5	小溪办事 qilutaixiaoxibanshi	7/28	15W+	76180	5663	760	790.23
6	齐鲁台拉呱 qilutailagua	7/16	81672	63010	5105	697	751.13
7	齐鲁台好运连连到 qlthylld	7/29	10W+	40113	3563	1778	740.62
8	齐鲁网 qiluwang	18/47	10W+	68899	2223	810	724.85
9	齐鲁台白金剧场 baijinjuchang	7/37	10W+	39644	2704	516	689.18
10	动感991 cityfm991	7/42	66691	29972	1588	378	634.01

清博指数是透明、学术、权威的第三方评价，数据和公式可公开查询：www.gsdata.cn/site/usage

图5-2 每周清博指数

① 3月7日—3月13日一周综艺节目收视率排行榜《欢乐喜剧人》再度夺冠[EB/OL].(2016-03-15).http://www.tvtv.hk/archives/3252.html.

四、设立沉浸指数：从探究行为到内在逻辑

创意项目方案的评估，终究是为了预测和判断三个基本问题：受众媒介接触的一系列行为是否会发生？发生程度如何？为什么会发生？为获得答案，研究者一般从观察主体的情绪呈现以及表达行为入手，来判断和测量其程度指标。

大致上，我们可以从审美过程、情感表达和传播行为三个层面进行测量。一，审美过程：对应表5-2中的"注意"和"兴趣"，注意：选择性注意或不注意，注意的时长；欣赏：包括认同、想象、联想等；情绪，包括欢笑、愉悦、愤怒、悲伤等。二，情感表达：对应表5-2中的"搜索"和"分享"，包括认同与批判，譬如点赞、转发、讨论、留言、发文等。三，采取行动：对应表5-2中的"行动"，譬如，主动联系传播者或节目中的商家发生购买行为，也包括投诉传播者或商家等。

表5-2   沉浸指数测量方法[①]

沉浸行为	具体表现	程度分值	权重 W_n
A 注意	A_1 无意注意	0.25	0.08
	A_2 有意注意	0.50	
	A_3 有意后注意	1.00	
B 兴趣	B_1 一般兴趣	0.25	0.12
	B_2 很有兴趣	0.50	
	B_3 完全被吸引	1.00	
C 搜索	C_1 接触后搜索相关信息	0.25	0.20
	C_2 比较相关信息	0.50	
	C_3 得出自己的结论	1.00	

---

① 本表权重由山东师大、东北师大学生小样本打分统计确定，针对不同目标群体可有不同权重确定方法。

续表

沉浸行为	具体表现	程度分值	权重 W_n
D 行动	D_1 与媒体发布者联系	0.25	0.25
	D_2 与媒体中的商家联系	0.50	
	D_3 直接的购买行为	1.00	
E 分享	E_1 吐槽与点赞	0.25	0.35
	E_2 转发与评论	0.50	
	E_3 购买后、评论与发布	1.00	

沉浸指数（AII）计算公式：

$$AII = (A_n * W_1 + B_n * W_2 + C_n * W_3 + D_n * W_4 + E_n * W_5)/5$$

通过深入洞察观众收看电视行为以及融合媒体使用场景，我们可以发现，所有媒体的传播目标无不是通过上述三个层面与媒介使用者建立某种联结，联结程度有强有弱，能让媒介使用者采取某种行动如购买、点赞、转发、下载等行为的自然为强联结，重度收视观众，其联结强度就高；无人问津的节目或较少人参与的互动设计自然为弱联结。如果用数字描述，这种联结可以为从"1"到"0"的任意数。这里，此数值被定义为"受众沉浸指数"（AII，Audience Index of Immersing），具体到电视观众，可被定义为"观众沉浸指数"，互联网网友可定义为"网友沉浸指数"，或者通称为"用户沉浸指数"。

为此，借鉴电影营销的 AIASA 模式（Attention 注意，Interest 兴趣，Search 搜索，Action 行动，Share 分享）进行沉浸指数的计算，通过建立量表的方式进行实验测量和规模化的大数据统计分析，[①] 其基本测量方法如表 5-2 与 AII 公式所示。表 5-2 中的各项指标权重来自济南和长春两地在校大学生小样本的结构性问卷调查结果，在具体应用中，可根据目标群体进行权重的修正。

恩格斯早就说过，一门学科只有当它能够用数学表示的时候，才能被称为科学。传播研究的理论、方法尤其是定量研究方法都还存在很多空白之处。沉浸指数可为研究者提供一种思路和方向，从而使融合传播效果的测量更加科学

---

① 童清艳.媒体创意经济［M］.上海：上海交通大学出版社，2015：91.

与完善。

也有业内人士在分析电视剧行业发展状况时，不无担心地指出："现在电视剧生产，很少谈原创，都在谈数据；很少谈创作，都在谈 IP；很少谈创作主体，都在谈用户体验。这一切的背后，都是资本在掌控。在资本主宰一切的时代，电视剧生产的目的直奔公司利润增值，直奔资本市场的增值、变现以及化解不少上市影视公司的业绩对赌压力。至于大众文化生产的价值追求当然是被搁在一边了。"[①] 知名学者李良荣指出，中国新闻传媒业已进入新生态和新业态，并且认为，政府规制、技术进步、资本介入、社会变迁是影响传媒业发展的重要变量。[②] 笔者认为，没有强大的资本投入和支持，就不可能产生有强大传播力的内容和媒体，况且，艺术作品和产品的生产原也离不开资本，把"资本""数据"视为价值追求的对立面，实不足取。

事实上，价值的实现并不由传播者单方决定。用户无论是主动还是被动接触媒介，均须通过对各类信息（如图像、声音）进行复杂的加工、消化和表达，从而完成主体和客体之间信息的输入和输出。在这个复杂的自我传播和"人—媒"传播过程中，英国伯明翰学派人物霍尔所提出的"编码/解码"现象或者三种传播状态会呈现出来：一是"主导—霸权"方式，即媒介用户完全理解编码者所设定的预期；二是"协商式"立场，意义是在双方的信息交融中产生，既有传播者的预期成分，也有受众的生成意义成分；三是抵制式或对抗式立场，媒介使用者完全不理会传播者的意图，而是从相悖的方向加以理解，并可能采取与传播者意图相反的行动。

为此，融合传播环境下的传播效果研究任重而道远。

第三节 项目市场运作评判

中国产业经济发展正处于化解过剩产能、消化过剩产品时代，供给侧改革

① 徐华. 当我们谈论电视剧时, 我们在谈论什么? [J]. 综艺报, 2016(14).
② 李良荣, 袁鸣徽. 中国新闻传媒业的新生态、新业态 [J]. 新闻大学, 2017(3).

也在如火如荼地进行当中。近年来，电视广告市场呈现走低趋势，概因观众注意力总和下滑。注意力的下滑显然与媒体供给侧出现问题关系重大。观众不但对媒体传播内容的喜好出现了巨大变化，媒体接触方式和"人—媒"关系也发生了变化。事实上，电视媒体在同时进行两场"战争"，即电视频道"保卫战"和网络媒体"阵地争夺战"。融合传播的探索，其本质是把各种资源进行最优化配置，以在竞争中赢得主动。为此，项目创意方案须对传播趋势、市场效益和运作机制进行描述，以使评判者了解其可行性。

一、传播趋势预测

综合观察分析 1997—2016 年的 20 年间，标志性新闻、现象级综艺节目和热播电视剧节目可举例归纳为表 5-3、表 5-4 和表 5-5。节目内容的呈现与中国社会的政治生态、经济运行状态、文化创作业态和社会整体心态不无关联，甚至是密切相关，表现出对政治要求的敏感反应，对政府要求的积极回应和对社会公众的积极适应。对传媒整体发展和需求趋势的准确预测和把握是创意的前提和条件。

1. 新闻类节目趋势分析

始于 1978 年元旦的中央电视台《新闻联播》，可谓电视媒体最为长寿的新闻栏目之一，也是中国改革开放元年的产物。从开播于 1993 年的央视《东方时空》，一直到 2002 年江苏广电的《南京零距离》亮相，其间新闻类栏目除了时政内容和播报体形式外，创新点乏善可陈。而《南京零距离》的播出，标志着民生新闻时代的开启，更是"百姓事、无小事"之政治生态进化的具体表现。

综合分析融合传播技术发展和"人—媒"关系变迁，笔者认为，当前和今后一个时期，电视新闻节目可能呈现如下几个特点。

第一，直播常态化。电视新闻无论是关注时政还是民生，第一新闻现场都最为重要。随着 5G 移动通信技术的普及，采用直播将变得更容易，也让新闻拓宽新时空。

表 5-3　　　　　　　　　　　标志性新闻节目统计表

年份	新闻联播	南京零距离	拉呱	朝闻天下	新闻1+1	新闻直播间	显著特征
1997	+						政治　政府　国情　国际　播报
1998	+						
1999	+						
2000	+						
2001	+						
2002	+	+					民生　故事　评论
2003	+	+					
2004	+	+					
2005	+	+	+				方言　民生　事件　评论　搭词
2006	+	+	+	+			讲述　故事　评论　清新
2007	+	+	+	+			
2008	+	+	+	+	+		专题　深度　评论
2009	+	+	+	+	+	+	整点　焦点　直播　连线　嘉宾　评论
2010	+	+	+	+	+	+	
2011	+	+	+	+	+	+	
2012	+	+	+	+	+	+	
2013	+	+	+	+	+	+	
2014	+	+	+	+	+	+	
2015	+	+	+	+	+	+	
2016	+	+	+	+	+	+	

注："+"号代表本节目具有相应的显著特征。

第二，播报个性化。融媒体时代、共享的新闻事实、众多的传播渠道，给了媒介使用者多种选择，播报个性化必不可少。主播的个人特征将成为新闻品牌的关键要素，让新闻更具新特色。

第三，内容故事化。听故事、看情节是人的本性。故事化的新闻更有温度，更易理解和接受。喋喋不休的高谈阔论，高高在上的学术解读，不如津津乐道的故事来得贴近、实在、入心，因为这能让新闻更有新温度。

第四，观点数据化。智能媒体建设使得数据的获取不再困难。节目要善于分析新闻发生背后的逻辑，调查新闻发生以后的走向，让观点有事实和可视化数据的支撑，从而让新闻更显新厚度。

第五，信息意义化。在网络媒体的冲击下，传统媒体因其事业属性，必将由信息事实传播转向价值传播。在信息泛滥过载之时，提供核实的客观信息和有深度的思想，能够让信息更具新意义。

2. 综艺类节目趋势分析

中国综艺节目发展历程大致可分为四个阶段：第一阶段，1998 年前，以表演类为主的晚会阶段，如中央电视台春节联欢晚会；第二阶段，1998 年后，以游戏为主的娱乐阶段，以《快乐大本营》为标志；第三阶段，2000 年后，以益智为主的竞猜时代如《开心辞典》；第四阶段，2013 年后，以生活体验为主的真人秀时代如《爸爸去哪儿》。十几年来，现象级综艺节目各领风骚，如 2004 年的《超级女声》，2007 年的《我爱记歌词》，2010 年的《中国达人秀》《非诚勿扰》，2012 年的《中国好声音》，2013 年的《爸爸去哪儿》《汉字英雄》《中国汉字听写大会》，2015 年的《欢乐喜剧人》，2016 年的《中国诗词大会》等。不难看出，2004 年之后，新节目的推出节奏明显加快，自主原创节目增多。那么，今后的综艺节目会走向何处呢？

表 5-4　　　　　　　　　　现象级综艺节目统计表

年份	快乐大本营	开心辞典	超级女声	星光大道	快乐男声	非诚勿扰	中国好声音	爸爸去哪儿	欢乐喜剧人	中国诗词大会	显著特征
1997	+										主持群
1998	+										游戏　歌舞
1999	+										艺人专属主题
2000	+	+									
2001	+	+									趣味　益智
2002	+	+									紧张　幽默
2003	+	+									
2004	+	+	+								歌唱　海选

续表

年份	快乐大本营	开心辞典	超级女声	星光大道	快乐男声	非诚勿扰	中国好声音	爸爸去哪儿	欢乐喜剧人	中国诗词大会	显著特征
2005	+	+	+	+							才艺　展示
2006	+	+	+	+							
2007	+	+	+	+	+						歌唱　海选
2008	+	+	+	+	+						
2009	+	+	+	+	+						
2010	+	+	+	+	+	+					相亲　价值 生活　家庭
2011	+	+	+	+	+	+					
2012	+	+	+	+	+	+	+				音乐　点评
2013	+	+	+	+	+	+	+	+			明星　亲子 教育　生活
2014	+	+	+	+	+	+	+	+			
2015	+	+	+	+	+	+	+	+	+		喜剧　竞演
2016	+	+	+	+	+	+	+	+	+	+	诗词　文化

注："＋"号代表本节目具有相应的显著特征。

英国 ITV Studios 节目模式主管 Ella Umansky 认为，"想做全球爆款的节目，就一定要有一个普适的主题，比如与爱、美食、竞争、金钱相关的内容，大家都能看懂也都了解。另外，观众越来越不喜欢看太过于结构性的、编导干预过多的节目，而是希望看到真实的节目"①。她还认为，"在周末的时候，大家还是会看一些长的节目。观众在不同的时间喜欢看不同类型的节目，这对于制作人和播出方来说是件好事情，因为更广泛的喜好意味着更多的机会"②。为此，我们有理由判断，随着人民对美好生活的向往和追求，中国进一步扩大开放和国际交往增多，娱乐性教育、科学、生活服务节目，将可以提升百姓的生活品质；异地旅行体验将带来新鲜刺激；中国人在异域或者外国人在中国经历文化体验的真人秀节

---

① 彭侃. ITV 背后的研发秘密——专访 ITV Studios 节目模式主管 Ella Umansky［J］. 中国广播影视，2017(8 上).

② 彭侃. ITV 背后的研发秘密——专访 ITV Studios 节目模式主管 Ella Umansky［J］. 中国广播影视，2017(8 上).

目等，将带来更为全新的视觉体验，所以，媒体人不妨做出相关创意探索。

回望人类发展史，每一次重大技术的诞生和应用都对传统艺术产生重要影响，甚至是促发新艺术门类的产生。电视来自技术，也必将被更新的技术所驱动，譬如 VR 和 AR 技术已经开始了新的吸引注意力之旅。有研究者预见，VR 节目创新和领域拓展，应该以"美食、教育、科普、旅游、航天、房地产、体育、电影、电视、娱乐、主体乐园"等领域为横轴，以"画中画、过渡、跟踪、抠像、三维字幕、3D 角色、拼接"等节目创新手段为纵轴，进行融合创新……最终构筑起我国 VR 内容产业的高地。[①] 为此，综艺节目中引入新技术，必将带来全新的视听觉体验。

媒介消费趋势是项目创意人必须要了解和洞察的。从视频长度来分析，短节目受到越来越多的欢迎，视频网站的风生水起即为明证。国际知名制作公司的高管们早已观察到了这种变化。荷兰 Talpa 公司全球制作总监 Etienne de Jong 认为，"未来每天十分钟的视频片段节目可能相比一周一小时的节目更受欢迎。虽然当节目时长缩短到五六分钟时确定很难出现爆款，但是如果有好的内容和角度，哪怕是网络平台上五分钟的视频也会比传统卫视的节目更受欢迎"[②]。为此，Etienne de Jong 还认为，"很多电视台还在播一小时以上的长节目，但是现在人们都在手机上看节目，没有耐心看长篇内容。他们应该随机应变，改变节目内容的长度"[③]。针对媒介使用者的行为变化事实，无论是创意人还是创意评判人都是要给予充分重视的。

3. 电视剧趋势分析

无论是以马斯洛的需求理论来分析趋势，还是从人们的审美总是会疲劳这一定论角度，抑或从产品周期理论判断，新闻、综艺总是会在"火爆"一定周期后出现"冷场"，各领风骚三五年，甚至二三年。聂乃知的总结甚有道理，

---

①　高红波.中国虚拟现实(VR)产业发展现状、问题与趋势[J].现代传播,2017(2).

②　彭侃等.如何打造综艺节目的价值漏斗——专访 Talpa 全球制作总监 Etienne de Jong[J].中国广播影视,2017(8 上).

③　彭侃等.如何打造综艺节目的价值漏斗——专访 Talpa 全球制作总监 Etienne de Jong[J].中国广播影视,2017(8 上).

"没有一个民族是会娱乐至死的，中国也并不比其他国家和民族更好娱乐。现在看来，那些霸屏的综艺秀只是在一段时间内起到了代偿作用。在短期的娱乐集中喷发和代偿之后，当人们感受不到太多价值输出和价值含量的内容时，内在需求就会悄然发生转变"[1]，电视剧亦如此。

表 5-5　　　　　　　　　　　　热播电视剧目统计表

年份	还珠格格	西游记	大宅门	金粉世家	亮剑	乔家大院	武林外传	媳妇的美好时代	甄嬛传	父母爱情	显著特征
1997											
1998	+	+									传奇　真情
1999	+	+									勇敢　反叛
2000	+										
2001	+	+	+								传奇　诚信
2002	+	+	+								真情　担当
2003	+	+	+	+							爱情　真情
2004	+	+	+	+							寓意　传奇
2005	+	+	+	+	+						真情　无畏 英雄　传奇
2006	+	+	+	+	+	+	+				传奇　搞笑
2007	+	+	+	+	+	+	+				讽刺　批判
2008	+	+	+	+	+	+	+				
2009	+	+	+	+	+	+	+	+			真情　向善
2010	+	+	+	+	+	+	+	+			喜感　清新
2011	+	+	+	+	+	+	+	+	+		权谋　矛盾
2012	+	+	+	+	+	+	+	+	+		争斗　精细
2013	+	+	+	+	+	+	+	+	+		
2014	+	+	+	+	+	+	+	+	+	+	家庭　百味
2015	+	+	+	+	+	+	+	+	+	+	爱情　亲情
2016	+	+	+	+	+	+	+	+	+	+	

注："+"号代表本节目具有相应的显著特征。

---

[1] 聂乃知.《朗读者》的现象级成功:不容易,有深意[J]. 媒介,2017(6).

2015 年前后，围绕纪念抗日战争胜利 70 周年，出现了大批抗战剧甚至"抗日神剧"，在某种程度上倒了观众的胃口。笔者选出近二十年来收视指数高、网络点击量大、学术研究较多的十部电视剧目略加分析，如表 5-5 所示。

可以看出，在选题方面，带有传奇色彩的年代剧受关注较多，如《还珠格格》《大宅门》《金粉世家》《乔家大院》《甄嬛传》，占据了大多数，其时代背景与荡气回肠的故事，打动了观众，引发了共鸣。情景喜剧《武林外传》比肩《我爱我家》，被称为巅峰之作。1986 版和 1998 版《西游记》每到暑期就会亮相荧屏，百看不厌，成为经典中的经典。《媳妇的美好时代》《父母爱情》以细腻的笔触，似工笔般描绘甚至是再现了中国不同年代的生活原貌与人间爱情、亲情和温情。这些剧目所展示的中国人的幸福生活、中国家庭故事甚至在非洲、中东国家都引发了关注和热议，收视爆棚。

由此可以判断，无论怎样的时代背景和故事，"情"与"爱"两个关键字必不可少，因为人是感情的动物，即便是《亮剑》这类硬汉剧也有爱情、友情和亲情。早在 2013 年的上海电视节期间，在一场"多屏时代下的中国电视剧发展趋势论坛"上，克顿集团董事长吴涛就说过，"最重要的主题——爱可以战胜一切，你要做的是怎么用新鲜的东西来包装这个东西，让人产生共鸣，感受到爱，感受到爱就战胜了一切，让你的梦想成功"[①]。对观众而言，无论是哪个年龄段，何种职业背景，内心的追求都是不变的，至今，笔者依然认为此言甚有道理。

二、市场效益评判

众所周知，电视媒体创意、生产、覆盖和宣推各环节都需要大量资本，市场效益是实现再生产的必要条件。如何评判创意的项目能否取得预期效益？从哪里获取效益呢？可从如下几方面考察。

第一，市场成长性。项目开发内容资源所涉及的广告、产品或服务市场成长性如何，是关系到项目本身能否获得可持续发展资源的重要一环。高成长性

---

① 摘自笔者现场记录。

的市场，意味着产品和服务本身要与人们的"刚需"相对应。精心的规划和开发，能够让项目融进产业链条当中去，使节目常办常新。为此，创意团队必须对相关市场进行调研，并做出判断。

伴随着中国家庭可支配收入的持续增加，用于教育投资的资金随之增长是不言而喻的。以中国教育电视台《中国艺考》为例，该节目以艺考为切入点，在舞台上展现音乐表演、影视表演、播音主持、传统戏曲四大专业艺考的过程。① 节目以综艺的形态把神秘的考场呈现出来，悬念频出，引人入胜。中国艺考衍生出相关艺术培训，是具有高成长性的市场。数据表明，音乐、舞蹈和美术是艺术培训行业的主要科目。截至 2013 年年底，我国艺术培训行业产值已达 335 亿元，2014 年年底，达到了 400 亿元，并且正以每年约 20% 的速度增长。未来五至十年，艺术教育市场将发展到上千亿元的规模。② 再如，山东教育电视台经过论证，于 2016 年启动了《中国梦 校园情 山东省中小学校园艺术节》项目，这是一个线上节目与线下活动、培训密切关联的项目。项目整合了山东省内数百家艺校和培训机构参与，以卫视平台的艺术展演为出口，推动艺术作品竞演、评奖、考级，艺术机构评比，师资资格培训，名家指导等资源对接，借以撬动千万元数量级的市场规模。

第二，电视、网络、电商（简称台网商）联结度。台网联播、台网联动以及台、网、商联销成为获得市场效益的新方式。早在 2013 年《爸爸去哪儿》播出期间，湖南广电就推出"芒果扫货"App，摇一摇便可达到"所见即所买"功效，实现了电视、网络与电商之间的融合传播和商品销售的无缝对接。

其他典型节目如《女神新装》《爱上超模》等也都有相应的营销设计。以《女神新装》（又名：女神的新衣）为例，节目由"72 小时全方位跟拍制衣真人秀 + T 台秀 + 现场竞拍"等环节组成，首次将传统电视、时尚综艺、明星、电商、消费者各大元素跨界整合。明星们不再是花瓶，需要与设计师们共同完成"新装"的设计、制作、展示和竞拍全过程。电商买家 D2C、尚品网、茵

① 周华.中国教育电视台《中国艺考》节目的产业运营浅析［J］.当代电视,2017(4).
② 2015—2022 年中国艺术培训市场全景调研与投资前景预测报告［EB/OL］.（2015-06-08）.
http://www.chyxx.com/research/201506/323167.html.

曼、聚美优品、明星衣橱、Five plus、Ochirly 参与竞拍来获取女神新装生产权，最后消费者通过独家销售的电商平台下单购买。节目播出期间，观众也可通过"摇手机"抢购红包及现时折扣购买女神同款的机会，完成观众与用户之间的转换。12 期节目在东方卫视播出期间，平均收视率为 1.12%，收视峰值为 1.31%，最后以 1.29% 收官。从观众特征来看，25—34 岁女性占比最高，超过 3 成，大学以上学历背景人群占比 31.7%，集中度为 117.9%。①

　　值得一提的是，《女神新装》之"电视 + 网络 + 电商"模式的节目在收获收视的同时，通过制造"明星同款""解构英伦时尚"等概念来推动网购平台，将观众上升到用户概念，把传统的电视屏幕作为引流入口。这有别于传统的电视购物频道，它更注重利用节目间的"明星效应"和"超模效应"，在潜移默化间刺激观众的消费欲望，并通过紧密的环节设置连接起观众的日常生活消费；与此同时，也提高了电商平台的知名度，带动其流量和业绩，在"互联网 +"的基础上迈向"产业 +"。

　　第三，品牌植入度。较早的品牌植入节目如央视播出的《幸运 52》，至后来天津卫视播出的《非你莫属》，再到中国教育电视台、山东教育电视台联合播出的《全国大学生广告艺术大赛》都是企业品牌植入的典范之作。品牌植入度高且不生硬，企业也有更多机会展示品牌理念、企业文化和产品定位，尤其是把企业品牌转化为可见可亲的老板或企业代表，使品牌有了温情和温度，易于为观众所接受，比中断节目插入广告的做法更加入眼和入心。

　　多年的媒体实践表明，提交创意方案的媒体人经常陷入的误区包括：一，主观上认为能够协作并利用的资源，由于在创意案形成前期没有与资源方进行接触和商谈，造成在实际运作过程中打折扣，甚至是完全无法配合或利用的情况；二，对市场缺乏实际的一线调研，数据来自二手或者过期的资料，导致数据支持出现较大偏差；三，企业界有一句流传甚广的名言——"细节决定成败"，这句话强调项目要有可操作性的执行方案，否则，再高明的创意也可能毁于细节的不到位。为此，成熟的创意方案中必须配套可以执行的步骤方案

---

　　① 数据来源：广视索福瑞数据库。

甚至包括应对意外的替代预案，这已被很多成功的项目所证明。早在十年前，某些媒体执行环节的标准化就已开始了。譬如，在新闻选题标准化方面，一些媒体实行了包含细节的申报表，其中，"主题""事件""背景""结构""细节"等必须要有详尽的文字加以叙述；① 在管理方面，早在 2002 年，央视新闻评论部就获得中国首家 ISO 9001:2000 质量管理体系认证，开启了管理标准化的先河。

三、运作机制评估

中国拥有深厚的文化资源，为什么产生不了行销世界的创意呢？中国广电媒体为什么没有普遍形成良性循环的创意氛围呢？

有研究者指出了其中的缘由：国内的电视台也有策划会，但大多是制片人说了算，很多节目的主管领导经常用自己的意见左右新点子的命运，新点子得不到应有的鼓励和发展，也很少用各种法则与工具对一个点子进行补充和完善。② 试想，如此决策机制，不但会扼杀创意的点子，而且会极大地挫伤创意的动力，破坏创意的土壤。长此以往，节目创意就会围绕领导的意志进行，创意资源慢慢枯竭自不待言。

原创能力偏弱是中国广电媒体内部的顽疾，研发机制不健全更成为顽疾的根本原因之一。他山之石，可以攻玉。先进国家的经验可以给出启发与借鉴，其中，完善的激励措施、无拘无束的工作环境、研发小组的成员构成和资源整合能力尤为重要。在这方面，国内一些民营公司倒成了先行者，如上海唯众传媒等。唯众传媒 CEO 杨晖就提出了智娱时代的创意管理概念，其创意流程主要包括：针对内容——要进行垂直细分，题材突破，形态创新；针对用户——要明确目标人群，切入痛点，满足需求；针对营销——要精准投放，延展受众，扩大影响。③ 该流程在公司推行后，效果甚佳，受到广泛关注。

激励措施。英国以生产创意领先全球，譬如，Channel 4 的定购节目主管每

---

① 参见：王哲平. 电视节目策划新论[M]. 杭州：浙江大学出版社，2015：35-36.
② 张帅. 电视创意研发机制，世界前三名有哪些经验可借鉴[J]. 中国广播影视，2015(3 下).
③ 资料由杨晖本人提供.

周要花约五分之一的时间用于搜集创意点子，与独立制作公司创意团队一起研究新创意。公司从上到下都为贡献自己的创意而努力，形成了良好的内部氛围和外部开放环境。再以美国为例，每个电视网差不多以广告收入的 5% 用于购买创意案和样片，如创意的概念、脚本和节目的小样等。

工作环境。宽松的工作环境非常利于产生新鲜的创意，刻板的环境常常会扼杀灵感。荷兰知名的电视节目模式公司 Endemol，制度性地安排创意人员离开办公场所，转移到其他能放松的环境中，以激发灵感和创意的产生。

研发小组。成员的教育和生活背景差异性越大，产生碰撞的火花越大越多。若团队成员教育学科背景、层次相近或相同，尽管工作沟通的成本较低，但是，思维方式越趋同，越不利于差异性的产生。成员间必须完全平等，没有上下级，没有主导，其中若有领导，也只是组织者。创意源头为生活本身，而不是闭门冥想。这是因为，个人的世界始终是有限的，必须去深入体察千姿百态的人生，洞察千差万别的人生需求。① 艺术来源于生活依然是创意的铁律，对公众行为的细致观察与分析是创意的基础。

资源整合能力。要考察团队的执行能力，具体包括：一，核心人员，其价值观要与平台相一致，而不是临时外包并以单项目利润为诉求。二，项目的融资能力，包括对项目失败的抗风险能力。三，艺人关系，包括是否了解圈内背景和艺人特长喜好以及是否具备选准与管理合适艺人的能力。四，技术支撑系统，包括前期拍摄的基础设备和特种设备、后期编辑系统和包装系统的完整统一。五，宣推体系整合传播，包括节目卖点的策划、提取能力和外宣资源置换能力等。

总之，只有不断激励创新行为，才可能产生源源不断的新创意；更要容许试错，才可能让更多人勇于承担创意型项目，从而走出一条基于深厚文化资源、吸引内外创意人才、集纳社会更多资本、集成先进技术于一体的中国特色媒体融合创意传播之路。

---

① 张帅.英国经验:节目创意质量有基础、有工具[J].中国广播影视,2015(3 下).

附录一

《一起走吧》创意方案

综 述

亲子游项目的开发秉承家庭教育作为频道特色之一的主旨，既符合家庭收视习惯，还可与线下的产业开发密切相关。

■ 创意理念

该节目将围绕上级主管部门对教育频道提出的"三性"特质进行。"三性"当然不是教条式的宣教，而是在追求电视艺术感染力中，进行巧妙地体现，由观众去体会与品味。

1. 教育性。关键词：亲子教育（家长与儿童一起成长）、言传身教、读万卷书，行万里路、关爱、协作、分享。

2. 公益性。活动包括：开发具体的公益主题行动，而不是空虚的口号，如以某种公益行动换门票（如捡拾垃圾）、以公益宣传换食物、绿色出行（电动车）、环保宣传、帮助他人。

3. 服务性。关键词：旅游内涵展示、旅游攻略展示、以体验为主、摄影技能培训、小记者采访培训。

4. 代际沟通＋真人秀。在规定情景中的亲与子的真实表现——设计是虚构的，但表现是真实的。

■ **创意特点**

1. 纪录手法运用：多机位记录感人细节，表露和展现实情。

2. 真人秀的不确定性：尽管有创意和设计，然而，并不会像专题片那样，事先有大纲、脚本、台词和精细的分镜头脚本以及摄像镜头的详细分工；但每小组两个摄像之间要有机地配合和穿插，不可落掉关键和出彩镜头。

3. 真景、真人、真事、真情：真人秀的感染力就在于此四"真"。因为，过往的"专题片""文献片"等，无论是内容还是形式都基本上不受欢迎了。

4. 故事、角色、剪辑：真人秀节目属三个层次的故事创意：事先的策划；现场的应变、策划与放大；后期剪辑的故事化和角色强化。

一、需求分析

（一）目标电视观众

以《爸爸去哪儿》为例，如图 1 所示，观众群体中女性占多数，且三个高

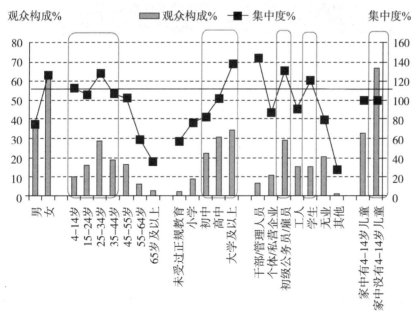

2013 年《去哪儿》观众构成与集中度（71 城市）

数据来源：CSM媒介研究

图 1　消费调查数据

点均与湖南台总体收视群体重合度较高，更与湖南台家庭教育定位相吻合。5—10岁儿童及其家长（父子、父女、母子、母女）是重度收视群体及相关产品的主要消费群体。

（二）目标群体消费习惯

2014年，CTR所做的消费调查显示出目标群体强大的消费力。如图2所示。

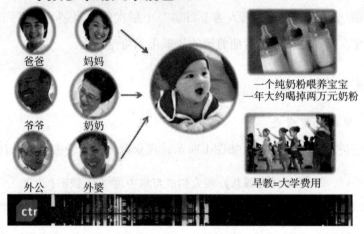

图2　消费行为示意图

（三）目标群体媒体消费习惯

CTR所做的群体习惯研究表明，5—10岁孩子的家长更愿意陪伴孩子成长，而不像70后以前的人，把事业成功放在第一位，家庭生活放在第二位。因此，他们花费更多时间陪伴孩子做游戏、看电视、一起参加户外各种活动等；同时，他们对有关孩子身心健康的用品以及知识的获取也是非常主动和积极。

二、资源分析

（一）体验地

适合亲子互动的空间非常多，可分成三类：一类是大自然空间；第二类为人文空间；第三类为自然与人文相结合的空间。城市和农村也是两种完全不同的空间，但有些地方是两者的有机结合。因此，如何选择体验空间，取决于体验主题的设计。

1. 传统文化。体验纯粹的民俗风情大约是成人的想法，其实，在城市孩子中，他们对这些东西并不是特别感兴趣，要经过特殊的设计，譬如设计成游戏的方式，他们才可能有体验的兴致。

2. 农耕文明。都市生活造就了城市孩子被现代物质和精神文明成果所包裹，很少有机会体验农耕文明，理解一日三餐的不易。

3. 科技园区。生活物资的充裕来自产业工人的劳动。从大城市到乡镇，到处都是大大小小的厂房，里面是一个个产出价值的岗位，有太多书本中看不见和学不到的东西。

4. 知识和文化的生产地。出版社、广播电视台、报社、剧团、体校、影视公司、动漫公司、杂技团、文化创意园区等是精神产品的来源地。其中的奥妙与神秘层出不穷。

（二）主管部门

1. 旅游

旅游主管部门的意愿，是想把观光游引向更深入的体验游，但是体验要有游客参与才可以完成。游客需求是多元的，如何开发与设计需要媒体营销传播的参与。

2. 宣传

近些年来，各地的文化事业与产业发展成为地方宣传部门的重要工作内容。其中，文化旅游是重点开发的项目。事实上，景点直白的介绍与推介式电视栏目并不受观众的欢迎。体验游正是迎合了这种宣传与推介需求。

3. 教育

在传统教育理念中，"读万卷书，行万里路"是静与动两种学习方式的完美结合。现代教育体制下，人们似乎忽略了后者，导致重视学科书本知识，轻视社会体验和观察，与社会甚至家庭生活相脱离。高分低能影响了儿童全面健康成长。

亲子游既可以增进感情、体验生活，更可以动手、动脑、锻炼身体，进行一定程度上的挫折教育，以提升孩子的自我管理能力和团队沟通协作能力。

（三）合作机构

亲子沟通真人秀旨在通过真实的记录，展现真实的经历、情感，引发话题讨论，寻求解决提升之道；并且，可以通过线下海选、线上播出等多种方式带动体验地的主题旅游，从而成为一种亲子主题游。为此，相关旅游部门的参与也是有帮助的。

1. 旅行社

旅行社对安排组团有经验，尤其是对于食、住、行等可以安排周到，价格也低。

2. 旅游院系

旅游院系的老师可帮助提升活动策划水平，对旅游产业链设计提出更好的建议。学生也可以参与活动当中，充当助理角色。

3. 旅游网

网络订购旅游产品，甚至由旅游网代为制订旅游计划正在成为越来越多人的选择，同时，旅游网也在积极推介自身品牌，因此，真人秀节目可以与此类业务进行资源转换。

4. 赞助企业

真人秀节目由于场面宏大、变化多，对于植入式广告操作比较便捷、自然，痕迹不突出，易在不知不觉中留下印象，不易令观众反感以至接受，效果较好；另外还可以与故事设计、场景设计、过程设计充分融合。

（四）资源特点

亲子真人秀涉及多种资源支持与开发，开发到位，可以形成较长的产业链条和生态，以促进相关业务的开展。相关资源的特点如下：

1. 可持续性

亲子真人秀涉及的主要资源包括体验地和体验人。前者从城市到乡村，从大城市到小城市，从省内到省外，从国内到国外，可以说是没有穷尽；而后者，愿意进行亲子互动的家长和儿童越来越多，一茬接一茬，尤其是在周末和假期，体验者更为集中。

2. 可延展性

亲子真人秀通过海选等环节，可以建立起与体验者的紧密联系，形成有规模的群体，开展相关的线下活动，如体验目的地评选、旅游日记、体验图册、摄影技艺培训以及摄影摄像比赛等各种互动表达活动，这样，不可见的观众就可以提前变为用户，不但获得直接的经济效益，还能为频道提供活动素材，同时推动收视提升。

3. 可复制性

亲子真人秀形成模式后，可以在不变的框架内，设定可变的元素，针对不同年龄、家庭结构、背景等设定多种版本，从一个栏目拓展成多个栏目，从而以推陈出新的方式避免以往栏目几年一个生命周期、新栏目与老栏目之间无关联的状态，从而有效地避免人员的不适应和观众的流失。

4. 规模性

由于线下的活动可以组织多批次亲子主题游，若活动设计具有吸引力，动员组织得当，其规模可以做到很大。其他媒体类似的成功活动经验也有不少可以借鉴。

三、产品设计

事实上，活动的主题设计有意思，家长和孩子能喜欢是最重要的。这取决于媒体产品的创意水平、执行能力和活动本身的吸引力。媒体产品是涵盖电视版节目在内的套装产品。

（一）电视节目

电视版节目作为核心产品，能起到树立品牌、提升活动吸引力的作用。

1. 季节安排

户外活动受到季节和天气影响较大，一般只安排春末、夏季和秋季三季进行，且需根据体验地的条件和活动主旨要求进行主题设计。

2. 内容主题

内容主题包含如下六个主要方面：行、住、玩、食、做、购。此六个方面的内容不一定在每期都安排，且应当是一种有机的组合。

3. 特色主题

如环保体验、职业体验、工业生产、农业生产、艺术创造、自然地理、民俗风情、出行安全（如迷路、交通安全主题公园）等。

4. 现场环节设计

任务：乡村/工业课堂（如：知识点）

任务：学一样手艺（如：摄影、方言、曲艺）

任务：做一样东西（如：玩具、食品）

任务：帮一人做事（如：农活、工业生产线、维护环境）

任务：干一件事情（如：职业体验）

任务：找一个地方（如：拼景点图或产品图，每组看谁先拼出来，并找到）

任务：秀一样才艺（如：特殊的才能）

任务：玩一样游戏（集体参与，如撕名签或产品 LOGO）

难度设计：一定的难度可以增加竞争性和紧张程度，如拓展训练的变化形式等，再如角色互换（竞选队长、组长）游戏等。依据体验地的具体情况，单独专门设计。

5. 节目体量

每年可以做两季：夏季和秋季

■ 夏季：拍摄：5—6 月，8 个周末，75 分钟 ×8 期；后期制作：6—7 月份；播出时期：8 月份。

■ 秋季：拍摄：7—8 月，8 个周末，75 分钟 ×8 期；后期制作：8—9 月份；播出时期：10 月份。

根据团队磨合情况和资源情况，还可以多做几期。

6. 活动安排

■ 海选

海选是必不可少的环节。海选的目的主要有：一是筛选符合条件的体验者即角色；二是为活动本身造势，提升活动影响面。

体验者的条件包括：

▲ 五个类型的儿童：好动型、较真型、散漫型、害羞型、封闭型

▲ 五个类型的家庭：5 个家庭，每个家庭 2 人 1 组（其中 1 个明星家庭）；双孩家庭（妈妈）、独子家庭（妈妈）、郊区家庭（妈妈）、富裕家庭（爸爸）、单亲家庭（爸爸）

▲ 孩子的选择原则：喜庆、活泼、调皮、个性张扬、有美感

海选方式：与学校联络，在校内设报名点，收集报名信息，现场进行面试。

■ 户外活动

体验地的2天1夜。周六上午到达、周日下午返回。首批体验地要位于济南周边2小时车程内。

（二）内容与结构

每一处体验地都要事先单独进行设计，但是，真人秀节目的卖点就是不可预测性。现场随机应变的设计也十分重要，取决于编剧和导演团队的想象力和构思。

案例：体验地："中国太阳谷"，如表一所示。

表一 中国太阳谷活动方案

内容	主要情节	主要环节构成	冲突/悬念
开头	交代情境、各组人物背景、交代行动动机，家庭准备阶段与细节	家庭组合名称、出发仪式、行动目的地、行动宗旨	个性差异、抢车号、规则制订
过程	任务目的、任务执行地、游戏规则、行动过程	周五晚上，收拾行李，每家10公斤 4S店举行换车仪式，安装安全座椅，出发仪式 途中车内交流，现场任务执行： 到达：选房子规则（酒店、未来屋、别墅屋） （帮园区劳动，角色体验，换取门票：收拾垃圾、整理房间、摘菜） 中午：自做午餐（太阳能烧烤） 下午：电动车比赛，博物馆寻宝图（图为某一种产品LOGO），先找到者先挑选车，奖励菜品 晚上：太阳能球场，趣味投篮赛（孩子指挥，大人投篮） 次日上午：划船比赛＋《十万个为什么》卡片答案寻找宝物 下午：工厂生产线制作小玩具，完成工序。 睡前电话环节	记录孩子的期待感、探索欲差异

续表

内容	主要情节	主要环节构成	冲突/悬念
冲突	任务执行方式、路径、协调步调、观念，类型性格差异表现	大人与孩子的规则冲突；男女家长方式冲突；争先的冲突；安抚方式差异；争吵等	
竞争	争先与效率、拥有与失去、成功与失败、性格与表现、冲突激化与处理	一无所获或者失败的考验；胜利者的争先与成果分享；互相帮助、责任感；冲突反应及处理方式	
高潮	冲突的紧张感、情感细节渲染与强化、孩子的优异表现		
结局	家长会讨论、专家点评		
物料		车贴、拼图、道具	

备注：参与者要交上手机，全心投入。

（三）衍生节目

因真人秀节目存在巨大的张力，话题性特别强，而且丰富，所以，针对参与体验的家庭，结合教育专家、其他家长、教师等，可以创意制作有针对性的"家长一起来"亲子家长会、讨论、访谈等衍生节目。借以扩大节目的辐射面，同时，与其他媒体一起引发更多的话题。

（四）网络主页

1. 海选

设立海选专区，进行网络报名，上传亲子活动视频和儿童情况介绍，门槛是与家长一起唱《一起走吧》主题歌视频，人气旺的提前录用。

排除的条件：曾经去过体验地的。

2. 面试

面试进行录像，好玩的视频发在网上，供网友投票。一周内人气最旺的可录取，发"录取通知书"，签订参加《一起走吧》活动协议。家庭权益，每个参与家庭可获得活动 DVD 一张，精美彩色图册一本，以记录孩子的美好的成长历程。

3. 征集地点

人气高的地点作为备选。事先发布备选地点，展开网络有奖投票活动。

4. 微信、微博

活动过程中，要求家长多发微信和微博，扩大活动影响面。

（五）线下主题体验游开发

1. 与体验地合作，发布特色主题体验游产品。可以分为 A、B、C 版，所含服务项目和元素不同，与旅行社产品差异化。全程专业摄影摄像拍摄，使用摄影、导游相关专业实习生跟拍。

2. 待此种模式成熟，建立体验游基地，进行模式的复制以及排他性保护。

（六）节目基本元素

1. 嘉宾要求

原理：背景层次差异大的群体容易形成冲突和卖点。

相异点：不同城市、不同阶层、不同职业、独生子女、非独生子女等。

共同点：热爱户外活动、热情、幽默、微博、微信粉丝超过 500 人等。

2. 家庭：劳动、比赛、竞争、协作

3. 冲突：教育理念、个人爱好、生活习惯、性格

4. 悬念：意外、结局、残酷、劳作、挫折

5. 真情：情感、情绪、情结、关心、爱心、孝心、体贴

6. 体验：动情、动手、动眼、愉悦感官、成功的欢乐

7. 明星：运动员（开朗、长于户外活动）；企业家（提供赞助、热心教育）

8. 益智：历练、知识（环保、工业、农业、文化、服务职业等知识、技能）

9. 话语体系：亲子团—团员、主持人—团长、导游—辅导员、主题歌

四、传播策略

（一）电视宣传

本频道的推介与传播应是全方位、全视角的。主要的角度有：

1. 海选阶段的造势——让更多人知晓、吸引更多人参与，提高关注度。

2. 拍摄阶段的探班——制造悬念、透露花絮，提高收视期待感。

3. 播前——片段播出，预告时间，有奖收视。

4. 播中——参与互动，有奖收视，获得免费体验游机会（门票）。与网络或平面媒体联动，制造话题讨论，如亲子关系、教育方式等话题。

5. 播后——线下讨论继续进行。后续的访谈节目、谈话节目、辩论节目等。下季招募预告等。

（二）媒体合作

本地报纸（《济南时报》《都市女报》、大众网等）发布相关消息和动态。

（三）广场活动

在节目播出中和播出后，把《一起走吧》中的特色亲子游戏搬到广场展开有奖活动，以贴近观众、提升热度。

（四）校园海选

初期招募阶段，与学校合作，推荐合适的家庭参与活动，并与媒体招募有机结合。

宣传口号：我们身边的《爸爸去哪儿》，想当旅游明星吗？想体验亲子游的快乐吗？想为孩子留下专业摄像为您全程拍摄的成长经历吗？来吧，一起走吧！

（五）车友会

利用合作的4S店所属车友会，扩大招募面和造势面，进一步提升活动期待感。

（六）微信、微博

建立参与人员微信、微博群，在一起玩中，发现参与者的点子碰撞、收集创意，以使节目更感性、贴近心灵。

（七）参考栏目

《爸爸去哪儿》《妈妈听我说》《饭没了秀》《花样爷爷》《有多远 走多远》《远方的家》《暑假去哪儿》《年代秀》。

五、组织架构

（一）最小团队成员与数量

导演	编剧	制片		游戏导演					外拍导演					剪辑导演	技术指导	
1	1	1				1						1		1	1	
导演助理	教育专家	剧务	化妆	家庭A	家庭B	家庭C	家庭D	家庭E	摄像	摄像	摄像	摄像	摄像	场记（后期剪辑）	视频	音频
1	1	1	1	2	2	2	2	2	2	2	2	2	2	1	1	1
合计	34人															
车辆	7辆															

1. 团队管理采用总导演（项目管理人）负责制，成员内部聘用，签订双选协议。

2. 考虑到台内人员结构与水平，宜采取台内外团队优化组合团队实施。

（二）车辆分配

1. 每1组摄像师由2人组成，路途1位摄像兼司机，另一位负责途中摄像。

2. 其余工作人员同乘2辆工作车，每辆车7人。

3. 车型与数量：5辆家庭用车（5座），2辆旅行车（7座）。

（三）海选组织

海选是十分重要的环节之一。海选中角色的选择是成功的重要一环。海选的组织由导演组和部分摄像师共同完成。

六、主要分工

（一）导演组

导演组由总导演（＋导演助理）、游戏导演、外拍导演和剪辑导演和编剧共同组成。主要任务：

1. 研究确定每期主题

2. 研究确定游戏任务内容及规则

3. 现场故事设计

4. 指导拍摄分工与摄像要求

5. 分析、协调、沟通体验家庭成员的角色定位

6. 海选组织与传播设计、实施

7. 合作方的考察、洽谈

（二）剪辑组

1. 会同导演、编剧进行故事强化或重新构思

2. 完成现场场记及素材分类管理编目

3. 设计包装风格与元素

4. 完整的剪辑节目与包装

5. 各类推介小片的创意与制作

（三）技术组

1. 根据拍摄要求，制定技术系统解决方案

2. 提出音、视频设备配备标准

3. 保障设备正常工作

4. 制定设备预案

5. 非常规设备：手持型摄像机 2 台、斯坦尼康 5 台、12 米摇臂 1 台、10 米轨道及推车、6 旋翼无人机航拍设备 1 套。

（四）推介组

1. 媒体合作与推介进程协调

2. 话题与卖点炒作

3. 粉丝互动设计与活动

（五）营销组

1. 客户沟通

2. 广告洽谈

3. 主题游销售

4. 培训项目设计与执行

（六）剧务组

1. 交通协调与保障

2. 生活安排与保障

3. 安全措施与保障

七、研发难点

1. 任务（剧情）设计

2. 嘉宾选定与沟通

3. 非明星效应（看点）

4. 传播效果最大化

5. 同期声录制

八、资金预算

需要支付的资金包括三个主要部分：本台人员的绩效；外包、外聘人员的劳务以及相应设备；需要购买或租借的非常规设备。

其中，外聘人员：教育专家 1 名、游戏导演 1 名、摄像师 5 名及航拍摄像师 1 名，剪辑师 1 名。

春季版（4 个周末，8 天）最低制作成本：

人员		设备（租）				
台内	外聘	航拍机	斯坦尼康	微型摄像机	摇臂	轨道
10	12	1	5	5	12 米	10 米
400 元/日/人	1000 元/日/人					
32000	96000	20000				
合计		148000 元				

《一起走吧》主题歌

1=bB　　4/4

（旁白）周末了，放假了

（少儿）爸妈我们好想出去啊

（爸妈）为什么呀

（少儿）老师说，读万卷书，也要行万里路嘛

（旁白）是这么个理啊

（合）来吧，一起走吧 Come on let's go!

（前奏共10个小节，每小节4拍。空一个小节开始说旁白，在第九小节结束旁白念完）

```
3 0 1 0  3 5  5 | 6. 5  4 4  4 |
小 鸟 叫 喳  喳，  树 叶 沙 沙 沙。

3. 4  5 6  5 3  1 | 7. 1  2 1  7  5.|
大 手 拉 着 小 手  ，离 开 温 暖 的 家。
```

（间奏空拍一小节）

（少儿）妈妈，看，土豆! bB———|

（妈妈）宝贝，那是地瓜! G———|

（众少儿）哈哈哈哈 bE———|F———|

```
3 3 4  5 1  7 6  5 | #4. 5  6 7  5 - |
摘 一 朵 野 花 当 发 卡，送 给 妈  妈。

3 3 4  5 1  7 67  1 | 2 2 1  7 5  1 - |
编 一 串 草 帽 当 围 脖，送  给 爸 爸。
```

（间奏空一小节，共四拍开始下面的旁白）

（合）放下作业，放下工作，我们出发，出发……

（旁白）周末了，放假了

（少儿）真想出去透透气啊

（爸妈）又乱跑啊

（少儿）爸妈工作很辛苦，想请你们放松一下

大型代际沟通真人秀节目主题曲

作词、曲：老白
编曲：史明同

游戏一　七巧板拼图——谁的笑脸

一、物料

1. 5 张双面卡纸板，尺寸：30×30cm。

2. A 面为 5 个孩子的大笑脸，B 面为某型太阳能微厨图片，彩色印刷。

3. 7 张透明有机玻璃板 +7 张打印好的七巧板图形。

二、游戏规则

本游戏由三个环节组成：拼笑脸、找微厨、选食材

1-1、每张卡板被事先切分为七巧板，共 35 块，分散放置在博物馆各处（如产品展示柜、太阳神图板后等）。

1-2、孩子们各自寻找，找到后跟大人一起拼接，谁先拼出来，谁胜出。当拼不出来时，可以跟别家交换（主持人事先并不讲明）。

1-3、在寻找过程中，可以请求馆内服务人员帮助。服务人员或主持人只可以给出适当的提示，但不能直接给找出来。

2-1、各家交换到手自家孩子的笑脸卡，背面即是制作午餐需要的微厨。

2-2、按图找到场地上各家对应的微厨，由讲解员介绍使用方法，注意事项。

3-1、共准备了 15 种食材，数量没有限制，各家可以互换，互送。

■ 鸡翅、鸡腿、火腿片、羊肉串

■ 地瓜、土豆、玉米、大米

■ 西红柿、菠菜、鸡蛋、紫菜

■ 豆腐皮、黄瓜、芹菜

■ 各种调料

3-2、第 1 名可选 5 种食材、第 2 名选 4 种、第 3 名选 3 种、第 4 名选 2

种、第5名选1种。

3-3、交换给别家的食材可再选用1次。

家长们可以在一起，也可以跟孩子讨论菜式，发挥集体的智慧。

三、游戏的看点

1. 拼图竞争——紧张

2. 广告植入——寻找过程中路过

3. 拼图失败——情绪控制

4. 交换食材——同情失败，学会分享

5. 共享厨艺——动手的快乐

四、地点

中国太阳谷博物馆及馆外场地

游戏二　巧手大比拼——我上生产线

一、物料

1. 太阳能热水器装配线、产品标签及合格章

2. 微厨彩色标签

3. 太阳能小飞机模型散件若干

4. 太阳能驱动汽车

二、游戏规则

在进入包装线之前，从一楼热水器生产线走过，拍下部分镜头。

本游戏由三个环节：贴标签、装飞机、玩汽车

——贴标签

1. 在热水器装配线上，完成两道工序，贴合格证，盖合格章。每个家庭20个，由工人做评判，是否合格，计算合格率。每一个合格产品，可以获得5分钟玩电动车练习时间。

2. 在微厨生产线上，每个家庭打印2张个性标签纸，粘贴在微厨上，由师傅点评是否合格。每一个合格产品，可以获得5分钟玩电动车练习时间。

——装飞机

装配太阳能飞机，每个家庭装配20个，看谁家用时短，合格率高。每一个合格产品，可以获得1分钟玩电动车练习时间。

——玩汽车

1. 移库比赛（限时间）

2. 弯道比赛（不犯规）

先到终点者胜出。每个孩子都可以获得厂家赠送的玩具飞机一个。

三、游戏看点

1. 换工装——自理能力

2. 贴准确——动手能力

3. 家长安抚不适应车间环境的孩子——情绪控制

4. 单调的工作——耐心的培养

5. 电动车失败——失败心理调适

四、地点

相关车间、太阳谷博物馆赛车道

游戏三　看谁划得快——分享的快乐

一、物料

1. 15 张图卡，尺寸：30×30cm，15 个成语故事

2. A 面印刷 4 格漫画，B 面为相应的成语（字体、色彩活泼），彩色印刷

3. 15 种食材（与前一天略有不同）分装在纸盒中

■鸡翅、鸡腿、生猪肉、羊肉串、鸡蛋

■南瓜、莲藕、四季豆、芹菜

■西红柿、胡萝卜、菠菜

■豆腐干、黄瓜、芹菜

■各种调料

二、游戏规则

本游戏由三个环节构成：看图猜成语、划船取食材、欢乐午餐

1. 在湖边的网栏上事先放置成语板，A 面朝向湖面，B 面朝桥。家长划船从码头出发，到达最近的图板，由孩子看图猜成语，主持人在桥上核对答案。

2. 猜对后即可划向对岸取自己喜欢的食材，取到后再返回进行第二次，直到全部食材取完……待全部食材取完后，主持人宣布比赛成绩。

3. 开始午餐制作。食材多的家庭，由孩子挑选自己喜欢的小伙伴，把自己家一种菜送给他们，也可以多送。被送的小朋友家长在做好饭后，要给评价，评价方式为送太阳花，每个孩子有 5 朵太阳花，评价好就多送。

4. 每家都要送至少一样食材给他家。如果只取得一种，就是跟别人家交换。

要点：

1. 获得较多食材的家庭有权力请别家家长帮忙做菜，送给任一家。

2. 如果小朋友不愿意送食材给别人，家长要做工作。

3. 必要时，主持人可给予一次提示。

三、游戏看点

1. 猜成语竞争，获得更多取食材的时间——紧张

2. 广告置入——食材的包装箱

3. 猜不出答案——孩子情绪安抚

4. 送伙伴食材——辛苦地抢到自己喜欢的食材，却要送给别人，学会分享

5. 展示厨艺——集体用餐的欢乐

四、地点

湖面、木桥、湖边的未来屋

游戏四　穿越时空的大餐

一、物料

1. 无线电发射器 4 个（包括一个移动信号源）、5 个耳机、地图 5 份（标注物品所在区域）、任务卡 5 张。

2. 地锅 1 个，太阳能微厨 2 个、煤气灶具 1 组、锅碗瓢盆 3 套、水桶 2 至 3 个。

3. 打火机 1 个、火柴梗一盒、凸边镜 5 个、纸若干、柴火若干、干草若干。

4. 五套厨师服装。

5. 食材打乱分成五份，具体包括：

■ 咖喱调料 2 盒、虾酱、所需其他调料、玉米面、大米

■ 南瓜、地瓜、土豆、芋头、鸡翅、牛排、鱼、鸡块

■ 大白菜、粉条、豆腐、胡萝卜、土豆、洋葱、5 根黄瓜

■ 菜地种植的时令蔬菜

二、游戏规则

由三个环节构成："按'谱'索菜""谁是大厨""欢乐午餐"。

1-1、"按'谱'索菜"——按照规定菜谱，找全食材。在指定位置放好五组食材和 4 个信号接收源，其中一台可控信号源及咖喱调料放在主持人身上，时令蔬菜由两位小朋友去菜园里采摘。食材寻找完毕开始做菜，由家长协商做菜使用的炊具与菜品，要求三种炊具（地锅、太阳能、微厨）至少选择一种。

1-2、"谁是大厨"——午餐做好后，评选"最棒大厨"。家长身着厨师服站在餐桌前，孩子们品尝菜品，并将手中持有的黄瓜，送给心中的"最棒大

厨"。评选完毕，开始进餐。

1-3、"欢乐午餐"——吃饭时，五组家庭一起聚餐，吃完饭，孩子要用自己的方式感谢家长。

2-1、移动信号源可控，时隐时现，主持人可适当提示。

2-2、必须找到所有食材才能开始做饭，时令蔬菜由两位小朋友（由五位小朋友自行决定）去菜园里采摘。主持人适当激发另外三位小朋友对菜园的好奇，为下一个节目做铺垫。

2-3、准备好凸透镜、火柴、纸等取火工具，暗示家长讲太阳能取火的知识。

3-1、提前选好菜园里的既定蔬菜，最后由两位小朋友去采摘菜园里的时令蔬菜。

3-2、所有食材可以交换、可以赠予。

3-3、如果小朋友不愿意送食材给别人，家长要做工作。

3-4、必要时，主持人可给予提示。

三、游戏看点

1. 地锅与太阳能微厨——传统与现代的结合

2. 放大镜取火——寓教于乐

3. 感谢家长——情感渲染

四、地点

湖边、山上、附近菜地

游戏五　开心菜场

一、物料

蔬菜卡片五张（印有蔬菜的名字）、蔬菜标签五张、五个菜篮子、彩色铅笔五套、手推车一辆、五个小水桶。

二、游戏规则

本游戏由三个环节构成：识字摘蔬菜、谁是大卖家、争做勤劳小园丁。

1. "识字摘蔬菜"——小朋友分别抽取蔬菜卡，读出蔬菜的名字（可插入书法文字的演变故事），之后去菜园里寻找蔬菜，并蔬菜标签挂在蔬菜上，方可采摘一棵蔬菜。

2. "谁是大卖家"——采摘完蔬菜的小朋友要把自己的蔬菜卖给周边的游客，如果交易成功，要对卖蔬菜的人说句感谢的话，但是不能简单地说谢谢。

3. "争做勤劳小园丁"——卖完蔬菜的孩子，要跟家长一起回到菜园里，给蔬菜浇水、施肥。劳动完毕，书法老师现场送字。

要点：

1. 五种蔬菜的名字是当季菜园里的新鲜蔬菜，并由毛笔书写。

2. 小朋友找不到蔬菜或是摘不动蔬菜，可向周围人求助。

3. 浇花施肥环节，由孩子和家长一起完成，家长需要推着手推车找肥料（动物的粪便）、孩子们要拿着水桶去接水。

三、游戏的看点

1. 识字摘菜——知识与文化的融入

2. 摘完菜再浇花施肥——体现获得与付出

3. 手推车的插入——传统农耕方式插入

4. 卖蔬菜——培养生活自理能力与沟通能力

四、地点

山青世界菜地

游戏六　闯关连连看

一、物料

轮胎五个、绳子两根、山青世界邀请函五张。

二、游戏规则

本游戏由三个环节组成：乾坤大挪移、挑战金沙江、牵手走钢丝。

1. 乾坤大挪移——五个小朋友想办法穿越障碍搬运五个轮胎，家长在一旁可以帮忙出主意，但是不能动手帮忙。

2. 挑战金沙江——每组家庭可自选"过江"通道，但回程必须从指定通道回来。

3. 牵手走钢丝——上一轮不敢挑战或是挑战失败的家庭，家长要在现场寻找搭档，一起过双人钢丝。游戏结束时，由山青世界工作人员发放邀请函。

要点：

1. 乾坤大挪移环节，最后一道障碍可以用事先准备的绳子拖过去，主持人适时引导。

2. 选手请亲友团帮忙时，主持人暗示亲友团出难题儿，玩游戏，比如模仿企鹅走路、表演"两只小蜜蜂"。

三、游戏看点

1. 竞技挑战类项目——紧张

2. 项目具有挑战性——挑战自我

3. 请求外援——团结协作

4. 设置奖项——广告植入

5. 不过关不能参加下一轮冲关——冲突与解围

四、地点

山青世界相关拓展场地

（注：游戏四、五、六由山东教育电视台编导孙伟协助开发设计）

附录二

《有请主角儿》人物统计表

播出时间	类型	标题
2016-02-16	A	视障人吹气辨物 再现神技惊呆众人
2016-02-17	C	葛优模仿者讲述替身的喜怒哀乐
2016-02-23	E	创业伙伴突然辞世 80后裸辞环游世界
2016-02-24	C	星女郎张美娥 六旬乡村龙套大妈
2016-03-01	E	特殊的嫁妆
2016-03-02	E	摇滚巫爸 不能吞口水的儿女
2016-03-08	D	陈爱莲 打败时间的舞者
2016-03-09	E	从穷小伙儿到百万富翁 快递哥窦逗
2016-03-15	C	刘德华御用替身的华丽转身
2016-03-16	E	顾少强 世界这么大，我想去看看
2016-03-22	E	阿甘妈妈胡艳萍
2016-03-23	E	中国"狼爸"萧百佑
2016-03-29	E	十年卧底 打拐英雄上官正义
2016-03-30	B	首位女盲人调音师 眼前黑暗心向光明
2016-04-05	B	中国柔术女王：刘藤
2016-04-06	E	秦勇十年时光 成就父子间的完美救赎
2016-04-12	E	华南神偷现身舞台 揭秘行窃心理
2016-04-13	E	军人驯犬师的29年人狗情缘
2016-04-14	C	广场舞男神：王广成
2016-04-19	E	创造生命奇迹的坚强女孩 康枝英

续表

播出时间	类型	标题
2016-04-20	E	听雨伞爸爸分享照片背后的故事
2016-04-26	A	断臂女孩儿书写足书 大赞生命的力量
2016-04-27	B	魔幻厨王王冠乔的厨艺生涯
2016-05-03	E	头号前妻主创做客 前妻团暴打前夫
2016-05-04	E	把贫困变为富裕的王桂兰
2016-05-10	A	四川"辣王"与王迅现场勾肩搭背
2016-05-11	A	90后小夫妻分享独创花式飞斧经历
2016-05-12	A	音乐大亨 民间绝艺王南卫东
2016-05-18	A	煤球哥诉说自创"疯"舞背后隐情
2016-05-24	C	高跟鞋舞王姚炫宇穿18厘米高跟秀妖舞
2016-05-25	C	美女魔术师将18只白鸽施魔法 展示经典魔术
2016-05-26	E	袖珍人小房子 挺起胸膛实现心愿
2016-05-31	E	周强与雷猴的温情故事
2016-06-01	C	广场第一地团大庆小芳
2016-06-02	B	机器人老爹与他的68个"儿子"
2016-06-07	D	菜花甜妈蔡洪平 为女还债唱歌卖菜
2016-06-08	E	文艺青年高逸峰的起伏人生
2016-06-09	C	孔祥毡逆天模仿惊艳全场
2016-06-14	A	王保合解密鬼手藏三仙的独门秘籍
2016-06-15	E	东北猫段子手背后的创业故事
2016-06-16	E	八百斤胖夫妻望生子誓减肥
2016-06-21	E	陪读十六年的特殊的同桌
2016-06-22	E	"扁担姐"十八根扁担的故事
2016-06-23	E	中年儿子骗母亲的谎言
2016-06-28	C	中国肚皮舞王 郭伟
2016-06-29	B	腹语师孔德利
2016-07-05	C	冠军唐宝宝葛根夫
2016-07-06	E	身高八十厘米的千万富姐

播出时间	类型	标题
2016-07-07	E	大学被顶替十三年 一朝现真相
2016-07-12	C	五十岁追梦 大明湖畔的容嬷嬷
2016-07-13	E	辽宁励志姐320天狂减228斤
2016-07-14	A	工地泥水工变身中国钢管舞冠军
2016-07-19	A	《中国达人秀》冠军潘倩倩再回舞台
2016-07-20	A	六旬富翁的芭蕾梦
2016-07-21	A	重拾简单快乐的花式篮球一哥
2016-07-26	A	60岁老太的摇滚路 还能模仿周杰伦
2016-07-27	B	疯狂画家黄凤荣 两把刷子泼墨成金
2016-07-28	E	最美光头女孩安然 舞蹈拯救人生
2016-08-02	A	平衡大师钟荣芳 羽毛支撑30斤树枝
2016-08-03	C	最胖魔术师奚欢的逆袭
2016-08-04	B	拟声界泰斗魏俊华 玩转声音的魔术
2016-08-10	B	街头极限健身达人燃爆现场
2016-08-11	A	小仙女王守英演绎另类时尚
2016-08-16	B	入殓师职业大揭秘 马丁现场感触多
2016-08-17	B	花毽冠军邱炳强：我的人生如花毽
2016-08-18	C	独腿舞者李东力
2016-08-23	A	快嘴村花熊抱马丁 语速惊呆众人
2016-08-24	E	水木年华带你重回校园时代
2016-08-25	C	民间空竹第一人 周天
2016-08-30	E	袖珍三公主 心灵手巧自食其力
2016-08-31	D	生死协调员高敏
2016-09-01	C	脑积水患儿模仿秀 女版"腾格尔"
2016-09-06	E	趴在妈妈背上的学霸 朱志强
2016-09-07	E	18年抗争，癌症女孩战胜"肿瘤君"
2016-09-08	A	魏威秀功夫技"吸星大法"惊众人
2016-09-13	E	小胖减肥苦练拉丁舞姿爆红网络

续表

播出时间	类型	标题
2016-09-14	E	妙龄少女一夜变老
2016-09-15	A	年近三十 用泡泡玩出新高度
2016-09-27	E	相差半米的身高不是爱情的距离
2016-09-28	C	明星大衣哥 草根朱之文
2016-09-29	C	工人歌手活力开唱
2016-10-04	C	快嘴村花赵美蓉
2016-10-05	D	生死协调员
2016-10-06	E	妙龄少女一夜变老 罕见怪病无法医治
2016-10-11	E	高矮兄弟惊艳现场 勇敢接纳自己
2016-10-12	E	"失忆"辣妈光临 记录快乐瞬间
2016-10-13	E	为救患病家人 弱女子不惜与蛇共舞
2016-10-18	A	男子口吹神器惊爆现场
2016-10-19	E	健美皇后教练翘臀 分享速瘦秘诀
2016-10-20	C	相声双胞胎的过人之处
2016-10-25	A	盲人听音识人 嘉宾变音引爆笑
2016-10-26	E	女主持用十年青春 记录没眼人生活
2016-10-27	B	女版福尔摩斯 一枚脚印锁定真凶
2015-11-01	E	脑瘫双胞胎姐妹为父现场征婚
2015-11-02	C	一支唢呐百种鸟鸣
2015-11-03	C	山楂妹为母献唱 出名招认亲烦恼

参考文献

[1] 西瑟斯,巴隆.广告媒体策划[M].闾佳,邓瑞锁,译.北京:中国人民大学出版社,2006.

[2] 麦基.故事:材质、结构、风格和银幕剧作的原理[M].周铁东,译.天津:天津人民出版社,2014.

[3] 曹鹏.媒介市场创意策划实务[M].北京:中国广播电视出版社,2008.

[4] 曾兴.策划学概论[M].北京:中国广播电视出版社,2008.

[5] 曾耀农.现代媒体策划原理及应用[M].北京:清华大学出版社,2010.

[6] 曾志华.电视节目主持人策划[M].北京:中国传媒大学出版社,2006.

[7] 陈接峰.城市电视媒体经营与策划[M].南京:东南大学出版社,2006.

[8] 陈培爱.广告策划原理实务(第2版)[M].北京:中央广播电视大学出版社,2007.

[9] 陈勤.媒体创意与策划[M].北京:中国传媒大学出版社,2009.

[10] 陈勤等.全媒体创意策划攻略[M].北京:中央编译出版社,2011.

[11] 陈万达.媒体企划[M].台北:威仕曼文化事业股份有限公司,2012.

[12] 陈振,田方.主持人节目策划艺术(修订版)[M].北京:中国广播影视出版社,2011.

[13] 成文胜,宫承波.策划学概论新编[M].北京:中国广播电视出版社,2014.

[14] 公安部道路交通安全研究中心.道路交通安全科普类电视节目策划[M].北京:人民交通出版社,2016.

[15] 宫承波,吴迪.广播电视创意与策划[M].北京:中国广播影视出版社,2013.

[16] 宫承波. 广告策划[M]. 北京:中国广播电视出版社,2015.

[17] 关众. 媒体策划学概论[M]. 北京:经济科学出版社,2012.

[18] 郭春燕. 网络媒体策划[M]. 北京:中央广播电视大学出版社,2009.

[19] 何苏六等. 网络媒体的策划与编辑[M]. 北京广播学院出版社,2001.

[20] 胡智锋. 电视节目策划学(第2版)[M]. 上海:复旦大学出版社,2012.

[21] 胡智锋. 电视节目策划学[M]. 上海:复旦大学出版社,2006.

[22] 胡智锋. 北京:中国电视策划与设计[M]. 北京:中国广播影视出版社,2004.

[23] 黄升民等. 媒体策划与营销[M]. 北京:高等教育出版社,2009.

[24] 黄远等. 广告媒体策划[M]. 北京:中央广播电视大学出版社,2012.

[25] 纪华强. 广告媒体策划[M]. 上海:复旦大学出版社,2003.

[26] 巨浪. 广播电视节目策划[M]. 杭州:浙江大学出版社,2009.

[27] 柯泽. 广播电视节目策划与创新[M]. 北京:中国传媒大学出版社,2011.

[28] 雷蔚真. 电视策划学[M]. 北京:中国人民大学出版社有限公司,2008.

[29] 李建新. 媒体战略策划[M]. 上海:复旦大学出版社,2006.

[30] 李明. 广告媒体策划[M]. 南京:南京大学出版社,2009.

[31] 李哲夫. 媒体策划与影响力[M]. 广州:广州出版社,2007.

[32] 林凯,谌秀峰. 掘金网络大电影:大IP时代电影人与"资本侠"的交响曲[M]. 北京:中国广播电视出版社,2016.

[33] 林喦. 电视栏目策划与编导[M]. 重庆:重庆大学出版社,2013.

[34] 刘江贤. 广播电视节目策划与创新[M]. 北京:中国传媒大学出版社,2007.

[35] 刘江贤. 农业电视节目策划36计[M]. 北京:中国传媒大学出版社,2007.

[36] 闫佳等. 广告媒体策划[M]. 北京:中国人民大学出版社,2006.

[37] 蒙南生. 媒体策划与营销[M]. 北京:中国传媒大学出版社,2007.

[38] 潘知常,孔德明. 讲"好故事"与"讲好"故事:从电视叙事看电视节目的策划[M]. 北京:中国广播影视出版社,2007.

[39] 冉光泽. 电视策划实务[M]. 成都:四川大学出版社,2013.

[40] 任金州,程鹤麟,张绍刚. 电视策划新论[M]. 北京:中国广播影视出版

社,2002.

[41] 任金州,于海燕.电视节目策划研究[M].北京:中国广播影视出版社,2002.

[42] 石长顺.电视栏目解析[M].武汉:武汉大学出版社,2008.

[43] 苏徐.广告策划[M].北京:机械工业出版社,2016.

[44] 孙建强.广播电视节目策划与创优[M].太原:山西人民出版社,2010.

[45] 覃晓燕.电视栏目策划[M].北京:北京师范大学出版社,2014.

[46] 谭天.电视节目策划实务(第二版)[M].广州:暨南大学出版社,2011.

[47] 田卉稳.广告策划[M].北京:中国广播电视出版社,2011.

[48] 童清艳.创意经济[M].上海:复旦大学出版社,2015.

[49] 童清艳.新闻实务:内容策划与媒体设计[M].上海:上海人民出版社,2013.

[50] 王井,智慧.电视节目策划[M].武汉:武汉大学出版社,2012.

[51] 王诗文.影视广告策划与创作[M].北京:中国广播电视出版社,2009.

[52] 王伟国.电视剧策划艺术论[M].北京:中国传媒大学出版社,2006.

[53] 王晓敏.新媒介环境下的电视媒体策划探究[M].哈尔滨:黑龙江大学出版社,2013.

[54] 王阳.电视人侃策划——另类思维做节目[M].北京:中国广播影视出版社,2007.

[55] 王哲平.电视节目策划新论[M].杭州:浙江大学出版社,2015.

[56] 魏修建.网络营销与策划[M].北京:中央广播电视大学出版社,2011.

[57] 吴保和.电视文艺节目策划[M].文化艺术出版社,2012.

[58] 吴保和.电视文艺节目策划与创新[M].北京:中国戏剧出版社,2009.

[59] 吴保和.电视文艺节目策划与创作[M].北京:中国戏剧出版社,2003.

[60] 夏文蓉.广告媒体企划[M].北京:中央广播电视大学出版社,2009.

[61] 项仲平.电视节目策划[M].北京:中国广播影视出版社,2002.

[62] 项仲平.电视节目策划教程[M].北京:北京大学出版社,2015.

[63] 项仲平.电视栏目与频道策划研究[M].北京:中国广播影视出版社,2007.

［64］徐帆,徐舫州.电视策划与写作十讲［M］.杭州:浙江大学出版社,2009.

［65］徐荐.电视节目创意、策划与制作［M］.北京:中国传媒大学出版社,2014.

［66］徐静君,徐涛.电视节目策划［M］.重庆:西南师范大学出版社,2014.

［67］许鹏.新媒体节目策划论［M］.北京:中国人民大学出版社,2009.

［68］许永.电视策划与撰稿［M］.北京:中国广播影视出版社,2001.

［69］杨会飞.电视谈话节目策划秘诀［M］.北京:中国广播影视出版社2013.

［70］游洁.电视策划教程［M］.北京:中国传媒大学出版社,2007.

［71］游洁.电视媒体策划新论［M］.北京:中国国际广播出版社,2009.

［72］詹成大.电视媒体策划［M］.北京:中国广播电视出版社,2002.

［73］张静民.电视节目策划与编导［M］.广州:暨南大学出版社,2007.

［74］张联.电视节目策划技巧［M］.北京:中国广播影视出版社,2002.

［75］张绍刚.电视节目策划笔记［M］.新星出版社,2010.

［76］张书乐.实战网络营销(第2版)［M］.电子工业出版社,2015.

［77］张伟武.媒体创意策划与营销实务［M］.太原:三晋出版社,2011.

［78］张晓锋,周海娟.电视新闻策划(第2版)［M］.北京:北京师范大学出版社,2014.

［79］张晓锋.电视新闻策划［M］.北京:北京师范大学出版社,2010.

［80］赵淼石.电视节目策划［M］.重庆:重庆大学出版社,2016.

［81］周凯,杨会飞,殷亮.策划电视［M］.北京:中国广播影视出版社,2012.

［82］周凯,杨会飞,殷亮.策划电视——风行世界的英国电视节目模式解析［M］.北京:中国广播影视出版社,2012.

［83］周文娟等.广告媒体策划与设计［M］.北京:中国水利水电出版社,2013.

［84］周笑.视听节目策划［M］.北京:高等教育出版社,2015.

后 记

本书的写作用时超过五年。

主因有三：其一是由媒体实践升华为理论需要较长时间的总结与归纳，其二是归纳的理论要经过一定的实践进行检验和完善，其三是以五年以上的时间沉淀的东西，更希望在出版后的五年内也不过时，让读者仍然觉得有用。

本书许多内容分别在世界电视日中国电视大会分论坛（北京）、中国教育电视协会年会（上海）、山东师范大学新闻与传媒学院的硕士论坛、山东省职业院校骨干教师信息技术培训班、山东艺术学院学术论坛等场合主讲过，得到了与会者的欢迎，并收到了许多有益的反馈意见。

为此，这是一本集纳众人智慧之作，理当一一致谢！

感谢山东教育电视台和山东师范大学有关领导和同事们的各方面支持，包括宽松的工作环境、工作时间和各种资料、论坛、经费等科研条件；感谢所有人在融媒体传播探索中所贡献的创意方案、创新智慧；这些，都使本书能够立足于鲜活的媒体实践基础之上。

感谢广视索福瑞、北京美兰德提供的数据支持；感谢世熙传媒程十卉女士的深度交流与探讨，其所提供的内部创意资料非常宝贵；感谢上海教育电视台提供的内部创意资料。

感谢东北师范大学闫欢博士与其学生们在校园进行的问卷调查；感谢我的硕士生田晓雪在校园进行的问卷调查，所有调查数据均有一定的参考价值。

感谢中国教育电视台林安芹女士的倾力帮助。林女士作为本书许多章节的第一读者，给予了有益的评价。感谢好友张蕾的鼓励与帮助，他在电视剧题材创意研究方面的心得给予了诸多启发。

感谢北京师范大学喻国明教授！在追随喻先生学术思想的多年中，笔者深受教诲和启迪，先生高瞻远瞩的立论和洞见，总能引领学术的走向，发人深省。喻先生不仅通读了本书首稿，给予了许多建议，而且欣然同意为本书作序，实乃荣幸之至。

感谢中国教育电视台胡正荣总编辑、北京大学陆地教授、北京美兰德崔燕振先生、广视索福瑞郑维东先生对本书的赞誉和支持。各位精彩的推荐语既是激励，更是鞭策！

本书引用了众多传媒业内人士、学术界人士的叙述和观点，它们看似只言片语，却常常激发很多灵感，对形成本书的理论框架和论据的完善都起到了重要作用，在此一并表示感谢！

谨以此书献给中国传媒大学柯惠新教授！先生推崇的"让数据说话"，已成为作者开展业务工作与学术研究的基本素养。

感谢山东人民出版社所给予的无私支持与帮助，他们的付出让本书少了许多瑕疵与疏漏，多了严谨与准确。

唯愿本书对各位读者有所启发，也不枉宝贵的阅读时间。

囿于作者学识浅薄，视野有限，书中所论难免有失偏颇乃至错误疏漏之处，烦请读者不吝赐教。

白传之　马池珠

2019 年 12 月　完稿于泉城